KB165204

BITCOIN AND BLOCKCHAIN
THE TRUE FACE OF VIRTUAL ASSET

비트코인과 블록체인

가상자산의 실체 2/e

BITCOIN AND BLOCKCHAIN
THE TRUE FACE OF VIRTUAL ASSET

비트코인과 블록체인
가상자산의 실체 *2/e*

암호화폐의 허상

이병욱 지음

i!i
에이콘

에이콘출판의 기틀을 마련하신 故 정완재 선생님 (1935-2004)

이병욱(byunguk@gmail.com)

경영학 박사(Ph.D & DBA) / 카이스트 전산학 학사,석사 / 스위스플랭클린대학 경영학 박사

- 서울과학종합대학원 주임교수
- 카이스트(KAIST) 겸직교수
- 한국금융연수원 겸임교수
- 인공지능연구원 부사장
- AI경영학회 부회장
- 금융위원회 금융규제혁신회의 위원
- 금융위원회 법령해석심의위원회 위원
- 금융위원회 적극행정위원회 위원
- 금융위원회 디지털자산 자문위원
- 한국핀테크지원센터 혁신금융 전문위원
- 한국산업기술진흥원(KIAT) '규제자유특구 분과위원회' 위원
- 과기정통부 우정사업본부 정보센터 네트워크 & 블록체인 자문위원
- 전) BNP 파리바 카디프 전무
- 전) 보험넷 Founder & CEO

서울과학종합대학원 디지털금융 주임교수와 카이스트 겸직교수 그리고 한국금융연수원 겸임교수를 맡고 있으며, 인공지능연구원(AIRI)의 부사장으로도 재직 중이다. 카이스트(KAIST) 전산학과 계산 이론 연구실에서 공부했으며 공학을 전공한 금융 전문가로, 세계 최초의 핸드헬드-PC(Handheld-PC) 개발에 참여해 한글 윈도우 CE 1.0과 2.0을 미국 마이크로소프트 본사에서 공동 개발했다. 1999년에는 전 보험사 보험료

실시간 비교 서비스를 제공하는 핀테크 전문회사 ㈜보험넷을 창업했고 이후 삼성생명을 비롯한 생명 보험사 및 손해 보험사에서 CMO(마케팅총괄 상무), CSMO(영업 및 마케팅 총괄 전무) 등을 역임하면서 혁신적인 상품과 서비스를 개발, 총괄했다.

인공지능 연구원에서 머신러닝 기반의 금융 솔루션 개발에 관련된 다양한 활동을 하고 있으며, 금융위원회, 금융정보분석원 등에 다양한 자문을 하고 있다.

저서로는 『비트코인과 블록체인, 탐욕이 삼켜버린 기술』(에이콘, 2018)과 대한민국학술원이 2019 교육부 우수학술도서로 선정한 『블록체인 해설서』(에이콘, 2019)와 2022년 문체부의 세종도서로 선정된 『돈의 정체』(에이콘, 2019) 그리고 한국금융연수원의 핀테크 전문 교재인 『헬로, 핀테크!』(공저, 2020), 『헬로핀테크-인공지능편』(2021)"이 있다.

| 목차 |

1부 ── 비트코인과 블록체인의 개괄

이 책의 1판인 『비트코인과 블록체인, 탐욕이 삼켜버린 기술』을 쓸 당시인 2017년 말, 비트코인은 전대미문의 광풍 속에서 2천 5백여만 원 이상으로 치솟았다가 이후 가파르게 하락해 한때 3백만 원대까지 곤두박질치기도 했다. 그 광풍은 이제 다소 수그러들었지만 2 판의 증쇄본을 교정하고 있는 2021년 4월 현재 그 정점인 8천만 원을 기록했다가 다시 가 파르게 폭락해 5천만 원대로 떨어지고 있다.

비트코인을 둘러싼 현상을 한마디로 설명하기는 힘들다. 금속 덩어리에 불과한 금을 향 한 인류의 집착이나 미술품 등에 천문학적인 가치가 형성되는 것을 생각해보면 비트코인 을 둘러싼 현상을 단지 그들만의 광풍으로 치부하기에는 부족해 보인다.

2021년 4월 23일을 기점으로 살펴보면 전 세계 암호화폐 중개소는 수만 개가 되지만 그 중 370여 개 정도만 어느 정도 실거래가 일어나고 있으며, 이들 중개소에서 거래되는 암 호화폐 종류는 무려 9,434개에 이른다.[1] 국내에는 최소 100여 개 이상의 중개소가 있는 것으로 추정되는데, 매매 대행업체까지 포함하면 그 수는 훨씬 더 많을 것이다. 통계로 보 면 전 세계적으로 중개소는 하루 20개 이상 새로 생겨나고, 이들이 취급하는 암호화폐 수 는 하루 5개 정도 늘어나는 셈이다.[2] 이렇듯 암호화폐와 이를 취급하는 중개소가 기하급 수적으로 늘어나는 이유는 암호화폐를 만드는 데 필요한 기술 장벽이 낮기 때문이다. 한 마디로 쉽게 돈벌이가 되는 것에 비해 별다른 기술이 필요 없기 때문이다.

역시 2021년 4월 기준 지구상에서 하루 300조 원 이상, 국내에는 약 15~20조 원대의 거 래가 이뤄지는 것으로 추정된다. 2018년 초 국내 암호화폐 거래가 하루 10조 원대로 정

---

1   www.coinmarketcap.com 2021년 4월 23일 기준
2   후속 장에서 살펴보겠지만, 코인의 전 단계라 할 수 있는 소위 '토큰'은 하루 최소 수백 개씩 늘어난다.

점을 찍다가 다시 1조 원대로 전에 비해 1/10으로 줄어들었으나, 2021년 또 다시 광풍이 불면서 이제는 2018년 광풍의 두 배인 20조 원을 육박하고 있다. 그러나 이 거래 중 대다수는 시세조종을 위한 가장거래라는 분석이 있으며, 세계적으로 여러 중개소가 자국에서 시세조종 혐의로 재판 중이다. 특히 가장매매[3]가 업계에 만연하고 있는 것은 공공연한 비밀이기도 하다.

많은 사람들이 블록체인과 암호화폐의 실체를 크게 오해하고 있는 가장 큰 원인은 제대로 된 정보를 접하기 어렵기 때문이다. 대학 교수들까지 포함된 가짜 전문가들과 금전적 이득을 노리는 꾼들이 거짓되고 부풀려진 엉터리 지식을 꾸준히 전파하고 있으며 이런 왜곡된 정보는 아무런 여과 없이 받아쓰기 언론을 통해 대중에게 깊숙이 번져 나가고 있다.

한편, 과학기술정보통신부는 2018년 블록체인 활성화라는 명목으로 5천 566억 원이라는 막대한 규모의 예비 타당성 조사를 신청했다가 한국과학기술평가원KISTEP에 의해 사업 목표의 구체성이 떨어지고 '핵심원천기술의 실체가 불명확하다'는 사유로 기준점 이하의 점수를 받아 보류되기도 했다. 과학기술정보통신부는 이 계획을 일부 수정해 2021년부터 2025년까지 5년 동안 총 4천억 원 규모의 국비를 투자하는 '블록체인 R&D 연구사업'에 관한 예비 타당성 조사를 준비 중에 있는 것으로 알려졌다. 그런데 그 전에 과학기술정보통신부 공식 블로그에 있는 그릇된 내용부터 수정해야 할 듯하다. 공식 블로그에는 블록체인을 다음과 같이 엉뚱하게 설명하고 있다.[4]

> "사토시 나카모토라는 일본 개발자가 중앙집권화된 금융 시스템의 위험을 감지하고 블록체인이라는 기술을 적용해 개발한 암호화폐로서 세계 100대 화폐 안에 들어갈 정도로 눈부신 성장을 했다."

사토시 나카모토는 가명이며 개인이 아닌 집단을 지칭하고 일본과는 아무런 관련이

---

3   거짓 거래를 통해 거래량을 부풀리고 가격을 조종하는 행위
4   https://blog.naver.com/with_msip/221526233898

없다. 또한 금융 시스템의 위험을 감지하고 암호화폐를 만들었다(?)는 소설 같은 정보는 어디서 가져온 것인지 알 길이 없다. 무엇보다 비트코인은 화폐가 아닌데 세계 100대(?) 화폐라는 엉뚱한 주장은 황당하기까지 하다. 2020년 기준으로 유엔 회원국 193개에서 통용되는 화폐는 180여 개이고 그중 상당수는 다른 국가 화폐에 고정된 환율을 사용하고 있어서 실질적인 독립 화폐는 고작 130개 정도에 불과하다. 또 인플레이션 때문에 실질적으로 화폐 역할을 제대로 수행하지 못하는 것들을 제외하면 100개가 되지 못하는데, 세계 100대 화폐 안에 들어가는 '눈부신' 성장이란 도대체 무슨 의미인가?

블록체인 활성화를 위해 수천억 원의 예산을 집행하겠다는 과학기술정보통신부의 공식 블로그에 이런 황당한 내용이 버젓이 게재돼 있다는 것은 블록체인에 관한 잘못된 지식이 사회 전반에 얼마나 만연해 있는지 단적으로 잘 보여주는 사례라 하겠다.

비트코인은 미래의 화폐이므로 반드시 투자해야 한다고 주장하거나 암호화폐 투기에 관한 정부 규제를 미래 기술에 관한 탄압으로 주장하는 이가 있다면, 아마도 용어를 혼동했거나 그다지 믿을 만한 사람이 못 된다. 비트코인은 이미 소수 세력에 의해 장악당한 채 산소 호흡기와 인공 심장으로 명맥만 간신히 유지하는 중환자와 같다. 설계상의 결함으로 한시바삐 수술이 급하지만 이해관계가 상충되는 탓에 수술은 엄두도 못 내고 응급약만 간신히 처방하고 있다. 또 암호화폐를 거래한다고 생각하는 대부분의 사람은 실제로 암호화폐를 단 한 번도 사용해본 적이 없다. 그들은 단지 비트코인 거래소라 이름 붙인 중개소의 숫자 놀음에 상대방 은행 사이의 가상계좌를 통한 인터넷 뱅킹만 부지런히 하고 있다.

1판을 집필할 당시, 책의 목적은 비트코인과 블록체인에 관해 올바른 이해를 돕는 것이었다. 그 후 3년이란 세월이 흘렀지만 여전히 많은 사람이 혼란을 겪고 있고 그 양상도 다소 변했다. 한편 2020년 3월 5일에는 특정금융거래정보의 보고 및 이용 등에 관한 법률(이하 특정금융정보법)의 개정안이 국회를 통과하면서 '가상자산'이라는 법률용어가 새로이 등장했고, 2021년 3월 25일부터 전격 시행되기에 앞서 현재 6개월의 유예기간이 주어진 상태이다. 이제 2021년 9월이 되면, 동 법이 본격 시행될 것이고 그에 따라 극소수 대형 중개소를 제외한 요건을 맞추지 못한 대다수 중개소는 아마 문을 닫게 될 것이다. 이 증쇄본에는 최신 상황을 일부 반영했으나, 단순 증쇄본이므로 그 반영에는 한계가 있다는 점에서 독자 여러분에게 양해를 구한다.

애초에 1판을 한 번 더 증쇄만 하려던 계획을 수정해 전면 개정한 2판을 내기로 결심한 계기는 몇 가지 있다. 가장 큰 이유는 블록체인에 관해 잘못된 인식이 여전히 사회 전체에 만연해 있으며 일부 기업은 오히려 혼란을 부추겨 금전적 이익을 취하려는 그릇된 현실을 바로잡기 위함이다. 이를 위해 새로운 내용을 상당 부분 보강해야 할 필요성이 있었다. 그래서 2판은 나음과 같은 부분에서 1판과 크게 달라졌다.

1판에서는 기술적 부분에 대해서도 비교적 상세히 다뤘지만 2판에서는 이 부분을 과감하게 요약 정리하며 그 분량을 대폭 줄였다. 그동안 강의와 세미나를 통해 일반인들이 어려워하던 기술적 원리 부분을 비유를 통해 좀 더 쉽고 요약적으로 설명했던 노하우를 접목한 것이 주요했다. 이를 통해 1판보다는 내용이 많이 쉬워졌고 좀 더 친근해졌지만 블록체인의 기본 원리는 더 깊이 이해할 수 있게 했다. 블록체인에 관한 개발자 수준의 기술 원리와 배경을 알고 싶은 독자라면 대한민국학술원이 선정한 2019년 교육부 우수학술 도서인 또 다른 저서 『블록체인 해설서』를 읽어 보시기를 권한다.

또, 1판에서는 거의 다루지 않았던 가상자산과 디지털 자산 부분을 대거 추가했다. 비트코인이 화폐인가에 관한 기초적인 부분을 명확히 설명하는 데 중점을 뒀던 1판과 달리, 2판에서는 디지털 자산과 디지털화 자산의 구분과 함께 가상자산의 정의와 가상자산의 기술적 실체가 무엇인지 명확히 설명하고 현재 어떠한 법령 체계가 준비 중에 있는지 살펴본다.

이 책은 두 개의 부로 나뉜 아홉 개의 장과 세부적 기술 설명으로 이뤄진 다섯 개의 부록으로 구성했다. 순서대로 책을 읽는 것이 가장 좋지만, 비트코인의 구조와 원리를 어느 정도 알고 있는 독자는 바로 2부를 읽어도 무방하다. 2부를 읽다가 세부적인 기술의 이해가 필요하면 1부에서 선택해 찾아볼 수 있다.

1부는 비트코인과 블록체인을 전반적으로 소개한 후 비트코인 블록체인의 기술적 부분을 상세히 설명한다. 그러나 1판과 달리 주로 비유와 함축을 통해 쉽게 설명하는데 집중했다. 1부는 2부를 이해하기 위한 기초다.

2부는 비트코인과 블록체인을 경제적 관점에서 기술한 내용으로, 그야말로 이 책의 핵심이다. 6장에서는 비트코인이 화폐가 아닌 이유를 설명한다. 또 비트코인의 설계상 약점을 살펴보고 이를 극복하기 위해 현재 어떤 논의가 진행 중인지 알아본다. 화폐의 측면에서 비트코인을 살펴보고 암호화폐를 둘러싼 금융가의 탐욕을 설명한다. 워런 버핏^{Warren Buffett}의 스승 벤저민 그레이엄^{Benjamin Graham}이 설명한 투자의 정의에 비춰 암호화폐를 둘러싼 광풍이 투자가 될 수 없는 이유를 설명한다. 7장에서는 블록체인을 둘러싼 잘못된 미신들을 파헤치고 설명한다. 8장에서는 가상자산과 함께 암호화폐를 통해 수익을 극대화하는 이들을 알아보고 검은 자본의 세탁을 포함한 암호화폐의 어두운 단면을 조명해본다. 9장에서는 디지털 자산과 디지털화 자산을 자세히 구분해 설명한다. 이와 함께 진정한 디지털 자산이 지향해야 할 방향을 제시한다.

이 책의 대상 독자

1판 『비트코인과 블록체인, 탐욕이 삼켜버린 기술』과 마찬가지로 2판 역시 모든 독자를 대상으로 썼다. 비트코인과 블록체인의 개념과 작동 원리는 물론, 그로부터 파생된 가상자산 시장까지 담았다. 일반인은 물론 IT 개발자, 언론 그리고 정책 수립 책임자 모두 암호화폐와 블록체인이 무엇인지 좀 더 명확히 이해할 수 있게 구성했다. IT 지식이 많을수록 책의 효용이 더욱 커질 수는 있겠지만 전체 맥락을 이해하는 데 필수적이진 않다.

> **일러두기**
> 이 책에서 활용한 참고 자료는 A, B, C... 등과 같이 영문 첨자로 표기했으며, '참고문헌'에서 자세한 정보를 확인할 수 있다.

1

비트코인과
블록체인의 개괄

1부에서는 다섯 개 장에 걸쳐
비트코인과 블록체인의 개념 및 기반 기술을 설명한다.

1부에서는 별도로 언급이 없는 한 비트코인과 블록체인은 동의어로 생각
해도 무방하다. 1장에서는 비트코인이 탄생한 배경을 설명하고, 2~4장에
걸쳐 기술적 요소를 하나씩 설명한다. 5장에서는 블록체인의 변형에 대해
따로 설명할 것이다. 1부의 내용이 조금 어렵게 느껴지면 먼저 2부를 읽
고 나서 나중에 1부를 다시 읽는 것도 한 방법이다.

1

비트코인의 탄생

2009년 1월 3일 저녁 6시 15분, 사토시 나카모토의 얼굴에는 긴장한 표정이 역력했다. 실내는 제법 어두워졌지만 창밖에서는 아직 환한 빛이 골목을 비추고 있었다. 그의 눈은 여느 때보다 빛났다. 사실 모든 코딩과 테스트는 예전에 끝났지만 이런저런 문제가 동시다발적으로 발생하는 바람에 계속 실행을 미루던 터였다. 2008년 논문을 발표하고 나서도 몇 군데 손을 보느라 정신이 없었는데 이제야 겨우 마무리된 셈이다. 다 마신 커피잔 바닥에는 가루가 뭉쳐져 모래처럼 이리저리 흩어져 있었다. 이제 유독 닳아 빠진 키보드의 엔터키를 누르기만 하면 지금까지 세상에 없던 새로운 존재가 탄생하는 순간이었다. 흙으로 최초의 여성인 판도라를 빚던 헤파이스토스^{Hephaistos 1}의 심정이 마치 이랬을까? 잠시 물 한 모금으로 목을 축인 사토시 나카모토는 담담하게 엔터키를 눌렀다. 2009년 1월 3일 오후 7시 15분 5초. 엔터키와 함께 블록 해시 퍼즐을 풀기 위해 나지막한 기계음을 10여 분이나 뱉어내던 낡은 컴퓨터가 드디어 첫 번째 블록을 생산했다. 이른바 제네시스 블록^{Genesis Block}이다. 최초의 블록이자 최초의 블록체인이 세상에 태어난 것이다. 유일무이한 첫 번

---

1 그리스 신화 올림포스 12신 중 하나이며 '불과 대장장이의 신'으로도 부른다. 로마 신화에서는 '불카누스(Vulcanus)'라는 이름으로 등장하며 화산을 뜻하는 영어 'volcano'의 어원이기도 하다.

째 블록인 제네시스 블록이 탄생시킨 암호화폐의 이름은 바로 비트코인! 제네시스 블록의 크기는 겨우 285바이트였고, 첫 블록을 채굴해 발행된 암호화폐 수량은 50비트코인이었다. 비트코인은 블록체인이라는 기술을 이용해 탄생한 세계 최초의 블록체인 기반 암호화폐였다.

TIP

실제로 제네시스 블록은 채굴 없이 그냥 만들어진다. 따라서 앞서 설명한 기계음 따위는 나지 않았을 것이다. 채굴을 통해 탄생한 최초의 블록은 제네시스 블록이 아니라 그 다음 블록인 1번 블록이다. 채굴이 어떤 것인지는 후속 장에서 자세히 설명한다. 제네시스 블록은 1월 3일 만들어졌지만 비트코인의 실제 운영은 그보다 엿새 뒤인 2009년 1월 9일 오전 2시 54분 25초에 만들어진 1번 블록부터 시작됐다. 그때부터 평균 10분에 하나씩 새로운 블록이 끊임없이 만들어지기 시작했다. 책에서 기술하는 모든 시각은 별도의 표기가 없는 한 대한민국 표준 시간대(GMT+9)를 사용한다.

1.1 비트코인 논문

비트코인은 2008년 10월 31일 금요일 오후 2시 10분[2] 암호학 커뮤니티의 메일링 리스트에 9쪽짜리 첨부파일이 담긴 이메일 한 통이 퍼져 나가면서 세상에 알려졌다. 그림 1-1은 실제로 발송된 메일의 본문과 함께 첨부된 논문의 이미지다.

2　미 동부 시각(EDT) 기준. GMT-4, 즉 우리나라보다 13시간 느리므로 한국 시각으로는 11월 1일 오전 03시 10분이다.

Bitcoin P2P e-cash paper

Satoshi Nakamoto satoshi at vistomail.com
Fri Oct 31 14:10:00 EDT 2008

- Previous message: Fw: SHA-3 lounge
- **Messages sorted by:** [date] [thread] [subject] [author]

```
I've been working on a new electronic cash system that's fully
peer-to-peer, with no trusted third party.
```

Bitcoin: A Peer-to-Peer Electronic Cash System

Satoshi Nakamoto
satoshin@gmx.com
www.bitcoin.org

그림 1-1 비트코인을 세상에 알린 이메일과 첨부파일

Memo

논문 발표 당시 '사토시 나카모토'라는 이름을 사용했기 때문에 처음엔 일본인이라는 잘못된 정보도 퍼졌지만, 이는 가명이다. 정체가 누구이며 개인 혹은 단체인지 등과 같은 정확한 실체는 여전히 밝혀지지 않고 있다. 최근에 호주의 전산학자 크레이그 라이트(Craig Steven Wright)가 스스로 사토시 나카모토라고 주장하고 있고 여러 정황상 그가 동일 인물인 것으로 추정되긴 하지만 확실치 않다. 따라서 책에서는 그 정체를 나타내는 이름을 사토시 나카모토로 계속 사용한다. 초기 bitcoin.org 도메인의 운영진과 비트코인 포럼에서의 온라인 토론 대화 내용 등으로 추정해 보건대, 약 3~4인의 집단이 사용한 가명인 것인 것으로 보인다.

제네시스 블록이 만들어진지 4,146일이 지난 2020년 5월 11일을 기점으로 보면 그간 643,000여 개의 블록이 만들어졌고 달랑 하나의 거래 내역만 기록됐던 제네시스 블록과 달리 최근의 블록에는 2,000여 개가 넘는 거래 내역이 담겨 있다. 표 1-1은 제네시스 블록과 최근에 생성된 643,000번 블록을 서로 비교하고 있다.

표 1-1 제네시스(0번) 블록과 643,000번 블록의 비교

	제네시스(0번) 블록	643,000번 블록
블록 번호(높이)	0	643,000
생성 시각	2009-01-03	2020-05-11
크기(바이트)	285	911,357
기록된 거래 내역 개수	1	2,717
블록 보조금	50비트코인	6.25비트코인
트랜잭션 수수료	0비트코인	0.58689239비트코인
난이도	1	16,947,802,333,946.61

최초 블록을 만들었을 때의 보조금은 50비트코인에 달했으나 643,000번 블록의 보조금은 고작 6.25비트코인으로 1/8 수준으로 줄어들었다. 또한 643,000번 블록에는 무려 2,717개의 거래 내역이 담겨 있다.[3] 표의 마지막 행에는 블록을 만드는 것이 얼마나 힘든지 알려주는 척도인 난이도가 적혀 있다. 제네시스 블록의 난이도를 1이라고 가정했을 때의 상대적 난이도를 의미한다. 643,000번 블록의 경우 그 난이도는 무려 16,947,802,333,946.61로 상승했다. 쉽게 설명하자면 최초 블록을 만들 때보다 무려 16조 9,478억 배나 더 블록 만들기가 힘들어졌다는 뜻이다![4]

Memo

블록을 만들면 그 대가로 보상금이라는 '비트코인'을 얻는다. 보상금은 고정 금액인 보조금(subsidy)과 변동 금액인 수수료가 합쳐진 것이다(보상금 = 보조금 + 수수료). 제네시스 블록을 만든 자는 보조금 50비트코인과 수수료 0비트코인을 합친 50비트코인을 보상금으로 받았고, 643,000번 블록을 만든 사람은 보조금 6.25비트코인과 수수료

---

3   제네시스 블록부터 643,000번 블록까지 담긴 누적 거래 개수는 약 5억 6천만 개에 이른다.

4   난이도가 무엇인지는 뒤에서 자세히 알아본다.

0.58689239비트코인을 합친 6.83689239비트코인을 보상금으로 받았다. 1비트코인이 2,500만 원까지 치솟았던 2017년 말 시세를 적용해보면 사토시 나카모토는 제네시스 블록과 함께 12.5억 원을 번 셈이다. 사토시 나카모토는 지금까지 모두 100만비트코인을 채굴한 것으로 추정되는데, 최고 시세로 환산하면 무려 25조 원이나 된다. 세계 30대 부호들의 자산 규모와 유사하며 일본 소프트뱅크 손정의 회장과 비슷한 수준이다.

1.2 블록과 체인

전산학에서 블록^block이란 용어는 통상 동시에 처리하는 논리적 데이터 단위를 의미한다. 대개 바이트^byte(8bit) 또는 워드^word(32bit)를 그 최소 단위로 하며 과제에 따라 그 크기는 달라진다. 일상생활에서 엘리베이터에 비유하면 쉽게 이해할 수 있다. 통상 엘리베이터를 이용할 때 한 명씩 타지 않고 정원이 허용하는 범위 내에서 여러 명이 동시에 타는 것이 훨씬 더 효율적인 것과 같다. 이때 엘리베이터가 허용하는 정원이 클수록 동시에 이용 가능한 사람은 많아질 것이고, 특정 시각의 이용자가 적다면 정원이 아무리 크더라도 엘리베이터는 거의 빈 채로 운행될 수도 있을 것이다.

비트코인에서의 블록이란 정원이 최대 1메가바이트(MB)이고, 대기 시간이 약 10분[5]인 엘리베이터에 비유할 수 있다. 즉 비트코인 블록이란 10분 동안 네트워크에 제출된 모든 거래 요청서들을 1메가바이트가 넘지 않는 범위 내에서 한꺼번에 모아서 처리한 다음 그 결과를 저장하는 논리적 단위인 셈이다. 우리가 문서를 저장할 때 파일 단위로 하는 것처럼 비트코인은 블록 단위로 데이터를 저장한다고 이해하면 쉽다.

---

5   이 시간은 정확히 10분이 아니라 평균적으로 10여 분이 되도록 시스템이 계속 조정해 나간다.

블록체인마다 다양한 형태로 자신만의 블록을 정의할 수 있다. 예컨대 비트코인 캐시는 단순히 비트코인의 블록 용량을 8메가바이트로 확대 조정한 아류 블록체인이며 이더리움은 가스Gas라 부르는 메타 단위를 사용해 블록의 크기는 동적으로 변하는데 대개 하나의 블록 크기는 20~30킬로바이트(KB)를 유지하고 있다. 그러나 그 평균 대기 시간은 평균 15초에 불과해 비트코인 블록이 하나 생성되는 동안 이더리움 블록은 무려 40개나 생성되므로 10여 분 동안 생성되는 데이터 크기는 800~1,200KB로서 비트코인과 유사하다.[6]

비트코인 블록은 거래 내역을 기록하는 저장 단위로 생각할 수 있다. 비트코인 블록은 누구나 만들 수 있는 자격은 있지만 아무나 쉽게 만들 수는 없다. 해시 퍼즐이라고 부르는 퀴즈를 풀어야만 하기 때문이다. 블록들은 생성된 순서대로 먼저 만들어진 블록 뒤에 일렬로 보관된다. 이런 식으로 만들어진 모든 블록은 마치 체인에 묶인 것처럼 일렬로 죽 늘어서서 논리적으로 저장되는데, 이 모습을 묘사하기 위해 '블록들의 체인'이란 말을 쓰기 시작했고 곧 블록체인Block Chain이란 신조어로 정착했다. 그 모습은 그림 1-2와 같다. 평균 대기 시간이 10분이므로 블록 생성 속도는 10분에 하나, 즉 하루에 144개 정도 만들어진다.

| 제네시스 블록 | 1번 블록 | 2번 블록 | 630,000번 블록 |
| 2009-01-03 | 2009-01-09 | 2009-01-09 | 2020-05-11 |

그림 1-2 블록체인에서 블록이 일렬로 죽 늘어서 있는 모습

---

6   실제로는 이더리움은 데이터가 블록 외부에 저장되는 방식을 사용하고 있으며 전체적으로는 훨씬 더 많은 데이터를 생성한다.

1.3 비트코인의 단위와 거래 방식

대한민국 원화는 원이라는 단일 단위를 사용하며, 액면은 모두 10종류다. 지폐로는 1,000원, 5,000원, 10,000원, 50,000원 이렇게 네 가지가 있고, 동전은 여섯 가지로 1원, 5원, 10원, 50원, 100원, 500원이 있다. 모든 지출은 이 액면의 조합으로 이뤄진다. 예컨대 상대방에게 3,000원을 지불하려면 1,000원권 세 장을 건네거나 5,000원권 한 장을 건넨 후 1,000원권 두 장을 거스름돈으로 받으면 된다.

한편 미국 달러화는 센트와 달러라는 두 가지 단위를 사용하며, 액면은 모두 13종류다. 지폐로는 1, 2, 5, 10, 20, 50, 100달러 이렇게 일곱 가지가 있으며 동전은 여섯 가지로 1센트, 5센트, 10센트, 25센트, 50센트, 1달러가 있다.

비트코인도 화폐를 흉내 내기 위해 나름대로의 단위를 만들었다. 몇 가지 단위와 액면 종류가 있는지 알아보자.

1.3.1 비트코인의 단위 종류

비트코인은 미국의 달러화처럼 통상 두 가지 단위를 사용한다. 하나는 '비트코인'이란 단위이고 다른 하나는 '사토시^{Satoshi}'이다. 미국 달러^{US dollar}를 줄여서 USD로 영문 표기하는 것처럼 비트코인도 통상 BTC라고 줄여 표기한다. 사토시는 sat나 s 정도로 줄여서 많이 사용하고 있다. 10 BTC는 10비트코인과 같고, 1,000s나 1,000sat는 1,000사토시와 같은 의미이다.

미국 달러화는 100센트가 모이면 1달러가 되지만 비트코인은 무려 1억 사토시가 모여야 1 BTC가 된다. 즉 1사토시는 겨우 0.00000001 BTC인 셈이다. 때문에 편의상 밀리-비트코인과 마이크로-비트코인이라는 중간 단위를 만들어 사용하기도 한다. 그렇게 되면 모두 네 가지 단위가 되는 셈이다. 1사토시는 0.00000001 BTC가 되고, 1마이크로-비트코인은 0.00001 BTC 또는 1,000사토시, 1밀리-비트코인은 0.001 BTC 또는 100,000사토시가 된다.

1억 사토시가 1 BTC라는 점에 착안해 1 BTC가 궁극적으로 100만 달러가 될 것이라고 주장한 사람도 있다. 즉 1사토시가 미국 1센트에 연동될 것이고 그 순간 자동으로 1 BTC가 100만 달러가 될 것이라는 다소 황당한 주장을 편 것이다. 또 바이러스 백신 프로그램 등으로 유명한 미국 맥아피^{McAfee}사의 창업자 존 맥아피^{John McAfee}는 2017년 7월, 트위터에 다음과 같이 썼다.

> "이전에 내가 2020년까지 1 BTC가 50만 달러까지 상승할 것이라 예측했는데, 그때 사용한 모델에 의하면 2017년 말의 1 BTC는 5,000달러여야 한다. 그러나 실제 비트코인의 상승 속도는 그보다 훨씬 빨라서 다시 계산해본 결과 2020년까지 1 BTC는 100만 달러까지 상승할 것이 확실하다. 내 말이 틀린다면 내 거시기를 먹어치우겠다."

2017년 말 비트코인의 평가 자산은 무려 340조 원을 넘어 당시 삼성전자 시가 총액을 앞질렀던 때다. 당시 나는 이 책의 1판에서 이러한 황당한 주장을 다음과 같이 일축했다.

> "만약 2020년 실제로 1 BTC가 100만 달러가 된다면 비트코인 평가 자산은 중국, 일본, 프랑스 3국의 GDP를 모두 합친 것보다 많아지고 미국의 GDP도 앞지른다. 이대로 가면 지구상의 모든 법정화폐를 합친 돈보다 비트코인 자산이 더 커질 것이란 황당한 예측도 나올 법하다."

2020년이 되자 많은 기자들이 존 맥아피에게 "예측이 잘못됐는데 왜 거시기를 먹지 않느냐?"고 비아냥댔고 이에 맥아피는 2020년 5월 30일 트위터를 통해 다음과 같이 말을 바꿨다.

> (난 당시에 농담을 했던 것뿐이다.) 생각해보라. 비트코인이 100만 달러가 되면 미국 전체 GDP보다 더 커지게 된다. 어떤 멍청이가 이런 난센스를 믿겠는가?"

맥아피가 현재 아마존에서 판매 중인 내 책 1판의 영문 버전을 읽었을 가능성은 희박하지만, 내재 가치가 없는 무형의 자산을 평가 가치만으로 계산한 맥아피의 얄팍한 난센스를 여과 없이 보도했던 매체들은 '멍청이'가 되는 의문의 1패를 당했고 나는 의문의 1승을 한 셈이다.

> 우리나라의 원화나 미국의 달러화는 법정통화(legal tender)다. 법정통화는 국가에서 법으로 그 통용력을 강제하는 화폐를 의미한다. 대한민국 상점은 물건 값으로 미국 달러를 받지 않을 수 있지만 대한민국 원화를 거부할 수는 없다. 한국은행법 제48조는 한국은행권은 모든 거래에 무제한 통용된다고 규정하고 있다. 통상 국가는 자국의 고유한 법정통화를 가지며 대개 하나의 단일 법정통화를 갖지만 반드시 그렇지는 않다. 유로존이라 부르는 유럽의 28개 국가 중 독일, 프랑스 등 19개 나라는 모두 유로화를 공통 법정통화로 사용하고 있다. 반면 짐바브웨는 2014년 미국 달러, 보츠와나 풀라, 영국 파운드, 유로, 호주 달러, 중국 위안, 인도 루피, 일본 엔 등 여덟 가지 타국 법정통화를 모두 자국의 법정통화로 인정하겠다고 선언했다.[A]

1.3.2 비트코인 최대 매장량: 2,100만 BTC

비트코인이 미래의 금이 될 것이라고 주장하는 사람들이 내세우는 근거 중 하나는 비트코인의 최대 매장량(?)이 정해져 있다는 것이다.

비트코인은 오직 블록이 새로 생성될 때만 발행되고 블록을 만든 사람에게 지급된다. 통상 '채굴'이라고도 표현하는 블록 만들기는 마치 금광에서 금을 캐듯 비트코인 발행을 통해 보상금을 확보하기 위한 행위인 것이다. 이 책에서는 '채굴'이라는 말과 '블록 만들기'라는 말은 동의어로 사용한다.

블록 생성을 하기 위해서는 '일정 시간 이상 계산 자원을 소비'해야 하는 의도적으로 설계된 단계를 반드시 거쳐야 하는데, 이를 작업증명^{proof-of-work}이라고 한다. 작업증명이 왜

'일정 시간 이상 계산 자원을 소비'하는 행위인지는 책을 읽다 보면 자연스럽게 이해될 것이다. 이 작업증명을 위해서는 대용량 하드웨어, 인력, 막대한 전기 등 엄청난 자원의 투자가 필요하다. 따라서 누군가 작업증명을 통해 블록을 만들어주길 기대하려면 굉장히 많은 자원을 투입할 만한 적절한 동기부여가 필요한데, 그것이 바로 보상금이다.

앞서 최초 블록과 함께 탄생한 보조금이 50 BTC라고 설명했는데 비트코인은 21만 개의 블록이 만들어질 때마다 보조금이 절반으로 줄어들도록 설계돼 있다. 다음 그림을 살펴보자.

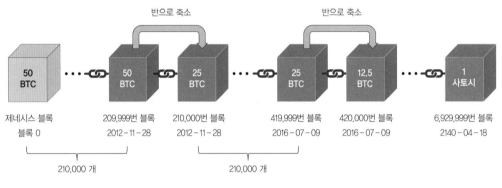

그림 1-3 비트코인 블록 보조금의 변화

그림 1-4는 21만 개의 블록이 생성될 때마다 지급 보조금이 반으로 줄어드는 모습을 보여준다. 최초 21만 개의 블록이 생성될 때는 50 BTC씩 보조금이 지급됐지만 210,001번째 블록인 210,000번 블록(최초 블록이 0부터 시작하므로)부터는 그 보조금이 반으로 줄어 25 BTC만 지급됐다. 이런 식으로 420,000번 블록이 생성됐던 2016년 7월 9일 16시 46분 13초부터는 그 보조금이 또 다시 반으로 줄어 12.5 BTC가 됐다. 표 1-1에서 살펴봤던 643,000번 블록의 보조금이 6.25 BTC인 이유는 그 사이 보조금이 세 번이나 반으로 줄어들었기 때문이다.

비트코인의 반감기가 돌아올 때마다 각종 매체에서 비트코인 가격이 급등할 것처럼 전망한다. 그 주요 근거는 '유통량의 감소'다. 그러나 반감기가 유통량을 감소시킨다는 주장은 터무니없다. 비트코인은 계속 늘어날 뿐 줄어들지 않기 때문이다. 유통량의 '증가 속도'는 감소하겠지만 유통량 자체가 감소하는 일 따위는 없다. 이를 유통량 감소라고 엉뚱하게 표현해 마치 실제 유통량이 감소해 희소가치가 상승하는 것처럼 호도한 것이다. 또, 비트코인 반감기는 대체로 정확하게 그 시기가 예측되므로 이 알려진 정보는 가격에 선반영될 수밖에 없고, 무엇보다 이미 전체 매장량의 90% 넘게 채굴됐기 때문에 반감기가 나머지 발행량에 미치는 영향은 미미하므로 유통량에 영향을 미친다는 주장은 근거 없는 낭설일 뿐이다.

앞서 난이도란 블록을 만드는 것이 얼마나 힘든지 알려주는 척도라고 설명했다. 비트코인 시스템은 하나의 블록 생성에 평균 10분 정도가 소요되도록 2,016개의 블록이 만들어질 때마다 주기적으로 난이도를 자동 조절한다. 420,000번 블록이 만들어진 2016년 7월 9일부터 시스템이 지속적으로 정확히 난이도를 조절할 것이라 가정하고 계산해보면 그

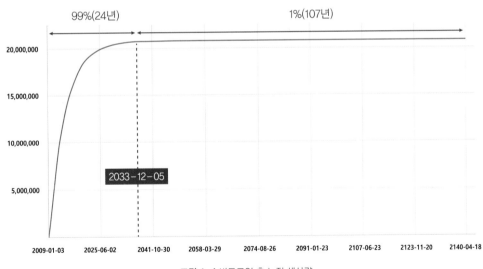

그림 1-4 비트코인 총 누적 생산량

림 1-5와 같은 그래프를 얻을 수 있다. 210,000개의 블록이 생성될 때마다 보조금은 계속 반으로 줄 것이고 평균 10분에 하나씩 블록이 늘어나므로 간단한 연산을 통해 총 누적 생산량을 계산할 수 있다. 비트코인 보조금은 693만 번째 블록이 생성되면 더 이상 발생하지 않는다. 물론 보조금은 사라져도 거래 내역 수수료는 여전히 받을 수 있다.

이론적인 마지막 보조금은 6,929,999번 블록이 생성되는 2140년 4월 18일로 예상되며 마지막 보조금은 고작 1사토시다. 그때까지 발행된 비트코인을 누적하면 2,100만 BTC가 된다. 이론적으로 비트코인은 131년에 걸쳐 생성되도록 돼 있지만 그림 1-5에서 볼 수 있는 것처럼 처음 24년동안 전체 발행량의 99%가 생산되고 나머지 107년 동안은 고작 전체의 1%만 생산된다. 따라서 사실상의 고갈은 2140년이 아닌 2033년을 기점으로 볼 수도 있다. 블록 보조금이 줄어들수록 비트코인 시스템 환경에는 많은 변화가 예상된다. 작업 증명에 관한 보상금이 줄어들수록 구성원의 블록 생산 동기가 약화되기 때문이다.

Memo

채굴에는 막대한 에너지가 필요하다. 보조금이 지속해서 감소하더라도 계속 채굴이 이뤄질까? 보조금이 12.5인 상태에서의 전문 채굴업자 손익분기는 대략 비트코인 시세가 USD 7,000~8,000인 지점으로 추정된다. 2020년 5월 11일의 반감기로 이제 보조금이 6.25로 줄었으며 손익분기 시세는 약 USD 12,000~15,000 정도로 급상승한 것으로 보인다. 2020년 8월 기점의 비트코인 시세는 약 USD 11,000이다. 향후 비트코인 시세에 따라 막대한 손실로 인해 더 이상 채굴을 하지 않는 시점이 올 수 있다. 보조금의 반감은 비트코인 시세의 상승이 아니라 오히려 비트코인의 안정성과 지속 가능성을 심각하게 저하시킬 수 있는 것이다. 한편, 비트코인 총 발행량이 2,100만으로 고정돼 가치가 올라간다는 주장은 기술적으로 보면 터무니없다. 비트코인은 S/W다. 클릭 한 번이면 총 발행량을 10배, 1,000배로 얼마든지 늘릴 수 있다. 현재 비트코인을 독점한 극소수 사집단이 자신들의 이익 극대화를 위해 아직까지는 그러지 않을 뿐이다.

1.4 비트코인은 왜 만들었을까?

사토시 나카모토는 비트코인을 왜 만들었을까? 그 배경을 온전히 이해하기 위해서는 데이비드 차움^{David Chaum}이라는 암호학자와 사이퍼펑크^{CypherPunk}라는 행동주의자들의 프라이버시 보호 운동과 함께 암호화 기술에 대해 알아볼 필요가 있다.

1975년 IBM은 미국국립표준기술국^{NIST, National Institute of Standards and Technology}의 요청에 따라 새로운 암호체계인 DES^{Data Encryption Standard}를 연구했고, 이 암호화 기술은 곧 민간에도 공개된다. 당시 암호화 기술은 정부나 군이 독점한 상태였으므로 DES는 사실상 민간이 접한 최초의 고급 암호화 기술인 셈이다. 평소 개인정보를 악용한 무분별한 스팸 메일의 난립과 정부에 의한 프라이버시 침해에 환멸을 느껴왔던 많은 사람들에게 이러한 고급 암호화 기술은 매우 큰 의미였고, 이를 적극적으로 활용해 프라이버시를 보호하고자 하는 움직임이 서서히 싹트기 시작했다.

Memo

미국 정부 주도로 개발된 DES는 발표 당시부터 많은 의혹이 따랐다. 특히 DES가 IBM의 원안대로 공개되지 않고 마지막에 정부기관에 의해 일부 수정된 것이 알려지면서 의혹은 더 커졌다. 백도어가 설치돼 있어 특수한 방법으로 정부기관이 쉽게 복호화할 수 있다는 소문도 파다했다. 또 전체 64비트 길이의 키(Key)[7] 중 56비트만 암호화에 사용하므로 안전성이 약한 것도 문제점 중 하나였다. 이 알고리즘은 이후 강력한 AES(Advanced Encryption Standard)로 대체된다.

TIP

미국 정부에 의한 프라이버시 침해 사례는 상당히 많다. 클리퍼(Clipper) 칩도 대표적 사례다. 1993년 클린턴 행정부는 미국국가안전보장국(NSA, National Security Agency)이 개발한 백도어 LEAF(Law Enforcement Access Filed) 코드가 심겨진 클리퍼 칩을

---

7   키(Key)는 3장에서 비대칭 암호화 기법을 설명할 때 다시 자세히 알아본다.

모든 통신 장비에 설치하도록 각 통신사에 권고했다. 이 칩이 설치되면 정부가 모든 국민의 통화 내용을 감청할 수 있게 된다. 명분은 테러 방지 등을 통한 국가 안보 제고였다. 이 계획은 칩 자체의 결함과 수정헌법에 반하는 위헌성 때문에 격렬한 논란 끝에 1996년 완전히 폐기됐다.

1.4.1 데이비드 차움과 추적이 불가능한 거래 시스템

데이비드 차움David Chaum은 전산학자이자 암호학자다. 1983년 차움은 'e-캐시'라는 이름의 새로운 캐시 시스템을 구상한다. e-캐시는 프라이버시 보호를 위해 금융기관과 제휴해 모든 거래 내용을 암호화하는 것을 목표로 했고, 이를 통해 제삼자가 거래 내역을 추적할 수 없도록 했다. 1985년에 발표한 논문 제목이 「신분 노출이 없는 보안: 빅브라더를 무용지물로 만들 수 있는 거래 시스템」이라는 점에서 차움이 추구한 '통제 권력으로부터의 자유'라는 목적을 짐작할 수 있다. 구상을 실현하기 위해 차움은 1990년 디지캐시DigiCash라는 회사를 직접 설립해 서비스를 시작했지만 실제 그와 제휴한 은행은 시골에 있는 마크 트웨인 은행 단 한 군데뿐이었다. 1999년 그는 회사를 떠나게 된다.

데이비드 차움은 프라이버시 보호를 최우선으로 했지만 익명의 금융 거래의 폐해를 잘 이해했으므로 프라이버시 보호를 목적으로 한 익명의 결제 수단이 가져야 할 3가지 기본 성질을 다음과 같이 정의했다.[B]

1. 각 개인이 행한 결제에 대해 수취인, 결제 시간, 금액은 제삼자가 알 수 없어야 한다.
2. 각 개인은 예외적 상황하에서는 그 결제에 관한 증명 또는 수취인의 신원에 관한 자료를 제공할 수 있어야 한다.
3. 도난당한 것으로 보고된 결제 수단은 사용을 중지할 수 있어야 한다.

그러나 2009년 구현된 비트코인은 e-캐시를 그 기술적 효시로 승계하고 있지만 이 가운데 오직 첫 번째만 만족한다. e-캐시가 프라이버시를 보호하려던 방식은 '금융기관과 제휴'해 암호화를 사용하는 것이었지만, 비트코인은 '금융기관 자체를 배제'한 점에서 크게 차이가 난다. 즉, 유사시에 금융기관을 통해 신원 특정이 가능한 슈도니머스pseudonymous 방식과 달리 비트코인은 어떤 경우도 신원을 특정할 수 없도록 금융기관 자체를 배제한 어노니머스anonymous 방식으로 설계됐다. 슈도니머스와 달리 어노니머스는 금융의 건전성에 정면으로 반하는 속성으로, 자금세탁을 비롯한 각종 검은 돈을 위한 효과적 도구로 악용될 수 있다.

1.4.2 사이퍼펑크

프라이버시 보호 운동은 1980년대 말을 기점으로 점점 세력화되기 시작한다. 1990년대에 들어서면서 에릭 휴즈Eric Hughes, 티모시 메이Timothy May, 존 길모어John Gilmore 등은 그동안 산발적으로 진행되던 프라이버시 보호 운동을 점차 조직화하기 시작한다. 여기에는 여러 행동주의자가 관여했고 스스로를 '사이퍼펑크cypherpunk'라고 불렀다. 사이퍼펑크는 암호를 의미하는 '사이퍼cipher'와 사이버상의 악동을 의미하는 부르스 배스케Bruce Bethke의 1980년 단편소설 제목 『사이버펑크cyberpunk』를 합성한 신조어로, 암호화 기술을 활용해 개인의 프라이버시 보호를 극대화하려 했던 행동주의자를 가리킨다. 1992년 주드 미혼Jude Mihon이 만든 'cypherpunk'라는 단어는 2006년 옥스포드 영어 사전에 정식 등재됐으며 다음과 같이 정의돼 있다.

> "컴퓨터 네트워크를 사용할 때 특히 정부기관으로부터 프라이버시를 보호하기
> 위해 암호화 기술을 사용하는 사람."

1980년대 초 데이비드 차움을 그 기술적 효시로 해 수많은 사이퍼펑크가 활동했으며 비트코인이 등장하는 2008년까지의 약 25년 사이에 수많은 활동이 있었다.

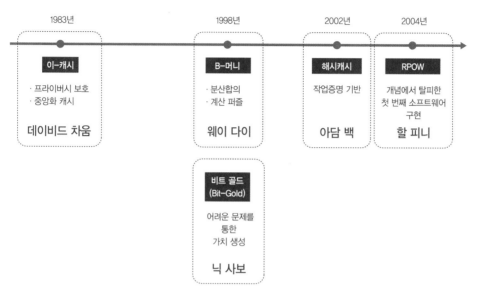

그림 1-5 사이퍼펑크 운동과 추적이 불가능한 거래 시스템

그림 1-6은 사이퍼펑크가 주도했던 프라이버시 보호를 위한 일련의 거래 시스템을 보여 준다. 1998년 웨이 다이^{Wei Dai}는 익명의 분산 전자 캐시 시스템인 B-머니를 제안했는데 이는 암호화 퍼즐에 기반해 새로운 화폐를 생성한다는 아이디어였다. 같은 해 닉 사보^{Nick Szabo}는 비트코인 채굴 모델의 기본 개념이 된 비트골드^{Bitgold}를 제안했으며 아담 백^{Adam Back}은 2002년 작업증명 기반의 해시캐시^{Hash Cash}를 구상했다. 할 피니^{Hal Finney}는 2004년에 재사용이 가능한 작업증명이라는 개념의 R-POW를 제안했다. 이처럼 사이퍼펑크는 비트코인의 원형이 된 다양한 거래 시스템을 제안했다. 결국 비트코인의 핵심 작동 기저인 해시, 작업증명, 연쇄 해시와 머클트리 등의 모든 기술적 개념은 이미 훨씬 전에 체계적으로 정립된 셈이다.[8] 특히 연쇄 해시^{hash chain}는 블록체인의 '체인'이라 단어가 유래

---

8   나열된 기술들은 후속 장에서 자세히 설명한다.

한 배경이기도 하다. 그러나 비트코인 이전의 기술의 공통점은 여전히 '슈도니머스'였다는 것이다. 한편 비트코인을 최초로 건네받은 인물로 알려진 할 피니를 비롯한 이들 사이퍼펑크 대부분은 비트코인과 이더리움 등 여러 암호화폐가 만들어지는데 직간접적으로 관여하게 된다. 데이비드 차움 역시 현재 엘릭서^{Elixxir}라는 이름의 새로운 암호화폐를 개발 중이다. 차움은 양자컴퓨터가 실현되더라도 견딜 수 있는 새로운 암호화 체계를 탑재한다고 주장하고 있다.

1.4.3 비트코인을 만든 목적

비트코인이 만들어진 배경이 2008년 금융 위기와 연결해 명목화폐 시스템 문제를 해결하기 위한 것이라고 주장하는 사람도 있지만 이는 합리적이지 못하다. 사토시 나카모토가 명목화폐에 환멸을 느꼈을 수도 있고 실제로 비슷한 메모도 남겼지만, 이는 당시의 보편적 정서일 뿐이다. 비트코인은 어느 순간 갑자기 등장한 것이 아니다. 무려 25년여에 걸쳐 집약된 기술과 개념하에 나타났다. 또한 비트코인 원 논문에는 명목화폐에 관한 언급조차 없다. 무엇보다 제도와 규정이 핵심인 금융 시스템을 소프트웨어로 변혁한다는 것도 비논리적이다.

비트코인을 만든 명백한 목적은 '프라이버시 보호'이며 이를 위해 '금융기관을 배제'한 어노니머스 방식을 선택한 것이다. 단순히 프라이버시를 보호하는 슈도니머스와 달리 어노니머스는 금융의 건전성에 정면으로 반하는 속성으로, 자금세탁 등 각종 검은 돈을 위한 효과적인 도구로 사용될 수 있다. 비트코인이 가진 어노니머스 성질로 인해 비트코인은 소유자를 특정하기 어렵다. 학문적 용어는 아니지만 이 책에서는 이 둘을 구분하기 위해 슈도니머스는 '가명'으로, 어노니머스는 '절대 익명'으로 줄여 쓰도록 한다.

TIP

제네시스 블록에는 2009년 1월 3일자 영국 일간지 「타임스(The Times)」의 헤드라인인 "Chancellor on brink of second bailout for banks"라는 문구가 실려 있다. "두 번째 은행 구제금융을 앞두고 있는 재무장관"이라는 의미의 이 헤드라인 때문에 비트코인을 금융 위기와 연계시키려는 사람들도 있지만, 제네시스 블록이 만들어진 날[9]의 조간신문 헤드라인이 블록 메모에 있다는 것은 단지 (타임머신이 없다면) 블록의 생성 시점이 2009년 1월 3일 이후라는 객관적 정보에 불과하다. 이후 또 설명하겠지만 블록체인은 사건이 발생한 시간을 확인시켜주는 타임스탬프(timestamp) 기계다. 따라서 당일 조간 헤드라인을 기록해 둔 것은 블록체인이 타임스탬프 기계임을 상징적으로 나타낸 의미가 더 커 보인다. 타임스탬프 기계에 관한 설명을 후속 장에서 읽게 되면 이 부분은 좀 더 확실해질 것이다.

Memo

1993년 8월 12일 저녁, 고(故) 김영삼 전 대통령은 민주화 시대 이후 최초이자 유일했던 긴급명령을 발동해 금융실명제를 전격 발표한다. 익일부터 신분증을 통한 실명 확인 없이는 금융계좌 개설이 금지됐다. 금융실명제는 건전한 금융의 가장 기본이 되는 제도이지만 이웃 일본도 아직 온전히 시행하고 있지 못할 정도로 전 세계적으로 기득권의 반발이 심한 제도다. 금융거래에 사용하는 계좌번호는 금융기관이 발행하고 이는 실명제를 통해 그 소유자를 특정할 수 있다. 그러나 비트코인에서 사용되는 비트코인 주소는 금융기관이 발급하는 것이 아니라 각 개인이 임의로 (무한대로) 만들어 사용한다. 이 때문에 그 소유주를 특정하는 것은 사실상 불가능하며 이것이 비트코인이 절대 익명으로 거래되는 근본 원인이다. 현재 금융권에서는 금융거래 또는 서비스가 자금세탁 등의 불법행위에 이용되지 않도록 고객 확인 및 검증, 거래 관계의 목적 확인 및 실소유자 확인 등을 실시하고 있으며 금융감독원과 금융정보분석원이 이를 관리하고 있다. 비트코인의 직거래는 고객 확인의 첫 단계인 소유자 특정이 불가능해짐으로써 이 제도가 무력화됐다.

1.5 지급 결제 시스템

A는 중고 노트북을 직거래로 구매하기 위해 서울의 한 커피 전문점에서 D와 직접 만났다. 물건이 마음에 들었으므로 A는 D에게 40만 원을 지불하기로 하고 그 자리에서 스마트폰 모바일 뱅킹으로 계좌 이체를 해줬다. 두 사람이 이용하는 은행은 서로 달랐지만 계좌 이체는 30초도 채 걸리지 않았다. 둘은 이내 커피 전문점을 빠져나갔고 D는 가게 바로 앞에 설치돼 있던 ATM 기계에서 40만 원을 바로 인출한 후 기분 좋게 헤어졌다. 그다지 특별해 보이지 않는 이 계좌 이체의 이면에는 최소 네 개의 기관이 개입돼 있고 세 가지 처리 과정이 필요하다. 다음 그림을 보자.

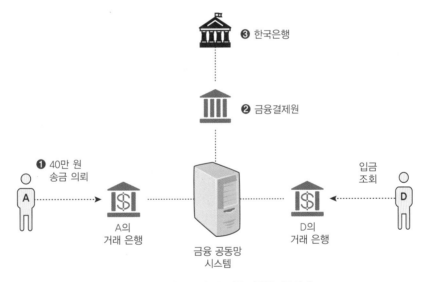

그림 1-6 금융 공동망 시스템을 이용한 지급 결제

그림 1-6은 A와 D 간의 계좌 이체가 일어나는 상황을 보여준다. 이 거래를 위해서는 A의 거래 은행, D의 거래 은행, 금융결제원, 한국은행 이렇게 네 기관이 개입한다. 편의상 A의 거래 은행을 A은행, D의 거래 은행을 D은행이라 하자. 이제 A, D 그리고 네 개 기관은 각각 다음 세 가지 절차를 수행한다.

❶ 지급 支給, Payment: A는 자신의 주거래 은행에 'D은행의 D에게 40만 원을 지급해달라'고 요청한다. A은행은 이 요청에 이상이 없는지 확인한다. 잔액 등이 이상 없으면 A은행은 금융 공동망 시스템을 통해 D에게 40만 원을 지급해줄 것을 D은행에 요청한다. 요청을 받은 D은행은 D의 계좌에 40만 원을 입금시킨다. 이 업무를 '지급'이라고 한다. A와 D 당사자는 지급을 통해 이미 거래가 종료됐지만 사실 아직 A은행과 D은행 사이에는 거래가 완료되지 않았다. D은행이 A은행 대신 지급해준 40만 원을 A은행에서 실제로 받아와야 한다. 이 업무를 '청산 및 결제'라고 한다.

❷ 청산 淸算, Clearing: 금융결제원은 이 거래로 인해 A은행과 D은행 간에 최종적으로 서로 주고받아야 할 총 금액이 얼마인지 계산해준다. 이 업무를 '청산'이라고 한다.

❸ 결제 決濟, Settlement: 한국은행에는 각 은행이 개설해 둔 당좌예금 계좌가 있다. 한국은행은 금융결제원이 계산한 최종 청산 금액에 따라 A은행의 당좌예금 계좌에 있는 금액을 D은행의 당좌예금 계좌로 이동한다.

이렇게 화폐 단위로 된 가치의 지급과 결제를 모두 처리하는 시스템을 통상 지급 결제 시스템이라고 부른다. 지급 결제 시스템은 한 국가의 금융거래의 기본적인 하부 구조를 이루는 핵심으로, 지급 결제 시스템의 효율성과 신뢰성은 그 나라의 금융 수준을 측정할 수 있는 가장 중요한 지표 가운데 하나다. 이러한 지급 결제 시스템을 구축하려면 수조 원 이상의 투자가 필요하며 유지보수 및 운영에도 무수한 인력과 비용이 필요하다.

비트코인 시스템은 지급 결제 시스템이다. 그러나 그림 1-6에서 본 것과 같은 기관의 개입은 없다. 그 필요성을 없앴기 때문이다. 각자가 지급, 청산, 결제 기능을 수행한다. 또 청산 행위가 바로 결제 행위가 되도록 구현돼 있다. 사토시 나카모토는 이러한 혁신을 통해 불필요한 금융거래 수수료를 모두 제거할 수 있다고 믿었다. 2018년 국내 은행의 수수료 순익은 모두 7조 3,010억 원(순수익 4조 7,814억 원)이다. 순수익 기준으로 국내 은행 총이익의 10.4%에 해당되는 금액을 수수료로 번 셈이다.

Memo

아이러니하게도 비트코인 거래 수수료는 절대 싸지 않다. 오히려 은행 수수료보다 더 비싸다. 사토시 나카모토는 원 논문에서 은행의 높은 수수료로 인해 특히 소액 거래가 저해된다고 지적했으나 정작 비트코인 수수료는 소액일수록 불리하다. 거래 금액 기준이 아니라 거래 데이터 크기를 바이트 단위로 과금하기 때문이다. 1억 원을 거래하든 1,000원을 거래하든 같은 바이트면 수수료가 같다. 고액일수록 유리하고 저액일수록 불리한 시스템이다. 현재로서는 1~2만 원 미만은 거래할 필요가 없다. 수수료보다도 적은 금액이기 때문이다! 과연 사토시 나카모토의 순진한 생각처럼 블록체인을 통해 금융 수수료를 절감할 수 있을까? 결론부터 말하자면 블록체인으로 수수료를 낮출 수 있다는 주장은 터무니없다. 왜 그런지는 블록체인의 기본 원리를 이해한 다음 2부에서 자세히 살펴보자.

1.6 암호화폐는 아무나 발행해도 되나?

누가 암호화폐를 만드는 것일까? 마음만 먹으면 암호화폐를 마구 발행해도 되는 것일까? 새로운 암호화폐를 임의로 만들어 발행하는 것이 합법 혹은 불법인지 여부는 나라별로 관련 법률이 다를 수 있다. 우리나라를 포함한 대부분의 국가는 이에 관한 뚜렷한 법률 규정이 없다.

우리나라 형법은 대한민국의 화폐나 타국의 법정통화 등 법정통화 위조와 관련된 경우만을 규정하고 있다. 이와는 별도로 부정 수표 단속법이 있지만 이 또한 우체국을 포함한 금융기관이 발행한 수표를 위조하거나 사칭한 경우만을 다루고 있다. 우리나라 통화를 위조하면 형법 제207조에 의해 최고 무기징역까지 가능하지만 은행 10만 원권 수표를 위조하면 부정 수표 단속법 제5조에 의해 1년 이상의 유기징역에 처해진다. 따라서 법률은 법정통화나 금융기관이 발행한 수표에 관해서만 위변조, 소지, 통용 등을 처벌하고 있다. 결국 법정통화를 사칭하거나 금융권 수표를 사칭하지 않는 한 새로운 화폐를 발행한다고 해서 법률상으로 제약받는 부분은 없는 셈이므로 새로운 암호화폐를 발행하는 것을 막는 법률은 현재로서는 없다고 볼 수 있다. 다만 형법 제211조 통화 유사물의 제조 등에 관한 조항에서 위조가 아니더라도 판매를 목적으로 통화 유사물을 제조하는 경우 3년 이하의 징역 또는 7백만 원 이하의 벌금을 규정하고 있다. 그러나 이 또한 내국 또는 외국에서 통용하거나 유통하는 화폐, 지폐, 은행권에 유사한 물건을 대상으로 제조한 경우로만 국한하고 있어 법정통화와의 유사성이 없으면 그 발행에 제약이 없다고 해석할 수 있다.

1.6.1 암호화폐라는 명칭의 적절성

암호화폐라는 명칭이 많은 혼란을 야기하는 것은 분명하다. 암호화폐니 비트코인이니 하는 명칭 자체는 암묵적으로 법정통화로 오인하게 만들 여지가 분명히 있다. 사실 '암호화폐를 발행해도 되는가?'라는 질문 자체가 우스운 것이다. 일상생활에서 화폐라 칭할 때는 통상 법화(법정통화)만을 일컫는다. 따라서 암호화폐는 법화가 아니기 때문에 질문 자체가 성립되지 못한다. 이 질문은 순전히 그 이름 때문에 생긴 것이다. 비트코인이 화폐인가 하는 부분은 2부에서 다시 살펴본다.

현재 각국은 암호화폐라는 잘못된 말을 '가상자산virtual asset'이라는 용어로 빠르게 대체하고 있다. 이는 2부에서 소개할 FATF Financial Action Task Force라는 국제 기구가 화폐라는 단어가 일반인을 호도하지 못하도록 각국에 권고한 것을 따른 것이다. 일본처럼 가상자산 대신 암호자산Crypto Asset이라는 또 다른 용어로 대체한 곳도 있지만, 화폐라는 잘못된 용어를 더 이상 사용하지 않는다는 점은 같다. 우리나라도 법령상에서 '가상자산'이라는 용어를 채택했으며 그 정확한 정의는 2부에서 다시 자세히 알아본다.[10]

---

10 법률상의 가상자산의 정의는 암호화폐와 일치하지 않는다. 가상자산은 암호화폐를 포함하는 좀 더 포괄적인 개념으로 정의돼 있다.

Memo

롱아일랜드 아이스드 티(Long Island Iced Tea)라는 칵테일이 있다. 기본적으로 40도가 넘는 술, 예컨대 럼이나 보드카, 테킬라 등으로 만든 강하면서 시원한 음료다. 나스닥에 상장된 회사 중 같은 이름을 사용하는 '롱아일랜드 아이스드 티 코퍼레이션[11]'은 홍차와 레모네이드 음료로 유명한 뉴욕에 소재지를 둔 회사다. 이 회사의 2017년 12월 20일 종가는 2.44달러였다. 그러나 하루 지난 12월 21일의 종가는 6.61달러로 무려 271%가 상승했다.[12] 이유는 의외였다. 회사가 사명을 롱 블록체인 코퍼레이션으로 바꾸겠다고 발표한 것이 주가 폭등 이유의 전부였다. 단지 사명에 '블록체인'이라는 단어를 넣은 것만으로 주가가 하루만에 2.7배나 뛴 것이다. 그 이후에도 이 회사의 주가는 한동안 5달러대를 유지했다. 사람들이 늘 이성적으로 행동할 것이라는 가정은 많은 경우 너무나 쉽게 무너진다. 용어는 사고를 지배한다. 이후 이 회사의 의도적 주가 조작 혐의에 대해 FBI가 조사를 벌였고, 2018년 4월 10일 나스닥으로부터 상장폐지 통보를 받았다. 2020년 8월 현재에는 장외 주식 시장에서 0.1달러 정도에 거래되고 있다.

1.7 암호화폐 개수

블록체인을 이용한 최초의 암호화폐는 비트코인이다. 그렇다면 비트코인이 탄생한지 11년이 된 현재, 시중에는 도대체 얼마나 많은 암호화폐가 나와 있을까? 2021년 4월 23일 기점으로 보면 전 세계에서의 암호화폐 중개소[13]는 수만 개를 넘지만 그 중 활발히 활동하는 것은 370개에 불과하고 이들 중개소에서 거래되는 암호화폐 개수는 무려 9,434개에 이른다.[14] 국내에는 최소 200여 개 이상의 중개소가 있는 것으로 알려져 있고, 구매 대행 업체까지 포함하면 그 수는 훨씬 더 많을 것으로 추정된다. 통계적으로 보면 전 세계적으

---

11 나스닥에서의 거래 종목명은 LTEA다.

12 나스닥 주가 정보(www.nasdaq.com, 현지 시각 기준). 미국이나 영국 등은 한국과 달리 가격 제한 폭이 없다.

13 암호화폐 매매를 알선하는 브로커들이다. 자신들은 '거래소'라는 용어를 쓴다.

14 www.coinmarketcap.com 2021년 4월 23일 기준

로 중개소는 하루 20~30개 이상 새로 생겨나고, 이들이 취급하는 암호화폐 개수는 하루 5~6개 정도 늘어나는 셈이다.[15] 이렇게 우후죽순으로 늘어나는 이유는 쉽게 돈벌이가 될 것이라는 기대에 비해 별다른 기술이 필요 없기 때문이다. 이들 가운데는 나름대로의 철학을 바탕으로 암호화폐를 잘 설계하고자 노력하기도 하지만 대다수는 그저 경제적 이익을 노리고 마구 찍어 댄 의미 없는 디지털 숫자에 불과하다.

이들 9,434개 암호화폐가 형성한 총 평가자산 규모는 약 2,000조 원에 달하며 이는 우리나라 2020년 명목 GDP인 약 1,800조 원을 넘는 수치이다. 이 중 비트코인 비중은 약 1,000조 원으로서 그 절반에 이른다. 그러나 이 수치는 하루에도 수십 퍼센트가 변동될 수 있으며, 현금으로 실현화될 수 없는 상징적 수치에 불과하므로 큰 의미는 없다.

1.7.1 전체 암호자산 중 비트코인의 비중

비트코인을 제외한 나머지 암호화폐를 알트코인[altCoin]이라고 부른다. 또한 암호화폐를 줄여서 코인이라 부르기도 한다. 혼동이 없는 맥락에서는 편의상 암호화폐와 코인을 혼용해서 쓰기로 하겠다. 알트코인은 우리말로는 다소 비하된 의미가 포함된 '잡#코인'이라는 의미로 쓰인다.

전체 코인 중 비트코인이 차지하는 비중의 변화를 보면 사뭇 흥미롭다. 상식적으로 알트코인이 우후죽순 등장할수록 전체 코인 중 비트코인의 총자산 비중은 점점 줄어들어야 자연스럽겠지만 실상은 그 반대다. 원래 비트코인의 비중은 서서히 줄어 2018년 1월 15일에는 32.81%까지 줄어들었지만, 이후 다시 증가하기 시작해 2020년 8월 16일 기준 58.37%에 이른다. 이는 알트코인의 시세를 비교해 보면 그 이유가 좀 더 명확히 보인다. 역시 2020년 8월 16일 기점으로 보면 비트코인 시세는 1,100달러에 육박하지만, 전체 6,457개 코인 중 시세가 1달러를 넘는 것은 고작 44개, 전체의 0.68%밖에 되지 않는다는 점이 알트코인의

---

15 후속 장에서 살펴보겠지만, 코인의 전 단계라 할 수 있는 소위 '토큰'은 하루 최소 600여 개씩 늘어난다.

미미한 위상을 짐작하게 해준다. 100달러를 넘는 코인은 고작 7개, 전체의 0.11%이다.

그러나 자산 총액 측면에서 보면 이야기는 달라진다. 후오비 토큰의 경우 시세는 겨우 4.79달러에 형성돼 있지만 자산 총액은 1조 원을 훌쩍 넘는다. 비트코인과 달리 무려 213,020,340개의 코인을 마구 찍어 댔기 때문이다. 비체인^{VeChain}이라는 코인은 한술 더 뜬다. 시세는 0.0196달러에 불과하지만 자산 총액은 1조 1천억 원이다. 무려 55조 4,547만 개에 달하는 코인을 마구잡이로 찍어 댔기 때문이다.

뒤에서 좀 더 살펴보겠지만 대부분의 알트코인은 채굴 과정 없이 임의로 코인을 찍어 댄다. 리플은 최초에 회사 소유로 된 리플 코인을 무려 1,000억 개나 발행했다. 이더리움 역시 선채굴이라는 편법을 동원해 유통 물량의 대다수를 채굴 과정 없이 찍어 댔고, 비트코인 역시 초기에 아무런 경쟁 없이 막대한 비트코인을 확보했다. 이 점 역시 2부에서 다시 자세히 살펴보자.

비트코인에 대한 선호는 환금성과 깊이 연계돼 있다. 비트코인은 예외 없이 전 세계 모든 중개소에서 취급하므로, 어디서든 환금할 수 있는 막강한 힘을 가졌다. 이 속성은 특히 자금세탁에는 엄청난 장점이 된다.

1.7.1.1 암호화폐 평가 자산 총액의 허상

앞서 2017년 존 맥아피가 비트코인이 100만 달러를 넘을 것이라는 황당한 예측을 했던 일화를 통해 평가 가치만으로 환산하다보면 미국 GDP보다 비트코인 자산 총액이 더 커질 수 있는 비논리적 상황이 일어남을 살펴봤다.

비트코인을 비롯한 모든 코인에는 기초자산이라는 것이 없다. 그저 디지털 숫자에 불과하기 때문에 그 내재 가치는 0이다. 이러한 디지털 숫자가 가치를 가질 수 있는 유일한 방법은 누군가 법화를 사용해 매매를 시도할 때다. 따라서 내재 가치가 0인 가상의 디지털 숫자의 총 (평가) 자산이라는 것은 별 의미가 없다. 예컨대 어떤 회사가 X라는 이름의 코인을 100만 개 찍어냈고 그 시세가 1달러라면, X 코인의 오늘 기준 총 자산은 1백만 달러가 된다. 그러나 다음날 이 회사가 키보드의 엔터키를 한 번 더 조작해 새로이 100조 개의 X 코인을 찍어낸다면 X 코인의 순간 총자산은 100조 달러가 된다. 여기서 X 코인의 총 자산이 100조 달러라는 계산은 별 의미가 없다. 이 회사가 새로 찍어낸 100조 개의 코인을 모두 1달러씩 판매해 100조 달러를 벌 가능성은 0이기 때문이다. X 코인의 유통량과 그 회사의 신뢰도가 X 코인 시세에 반영돼 빠르게 0으로 수렴할 것이다. 이 점도 2부에서 다시 살펴보도록 하자.

내재 가치가 없는 것은 우리가 사용하는 법화인 종이 돈도 마찬가지다. 5만 원권 지폐의 재질로서의 가치는 종잇조각에 불과하다. 그렇다면 이 종이가 5만 원이라는 '가치'를 유지할 수 있는 비결은 무엇일까? 그 비결이 바로 암호화폐 평가 자산 총액의 허상과 구별되는 이유일 것이다. 2부에서 자세히 살펴보자.

평가 시세를 이용해 상대방을 기망하는 방법은 다단계 판매업체가 가장 즐겨 쓰는 수법이다. 다단계 업체가 사용하고 있는 수법의 결정적인 수학적 오류는 항상 자원과 수요를 무한대로 가정한다는 것이다. 물론 그런 사실은 철저히 감춰져 있다. 사람들은 평가 시세만 보고 열광한다. 이성을 찾고 그 뒤에 숨은 함정을 보기에는 평가 시세가 너무 매력적이기 때문이다. 앞서 소개했던 1 BTC가 100만 달러가 된다는 주장도 비슷한 맥락이다. 1 BTC에 관한 예측만 했을 뿐, 결과적으로 비트코인 자산이 미국 GDP와 맞먹게 된다는 사실은 간과한 것이다. 미국 GDP는 한화로 대략 2경 원 가까이 된다. 세상의 돈이 무한대라면 한번 예측해볼 수 있을지 모르지만, 비트코인을 살 수 있는 돈이 더 이상 없는데도 자산은 오르는 형국이 될 수 있다. 이 상태로라면 머지않아 지구상의 모든 법정통화를 다 합쳐도 100밖에 안 되는데 비트코인의 자산은 200이 될 것이라 예측하는 사람도 나올 법하다. 2부에서 다시 자세히 논의해보자.

블록체인과 관련된 용어

1장에서는 비트코인이 만들어진 역사적 배경과 더불어 여러 측면을 가볍게 살펴봤다. 2장에서는 블록체인을 이해하기 위한 필요 단계로 관련 용어를 정리하고 그 작동 원리를 살펴본다. 먼저 필요한 용어 정의부터 살펴보자.

2.1 기본 용어 정리

2.1.1 노드와 피어

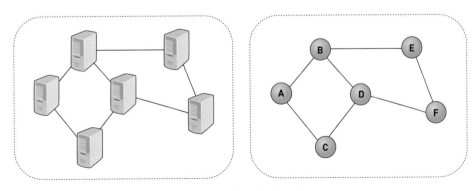

그림 2-1 네트워크의 그래프 표현

일반적으로 컴퓨터 네트워크를 그릴 때는 편의상 그림 2-1의 오른쪽 그림처럼 컴퓨터는 꼭짓점으로 표현하고 컴퓨터를 연결하는 네트워크는 선분을 사용한다. 각 꼭짓점은 하나의 서버를 나타내고 선분은 서버 간의 직접적인 연결을 의미한다. 이때 각 꼭짓점을 '노드 node'라고 부른다. 따라서 노드란 네트워크에 접속한 사용자 혹은 컴퓨터로 볼 수 있다. 그림 2-1에는 모두 6개의 노드가 있다.

한편, 각 노드 입장에서 특별히 자신과 직접적으로 연결돼 있는 노드를 '피어peer'라고 부른다. 예컨대 노드 A의 피어는 B와 C 2개이고 노드 D의 피어는 B, C, F 3개다. 특정 순간에서의 네트워크 노드 수는 일정하지만 피어는 각 노드별로 상이하다.

특정 서버가 존재하지 않는 블록체인에 있어서 이 피어의 개념은 대단히 중요하다. 각 노드가 모든 정보를 피어를 통해서만 전달받기 때문이다. 따라서 자신과 직접적으로 연결된 피어가 고장이 나거나 의도적으로 잘못된 정보를 준다면 항상 거짓 정보만 얻게 될 수도 있다.

2.1.2 일의 분산 대 일의 중복

하나의 서버가 모든 일을 도맡아 처리하는 중앙 집중 시스템과 복수 개의 서버가 일을 나눠 처리하는 분산 시스템 간의 구분은 그다지 어렵지 않을 것이다. 그러나 분산 시스템과 탈중앙화 블록체인의 구분에 있어서는 여전히 혼동을 겪고 있는 듯하다. 탈중앙화를 지향하는 블록체인과 일반적인 분산 시스템의 근본적인 차이를 이해하지 못하면 많은 맥락에서 혼란이 야기될 수 있다. 실제로 이러한 혼란이 블록체인을 둘러싼 지금의 수많은 오해의 시작점이기도 하다. 블록체인을 그저 '분산 시스템'이라 부르지 않고 특별히 '탈중앙화 시스템'이라고 구분하는 데는 그만한 이유가 있다. 블록체인의 기본 목적과 용도가 일반적인 분산 시스템과는 확연히 구분되기 때문이다. 다음 그림을 보자.

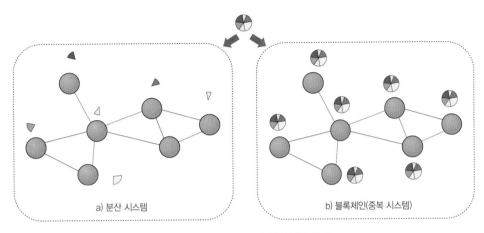

a) 분산 시스템   b) 블록체인(중복 시스템)

그림 2-2 분산과 탈중앙화 블록체인의 비교

그림 2-2는 일반적인 분산 시스템과 블록체인의 차이점을 보여주고 있다. 왼쪽의 a)는 일반적인 분산 시스템으로서 여러 서버가 일을 나눠 처리함으로써 작업의 효율성이나 서비스의 가용성을 높이는 것을 주 목적으로 하고 있다. 즉, 분산된 일을 여러 서버가 동시에 처리함으로써 일을 더 빨리 해결할 수도 있고, 중앙 서버 하나만 고장나도 모든 서비스가 중단되는 것을 방지해 가용성 또한 획기적으로 높일 수 있는 것이다. 이에 비해 오른쪽 b)에 있는 블록체인은 여러 서버가 투입돼 일하지만 분산 처리가 아니라 동일한 일을 중복해 처리한다. 더 많은 자원과 시간이 투입되지만, 일을 중복하기 때문에 효율성이 극도로 저하된다. 그러나 모든 노드가 일을 반복한 후 그 결과를 일치시키기 때문에 일의 결과에 관한 신뢰도는 향상될 수 있다. 따라서 블록체인은 작업의 효율성을 희생하는 대신 작업 결과에 관한 신뢰도를 높인 시스템이라고 요약할 수 있다.

Memo

블록체인이 얼마나 비효율적인 플랫폼인지 감이 잘 오지 않을 것이다. 두 가지 사례를 통해 블록체인의 비효율성을 알아보자.

1.   흔히 즐겨 듣는 MP3 파일 하나의 크기는 약 10MB(메가바이트) 미만이며 요즘 스마트폰에는 대략 1만여 곡이나 저장할 수 있다. 그렇다면 이 10MB짜리 MP3 파일

하나를 이더리움[1] 블록체인에 저장하려면 비용이 얼마나 들까?[2] 놀라지 마시라. 2020년 8월의 이더리움 시세로 환산하면 10MB를 저장하는 데 무려 3~4억 원이 필요하다. 이 금액을 최고 시세였던 150만 원을 기점으로 계산하면 10억 원에 육박한다.[3] MP3 한 곡을 저장하고자 람보르기니 한 대 값을 지불하려는 사람은 아무도 없을 것이다.

2. 2017년 7월 대니 라이언(Danny Ryan)이라는 사람은 재미있는 실험을 하고, 그 결과를 해커눈(Hacker Noon) 사이트에 소개했다. 라이언은 단순 덧셈을 100만 번 할 때의 비용을 이더리움과 AWS 클라우드에서 비교했는데, 그 차이는 약 4억 배였다. 쉽게 비유하자면 AWS 클라우드에서 1원으로 해결할 수 있는 연산을 이더리움에서는 4억 원이 필요하다는 의미이다.

누군가 블록체인을 데이터베이스처럼 설명한다면, 그 사람은 블록체인을 전혀 이해하지 못한 사람이다. 앞의 두 예는 블록체인은 항상 중복에 기반을 둔 극단적으로 비효율적인 시스템이므로 데이터베이스로 사용하거나 효율성 향상을 위해 사용해서는 절대로 안 됨을 잘 설명해준다.

누군가가 당신에게 접근해 블록체인 프로젝트를 제안하면서 그 목적을 중앙화 시스템보다 더 효율적인 시스템을 구축하는 것이라고 설명한다면, 그는 블록체인을 제대로 이해하지 못한 자이거나 사기꾼이다. 블록체인으로는 절대 효율을 향상시킬 수 없다. 사토시 나카모토가 비트코인 블록체인을 만든 목적은 '프라이버시 보호'일 뿐, '효율 향상'이 아니라는 점을 항상 명심하자. 블록체인이 어떤 식으로, 왜 중복을 하는지에 대해서는 곧 자세히 알게 될 것이다.

---

1 이더리움은 러시아 개발자 비탈릭 부테린(Vitalik Buterin)이 비트코인을 흉내 내 2015년에 만든 새로운 암호화폐다.

2 이더리움은 '가스(Gas)'라는 메타단위를 사용해 모든 연산에 비용을 과금한다. 그 최종 금액은 1가스당 얼마의 이더리움을 지불할 것인지로 정해진다. 저장을 위해서는 SSTORE라는 연산을 사용해야 하고, 이 연산은 32바이트 저장에 2만 가스를 과금한다.

3 물론 이더리움 시세가 급격히 오르면 1가스당 평균 이더리움 가격이 변동돼 실제 가격은 이보다 조금 낮아질 가능성은 있다.

2.1.3 브로드캐스팅

브로드캐스팅^{broadcasting}이란 네트워크에서 상대방을 특정하지 않고 모든 접속자에게 데이터를 전송하는 통신 방식을 일컫는다. 그림 2-3은 데이터가 브로드캐스팅되는 모습을 보여준다. 왼쪽의 노드 A는 새로운 데이터를 생성하고 이를 자신의 피어인 B와 C에게 브로드캐스팅한다. 이를 전달받은 B와 C는 오른쪽 그림처럼 이를 또 자신들의 피어에게 브로드캐스팅한다. 이 과정을 통해 A가 생성한 데이터는 궁극적으로 모든 노드에게 전달된다. 블록체인에서는 생성된 모든 데이터를 브로드캐스팅한다. 이를 통해 모든 노드는 항상 동등한 데이터를 갖게 된다.

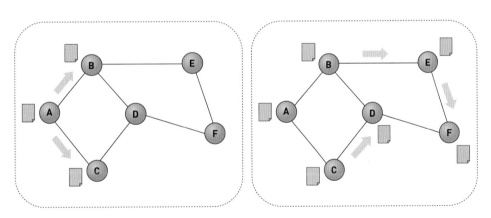

그림 2-3 브로드캐스팅

블록체인에서는 그 어떤 노드라도 더 많은 데이터를 가질 수 없으며, 모두가 동일한 데이터를 갖게 된다. 또한 블록체인에는 비밀이 없다. 모든 데이터는 전체 노드에게 그대로 노출된다. 나중에 설명하겠지만 이러한 정보의 노출은 블록체인을 상업적 용도 등으로 확대하는 데 가장 큰 걸림돌이 된다.

2.1.4 암호화폐, 가상화폐, 거래소 등

시중에는 실체가 없는 가상의 목적물을 지칭하기 위한 용어로 가상화폐, 가상통화, 암호화폐, 디지털 화폐, 가상자산, 암호자산 등 여러 단어가 혼용되고 있지만, 공식적으로 정의된 단어는 없으며 서로 뜻하는 바도 조금씩 다르다. 다만 '가상자산'은 2020년 3월을 기점으로 법적으로 정의됐으며, 그에 대해서는 2부에서 자세히 알아본다. 여기서는 암호화폐라는 용어가 가진 나름의 특징만 살펴보자.

암호화폐 cryptocurrency는 '암호화 키를 사용해 통제한다'는 의미를 내포하고 있다. 즉, 결제 시스템을 위해 작성된 특정 디지털 목적물에 관한 통제가 암호화 키를 통해 이뤄지며, 이는 비대칭 암호화 기법[4]을 활용한 것이다. 따라서 단순히 해당 디지털 목적물을 암호화해 보관한다고 해서 암호화폐라 지칭하지는 않고, 그 사용과 보관을 통제할 때 암호화 키가 이용되면 통상 암호화폐라고 지칭한다. 비트코인, 이더리움을 비롯해 암호화폐라 지칭하는 모든 것들은 각자의 '주소'를 사용해 이전하거나 보관한다. 이 주소는 은행 계좌번호에 비유할 수 있다. 그러나 금융기관이 발급하는 계좌번호와 달리 이 주소는 각 개인이 임의로 만들어 사용하므로 절대 익명의 거래가 가능하다. 이 주소에는 암호키에 대한 정보가 들어 있기 때문에 거래 당사자의 주소만 있으면 별도의 추가 정보가 없어도 해당 키를 가진 사람이 이를 통제할 수 있게 된다. 그 자세한 기술적 메커니즘을 알고 싶다면 부록 4를 보면 된다.

---

4   비대칭 암호화 기법은 3.2절 '암호화 기법'에서 알아본다.

2.1.5 트랜잭션

트랜잭션^{transaction}은 금융 분야에서 모든 금융 거래를 폭넓게 의미하고 IT 분야에서는 보통 업무 처리 단위를 이야기한다. 특히 데이터베이스에서는 더 이상 쪼갤 수 없는(혹은 더 쪼개면 심각한 오류가 발생할 수 있는) 최소한의 업무 처리 단위를 의미한다.

블록체인에서의 트랜잭션이란 블록체인의 용도 혹은 목적으로 생각할 수 있다. 비트코인 블록체인의 용도는 결제 시스템이므로 그 트랜잭션은 '거래 내역을 기록'하는 것으로 정의돼 있다. 즉 약 10여 분 동안 네트워크에 제출된 트랜잭션(거래 내역)을 한꺼번에 모아 블록 단위로 처리하고 그 블록 단위로 순서대로 기록하고 있는 것이 비트코인 블록체인이다.

블록체인마다 트랜잭션의 정의를 달리할 수 있으며, 이 정의가 달라지면 그 용도가 바뀌게 된다. 책에서는 비트코인을 설명할 때 트랜잭션과 거래 내역이라는 용어를 혼용해서 사용한다. 나중에 나오겠지만 비트코인의 트랜잭션은 고정돼 바꿀 수 없으나 이더리움은 사용자 스스로가 자신의 용도에 맞게 트랜잭션을 정의할 수 있도록 비트코인을 변형했다.

TIP

2011년 4월 18일 비트코인의 트랜잭션을 수정한 '네임코인(NameCoin)'이 등장한다. 네임코인은 비트코인의 거래 내역에 추가해 특정 데이터도 함께 저장할 수 있도록 트랜잭션을 수정했는데, 실험적으로 사용해본 특정 데이터는 바로 인터넷 도메인 주소였다. 이 때문에 네임코인을 BitDNS(Bitcoin과 Domain Name Service의 합성어)라고도 부른다. 네임코인에는 약 12만 개의 인터넷 도메인 주소가 등록돼 있는 것으로 알려져 있지만, 실제 도메인 주소 시스템으로는 사용되지 않는다.^C

2.1.6 채굴

블록체인에서 '채굴'은 '기록'과 동의어다. 광물을 캐는 행위를 뜻하는 채굴이 '기록'을 뜻하게 된 배경은 3장에서 작업증명proof-of-work을 다룰 때 좀 더 자세히 설명하겠지만, 블록체인에 무언가를 기록하는 것은 무척 힘들다는 의미를 비유적으로 함축하고 있다. 흔히 블록체인에 한 번 기록된 것은 절대 변경되지 않는다고 알고 있지만 절대 변경할 수 없는 저장 장치 같은 것은 이 세상에 존재하지 않는다. 다만 변경을 지극히 힘들게 하는 알고리즘은 존재한다. 그것이 바로 3장에서 자세히 설명하게 될 작업증명이자 블록체인에서 '채굴'이라는 다른 명칭으로 부르고 있는 것이다. 한 가지 알아 둘 것은 블록체인은 기록의 변경만 힘든 것이 아니라 기록 자체가 힘들다는 점이다. 기록 자체가 힘드니 당연히 변경도 힘들다. 채굴은 블록을 만들기 위한 행위이며 '블록을 만든다'는 것은 '기록을 한다'는 것과 같은 의미이다. 결국 채굴은 '블록 만들기'이며 블록 만들기는 '기록하기'이므로 이 세 용어는 서로 같은 의미로 이해하면 된다. 책에서 '채굴한다'는 용어가 나오면 '블록을 만들어 기록한다'는 뜻으로 이해하면 된다.

2.1.7 지갑 소프트웨어

지갑은 비트코인을 사용하기 위한 사용자 프로그램이다. 지갑은 블록체인의 일부는 아니지만, 블록체인 내의 암호화폐에 접근하기 위해 반드시 필요한 최소한의 기능을 갖춘 애플리케이션 정도로 생각하면 된다. 비트코인 지갑을 설치하면 비트코인 네트워크에 접속할 수 있고 비트코인 거래가 가능하다. 지갑은 거래에 필요한 '주소Address'라는 계정을 생성하고 나만의 암호키를 생성해 늘 안전한 거래를 가능하게 해준다. 시중에는 여러 종류의 지갑이 나와 있고 최근의 지갑들은 하나의 지갑에서 비트코인을 비롯한 다수의 암호화폐를 동시에 거래할 수 있도록 지원하고 있으며 서로 다른 암호화폐끼리 맞교환도 지원한다. 비트코인과 이더리움을 바로 교환할 수 있는 기능 같은 것이 바로 그 예다.

비트코인 지갑의 주요 역할 네 가지는 다음과 같다.

- 비트코인 주소 생성
- 계정 관리를 위한 개인키/공개키의 생성과 관리
- 비트코인 거래(=트랜잭션)를 시스템에 제출
- 비트코인 잔액 관리 등 기타 기능

2.1.7.1 비트코인 주소의 생성

그림 2-4 비트코인 주소와 해당 QR코드

그림 2-4는 비트코인 주소와 그 QR코드를 보여주고 있다. 비트코인 주소는 1로 시작하며[5] 약 35글자 내외로 이뤄진다. 따라서 편의상 이 긴 주소 대신 QR코드를 이용하기도한다. 비트코인 주소는 은행 계좌번호에 비유할 수 있다. 그러나 실명 확인을 통해 금융기관에서 발행하는 계좌번호와 달리 비트코인 주소는 각 개인이 임의로 만들어 사용하는데지갑은 바로 이 주소를 생성해준다. 비트코인이 익명 거래가 가능한 비결(?)이 바로 각 개인이 임의로 생성해 사용하는 비트코인 주소 때문이다. 개인이 무한대로 생성할 수 있는비트코인 주소에 실명 확인이 가능할 리 없고, 여러 번 익명의 주소를 사용해 이전된 비트

---

5   예외적으로 3으로 시작하는 것도 있지만 대부분 1로 시작한다.

코인은 지구상 어디에서 환전될지 추적하는 것은 쉽지 않은 작업이다.

물론 비트코인 주소도 나름대로의 정해진 규칙을 따라 생성된다. 비트코인 주소에는 암호화 키[6]에 관한 정보가 들어 있어서 해당 키를 소지한 자만이 접근할 수 있도록 보호하고 있다. 비트코인 주소가 어떻게 생성되는지에 관한 자세한 기술적 설명은 부록 3을 참고하라.

2.1.7.2 계정 관리를 위한 개인키/공개키 생성과 관리

비트코인 지갑을 설치하면 제일 먼저 사용자를 위한 두 개의 암호키가 생성된다. 생성된 암호키는 향후 모든 거래가 안전하게 수행될 수 있게 지켜주는 중요한 정보다. 비트코인 시스템은 한 쌍의 암호키를 발행해 보안을 유지하는 비대칭형 암호화 기법을 사용한다. 이때 쌍이 되는 두 개의 암호키 가운데 다른 사람들과 공유하는 암호키를 공개키Public Key라고 부르고, 자신만이 비밀리에 간직하는 또 다른 키를 개인키Private Key(또는 비밀키Secret Key)라고 부른다. 개인키는 해당 비트코인에 접근할 수 있는 유일한 수단이므로 이 개인키가 저장된 장치가 훼손되거나 개인키가 타인에게 노출될 경우 회복할 수 있는 방법이 없다.

비트코인은 탈중앙화 시스템이다. 은행 콜센터 역할을 하는 곳이 있을 리 없으므로 개인키를 분실하거나 도난당할 경우 문제를 해결해줄 수 있는 방법이 없다. 철저히 백업하고 남에게 노출되지 않게 관리하는 방법만이 유일한 안전책이다. 은행은 비밀번호를 잊어버리면 은행을 방문하거나 콜센터에 전화를 걸어 신분을 확인하고 비밀번호를 재설정하면 되지만 비트코인은 개인이 스스로 관리하지 못하면 돌이킬 수 없는 손실이 발생할 수 있다.

---

6   암호화 키는 3장에서 설명한다.

미국의 종합 경제지 「포춘(Fortune)」은 암호화 키 분실로 인해 영원히 사용할 수 없는 비트코인이 2017년 11월말 기준으로 약 380만 개로 추정된다는 기사를 냈다. 이는 최고 시세인 1 BTC당 2,500만 원으로 환산하면 무려 95조 원에 이르고, 당시 비트코인 총 수량의 23%에 이르는 엄청난 양이다!

이 때문에 비트코인 지갑은 여러 가지 안전장치를 제공해주고 있다. 다양한 백업 방법을 제공하고 손쉽게 비트코인 주소를 변경할 수 있게 지원도 해준다. 개중에는 보안 관련 장치가 형편없이 구현돼 있는 수준 이하의 지갑도 있으며, 심지어 해커들이 비트코인 지갑으로 위장해 배포한 것이 섞여 있을 가능성도 있다. 이러한 문제 때문에 시중에는 소프트웨어 대신 하드웨어로 지갑 기능을 하는 장치도 다양하게 나와 있다.

그림 2-5 아마존에서 판매 중인 하드웨어 지갑

그림 2-5는 아마존에서 판매 중인 하드웨어 지갑이다. 평소에는 컴퓨터와 분리해 해킹을 막으며 사용할 때만 컴퓨터에 연결하므로 소프트웨어 지갑에 비해 안전하다. 즉 모든 데이터의 저장과 해당 기능은 별도의 물리적 장치에 별도로 보관하고 있다가 실제로 사용할 때만 USB처럼 컴퓨터에 연결해 사용하는 방식이다. 저렴한 것은 한화 8만 원 정도에 구입할 수 있지만 비싼 것은 20만 원을 넘기도 한다.

2.1.7.3 비트코인 거래(트랜잭션)를 시스템에 제출

비트코인 지갑은 트랜잭션을 작성하고 제출하는 역할도 한다. 다음 그림을 보자.

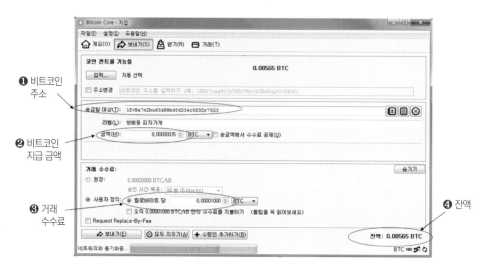

그림 2-6 비트코인 코어에서 제공하는 지갑 소프트웨어

그림 2-6은 비트코인 코어 프로그램에 탑재된 지갑 소프트웨어를 통해 트랜잭션을 작성하는 모습을 보여주고 있다. ❶에서는 수신자의 비트코인 주소를 기재하고 있다. 주소에는 상대방의 이름이나 기타 개인 신상에 관련된 정보가 전혀 없다. 앞서 설명한 것처럼이 주소에는 수령자의 암호키에 관한 정보가 담겨 있다. ❷에는 전송할 비트코인 수량을기재한다. 현재 표시된 단위는 BTC로 선택돼 있지만 편의에 따라 밀리 BTC나 마이크로 BTC로 바꿔 사용할 수 있도록 지원한다. ❸에서는 트랜잭션 수수료를 제시한다. 그림에서는 최저 수수료인 1,000사토시를 트랜잭션 수수료로 제시하고 있다. ❹는 전체 잔액을보여준다. ❷에서 지출하려는 비트코인 금액은 ❹의 잔액을 넘을 수 없다.

2.1.7.4 비트코인 잔액 관리

비트코인 거래 내역은 한곳에 모여 있지 않고 블록을 따라가며 산재돼서 저장된다. 이는 당연한 것으로, 각 블록이 생성될 때 처리된 트랜잭션은 해당 블록에만 저장돼 있을 뿐 그 이전이나 이후에 생성된 블록에는 기록이 남아 있지 않다.

예를 들어 A가 B에게 10 BTC를 전송하는 트랜잭션이 네트워크에 제출된 다음, 마침 150 번 블록이 생성될 때 처리됐다면 이 기록은 오직 150번 블록에만 저장돼 있다. 이런 식으로 비트코인 거래들은 여러 블록에 흩어져 보관돼 있으므로 언제 누구에게서 얼마만큼의 비트코인을 취득했는지 확인하려면 항상 이전 블록을 일일이 뒤져봐야 하는 번거로움이 생긴다. 지갑은 여러 블록에 흩어져 있는 비트코인을 논리적으로 한데 모아 전체를 합산한 금액을 기록하고 보여주는 편의성을 제공한다.

그림 2-7은 두 곳의 서로 다른 블록에 산재해 있는 거래 내역을 비트코인 지갑이 모두 합산한 뒤 편리하게 전체 잔액을 보여주는 모습이다.

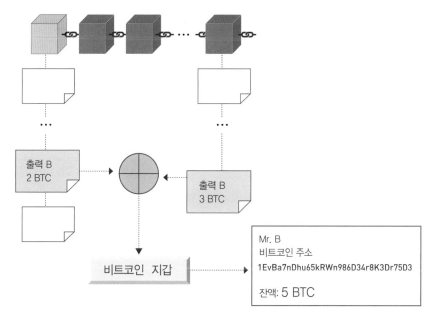

그림 2-7 여러 블록에 산재한 B의 잔액을 한곳에 모아 합산해 보여주는 모습

비트코인 지갑은 단순히 사용자의 편의를 위해 논리적으로 합산한 총액을 지갑 프로그램에 표시하는 역할만 할 뿐, 실제 블록체인의 내용에는 영향을 끼칠 수 없다는 점에 유의하자. 따라서 표시는 합산으로 보여주지만 실제로 각각 금액은 여전히 다른 블록에 흩어져 저장된다. 한편 지갑은 비트코인을 지출할 때 어느 블록에 기록돼 있는 비트코인을 사용할 것인지 적절히 판단해주는 역할도 수행한다. 이런 기능을 통해 실제로는 비트코인이 여러 곳에 산재해 있더라도 사용자 입장에서는 총 잔액을 한데 모아 사용하는 듯한 편리함을 제공받을 수 있다. 사용자에게 비트코인이 어느 블록에 들어 있는지 혹은 몇 개로 나눠져 있는지는 전혀 중요하지 않다. 중요한 사실은 오로지 전체 잔액이다. 복잡한 계산은 지갑이 대신해줄 것이기 때문이다.

TIP 수령한 비트코인 중 아직 사용하지 않은 채 블록에 저장돼 있는 트랜잭션을 통상 UTXO (Unspent Transaction Output)라고 부른다.

2.1.8 수수료

모든 트랜잭션은 수수료를 지불해야 한다. 이 수수료는 블록을 만든 채굴업자가 보상금 형태로 가져간다. 최초의 비트코인 시스템에서는 수수료 없는 거래도 가능했다. 예전[7]에는 거래 수수료를 전혀 내지 않아도 거래할 수 있는 방법이 있었다. 모든 블록에 50KB(킬로바이트)의 여유 공간을 만들어 두고 거래 수수료를 내지 않겠다고 선언한 트랜잭션 중 오래된 순서대로 하나씩 그 공간을 활용해 처리했다. 50KB 공간은 최대 232개 정도의 트랜잭션을 담을 수 있는 적지 않은 공간으로, 현 트랜잭션 용량의 10% 이상을 해소할 수 있는 규모다. 따라서 처리가 그리 급하지 않은 경우라면 시간은 다소 지연될지라도 거래

---

7   비트코인 코어 0.12 버전 이전으로, 2016년 2월 23일 이전을 뜻한다.

수수료를 지급하지 않고도 거래할 수 있는 방법이 존재했다.

그러나 2016년 2월 23일부터는 50KB의 별도 공간은 없어지고 수수료를 지급하지 않고서는 더 이상 거래가 불가능해졌다. 이때부터 1,000사토시라는 최저 수수료가 생겼다. 그러나 최저 수수료만 지불하겠다고 선언한 경우 자신의 트랜잭션이 처리될 때까지 많은 시간을 기다릴 각오를 해야 한다. 각 노드에 대기 중인 트랜잭션은 원칙적으로 수수료가 같을 경우 도착한 순서대로 처리되지만, 더 많은 수수료를 지불하면 수수료가 큰 거래 내역이 먼저 처리될 수도 있다. 어느 트랜잭션을 먼저 처리할 것인지는 블록을 만드는 사람이 결정한다. 이 경우 낮은 수수료를 지불하면 더 높은 수수료가 더 이상 없거나 대기소의 모든 트랜잭션을 블록에 담을 수 있을 정도의 여유가 생길 때만 처리된다. 블록을 만드는 채굴업자는 통상 트랜잭션 크기와 수수료의 비율인 수수료율fee rate을 계산해 우선순위를 정한다. 수수료율이란 트랜잭션 수수료를 트랜잭션 크기(byte 수)로 나눈 값으로, 단위 크기당 수수료인 셈이다. 따라서 블록에 담기는 트랜잭션의 수수료율이 높을수록 이윤이 극대화된다는 의미가 되므로 수수료율에 따라 처리 우선순위가 결정된다. 최근의 비트코인 지갑은 자동으로 적정 수수료를 계산해 추천해주기도 한다. 이용자가 이 추천 수수료를 사용하면 평균적인 처리 시간을 기대할 수 있지만 최저 수수료를 고집하면 처리 시간이 어떻게 될지 알 수 없다.

통상 상점에서 신용카드를 사용하면 가맹점 수수료는 가게 주인이 지불한다. 그렇지만 비트코인은 정반대로 송신자 스스로 수수료를 부담하고 책정해야 한다. 수신자는 아무런 부담이 없다.

한편 비트코인 수수료는 거래 액수가 아닌 트랜잭션 크기를 바이트 단위로 과금한다. 100 BTC를 지출해도 수신자가 하나면 최소한의 수수료로 처리되지만 0.001 BTC를 지출해도 수신자가 많으면 훨씬 많은 수수료를 낸다. 여러 수신자의 비트코인 주소[8]를

---

8   비트코인 주소는 하나당 대략 35바이트 정도 된다는 점을 기억하자.

모두 기술하려면 바이트 수가 비례적으로 늘어나기 때문이다. 수수료가 거래 액수가 아닌 용량에 비례하는 것은 IT 시스템 입장에서는 합리적 방식이지만 일반 금융거래와는 사뭇 다르다. 수수료는 통상 거래 금액에 비례하는 것이 더 자연스럽기 때문이다. 비트코인은 사실상 소액 거래가 불가능하다. 배보다 배꼽이 더 크기 때문이다. 현재 1~2만 원 미만의 트랜잭션은 무의미하다. 수수료로 모두 날아간다. 사토시 나카모토는 은행의 높은 수수료 문턱이 소액 거래를 저해한다고 성토했는데, 그가 만든 비트코인은 정작 소액 거래를 말살하고 있으니 무척 아이러니하다.

2.1.8.2 비트코인과 상거래

비트코인으로 물건 값을 받는다고 광고하는 상점들이 많아 비트코인이 화폐처럼 실제 상거래에서 사용된다고 주장하는 사람도 있다. 사실 상점들은 비트코인으로 물건 값을 받아도 별 위험이 없다. 판매가의 경우 시세에 맞춰 변동된 값을 받으면 되니 큰 리스크가 없고, 동시에 세금을 완벽히 피할 수 있는 장점이 따르기 때문이다. 모든 문제는 구매자에게 귀속된다. 다음의 경우를 보자.

A는 비트코인으로 책 값을 받는 상점에 접속해서 5천 원짜리 책을 구매하기로 했다. 책 값은 0.0005 BTC로 표기돼 있었다. 그러나 A가 실제로 비트코인으로 이 책을 구매하려면 책 값인 5천 원이 아니라 모두 6만 5천 원이 필요하다! 도대체 왜 그럴까?

1. 암호화폐 중개소에 가입한 A는 0.0065 BTC를 주문한다(0.0005 BTC면 되는데 그보다 13배나 큰 비트코인을 주문해야 하는 이유는 곧 알게 된다). A는 시세에 따라 환산한 6만 5천 원을 지불하고 주문이 체결돼 0.0065 BTC를 받았다.

2. 방금 구매한 비트코인은 중개소에 보관돼 있으므로 A가 바로 사용할 수 없다. 이를 사용하려면 자신만의 주소를 만들고 그리로 옮겨야 한다. 그러기 위해 중개소에 별도의 수수료를 내야 하는데 그 금액은 무려 0.003 BTC, 즉 3만 원이나 된다.

이는 정액으로 책정돼 있다. A는 수수료 0.003 BTC를 중개소에 지불하고 그 나머지 0.0005 BTC를 서점으로 보낸다. 이때 채굴업자에 지불해야 하는 수수료가 있는데, 2018년 초 기점으로 약 0.003 BTC에 육박한다. 즉, 0.0005 BTC를 보내기 위해 실제로 0.0065 BTC가 필요한 것이다.

3. 한편 몇 시간 흐른 다음 이 트랜잭션이 블록에 기록된 사실을 확인한 서점은 책 발송을 시작한다. 결국 A는 5천 원짜리 책을 사기 위해 책값과 별도로 3만 원의 수수료를 중개소에 지불하고 또 다른 3만 원은 채굴업자에게 재불해야 한다. 결국 이 거래에서 서점의 리스크는 몇 시간 동안의 시세 변동뿐이지만, 구매자는 책값의 무려 13배를 써야 한다.

A가 중개소를 거치지 않고 자신이 이미 보유하고 있는 비트코인을 지불해도 크게 다르지 않다. 물론 모든 손실을 감수하고 이 거래를 감행하는 구매자도 있을 수 있으나, 이는 항상 더 큰 이익을 추구해야 하는 합리적인 경제 행위가 아니다. 그러므로 구매자가 물건 값의 13배를 지출하고 비트코인으로 하는 거래는 정상적인 거래로 볼 수 없다. 결국 판매자와 구매자 모두 합리적으로 경제 행위를 할 수 있는 상거래는 불가능하다.

TIP

2018년 1월 18~19일 이틀 동안 미국 마이애미에서는 북미 비트코인 콘퍼런스(TNABC, The North American Bitcoin Conference)가 성대하게 개최됐다. 그러나 이 콘퍼런스는 입장권 판매 때문에 세간의 조롱을 받게 된다. 원래 주최측은 입장권 대금을 비트코인으로도 받는다고 대대적으로 홍보했지만, 결국 포기하고 말았다. 결정적 원인은 악명 높은 비트코인의 느린 거래 시간과 함께 살인적인 수수료 때문이었다. 당시 트랜잭션 수수료는 무려 우리돈 3만 5천 원에 이르렀다. 비트코인으로 5천 원짜리 커피를 사려면 4만 원이 필요하다는 뜻이다.

2.2 블록체인의 정의

놀랍게도 블록체인의 정의는 그 어디에도 없다. 학문적 정의는 고사하고 업계에서 정착된 정의조차 존재하지 않는다. 심지어 비트코인 논문에는 '블록체인'이라는 단어가 단 한 차례도 언급되지 않는다. 원 논문에는 오로지 블록과 체인이라는 일반명사만 개별적으로 언급되고 있다. 저마다의 해석으로 블록체인을 정의하고 있는 것이다.

블록체인의 정의가 없다는 점은 블록체인을 둘러싼 현재의 극심한 논란의 근본 원인이기도 하다. 블록체인을 4차 산업 기반 기술이라 치켜세우는 사람이 있는가 하면[9] 노벨 경제학상을 받은 누리엘 루비니^{Nouriel Roubini} 교수는 블록체인은 무용지물이며 모든 ICO[10]는 사기라고 주장한다. 이렇듯 극명하게 대립된 주장에 결론이 쉽게 나지 않는 이유도 바로 정확한 정의가 없기 때문이다.^D 실체를 특정할 수 없는 대상에 관한 논의에 결론이 있을 리 없다.

이러한 혼란 속에 얄팍한 상술로 블록체인이라는 용어를 마케팅적으로 무분별하게 악용하는 사례도 넘쳐나고 있으며 이제 거의 모든 시스템에 블록체인이라는 용어를 마구 갖다 쓰고 있다. 이 때문에 '블록체인으로 구축했다'라는 문장에는 그 어떠한 정보도 들어 있지 않은 셈이 돼 버렸다. 시중에는 블록체인을 '분산원장'으로 설명하는 이들도 많지만, 분산해서 원장을 저장하는 것은 분산 시스템의 일반적인 방식 중 하나일 뿐, 그 자체로는 블록체인의 특성을 제대로 설명해주지 못한다. 또 기술적으로 보면 블록체인은 분산원장이 아니라 '중복원장'이므로 그 자체가 잘못된 설명이다.

한편, 프라이빗 혹은 컨소시엄 블록체인이라는 정체 불명의 명칭을 붙인 IBM의 하이퍼레저 패브릭(이하 패브릭)[11]의 경우, 거의 모든 속성이 비트코인과 '다른' 정도가 아니라 '정

---

9   4차산업 역시 정체가 불분명한 모호한 개념인 것은 마찬가지다.

10   Initial Coin Offering(초기 코인 공개)의 약자로 IPO를 흉내 낸 신조어다. 이어지는 장에서 자세히 알아본다.

11   패브릭에 대해서는 후속 절에서 다시 알아본다.

반대'다. 패브릭이 왜 블록체인이냐는 의문 제기도, 패브릭은 블록체인이 아니며 치졸한 상술에 불과하다는 비난도 불가능하다. 블록체인의 정의가 없기 때문이다.

2.2.1 비트코인 블록체인의 정의

분명한 것은 비트코인은 블록체인이라는 점과 블록체인의 효용을 둘러싼 모든 예찬론, 예컨대 '기록의 비가역성', '제삼자 배제', '탈중앙화' 등은 모두 비트코인 및 그와 유사한 아류에만 적용될 뿐 이를 크게 변형한 다른 시스템에는 해당되지 않는다는 사실이다. 따라서 블록체인의 정의가 비트코인의 원형에 충실해야 함은 자명하다. 이제 이 절에서 블록체인의 실체를 좀 더 명확히 정의해본다. 대상에 대해 명확히 정의하지도 않은 채 논의한다는 것은 그 자체로도 모순이며 혼란만 가중시킬 것이기 때문이다.

블록체인은 '자발적으로 구성된 익명의 네트워크'를 의미하며 그 가운데 다음의 네 가지 성질을 모두 만족하도록 설계된 것만을 정의한다. 그러나 기술적 한계로 인해 이 네 가지를 완전히 만족하지 않더라도 속성상 이를 모두 만족시키기 위해 설계됐거나 이 모두를 강화하는 방향으로 지속적인 개선을 해 나가는 경우까지 포함한다.

1. 각 노드는 자의로 네트워크 구성원으로 참여하거나 탈퇴할 수 있어야 하고 이를 통제하는 어떠한 서버도 없어야 한다. 따라서 구성은 동적이며 어떠한 제약도 없어야 한다.
2. 모든 노드는 동일한 권리와 의무, 정보를 가져야 하며, 어느 한 노드도 더 많은 권한이나 의무, 정보를 가져서는 안 된다.
3. 각 노드는 원할 경우, 항상 기록 및 검증에 참여할 수 있는 권리가 보장돼야 한다.
4. 기록의 불변성은 첫째, 기록자 선정의 무작위성과 둘째, '기록 변경 자체의 어려움'이라는 속성을 모두 갖춘 방식으로 구현돼야 한다.

이제, 이 네 가지 속성이 각각 어떤 의미를 갖는지 살펴보자.

1번 속성은 자율적인 형성을 강조한다. 이 속성이 깨어진다면, '누군가' 참여와 탈퇴에 관여한다는 의미가 되고 그 누군가는 통제의 권한과 정보를 가지므로 '익명의 자발적 노드'라는 기본 전제가 무너진다. 이런 관점에서는 프라이빗이나 컨소시엄 블록체인이라 부르는 허가형 블록체인[12]은 여기의 블록체인 정의에 포함되지 않는다.

2번은 '내부자에 의한 시스템 남용'을 방지하는 역할을 한다. 현재의 강력한 보안 시스템은 외부의 해킹은 비교적 효과적으로 방어하지만, 내부자의 침입에는 여전히 취약하다. 권한을 가진 누군가의 강압이나 관리자 권한을 가진 자가 자신의 이익을 위해 시스템을 남용할 가능성은 여전히 남아 있다. 어느 특정 노드가 더 많은 권한이나 정보를 가질 수 없도록 하면 어떠한 내부자 위협도 발생하지 않게 할 수 있다. 블록체인은 내·외부인의 구분 자체가 무의미하기 때문이다. 모두가 내부자이자 외부자다. 따라서 이 조건이 깨지면 내부인에 의한 위협이 되살아난다.

3은 기록 자체에 관한 신뢰를 위한 요소다. 모든 노드는 원할 경우 기록할 권리를 얻기 위한 과정에 참여할 수 있어야 하고, 타인이 기록한 내용의 진위를 검증하는 과정에 참여할 수 있어야 한다. 기록할 권리나 기록의 진위를 검증할 권리를 소수의 노드가 독점하면 2의 가정이 무너진다.

4의 성질은 3에 더해 기록의 '비가역성'을 추구한다.

Memo

사실 이 정의에 가까운 블록체인은 겨우 비트코인과 이더리움 정도뿐이며 나머지는 모두 위배된다. 심지어 엄밀한 관점에서는 비트코인과 이더리움도 이 정의에 정확히 부합하지 않는다. 이 둘은 설계상의 결함으로 인해 애초부터 미완성의 소프트웨어였으며 또한 시간이 흐르면서 그 속성이 크게 변질됐기 때문이다. 결국 지금껏 예찬해온 속성을 모두 가진

---

12 프라이빗과 컨소시엄 블록체인은 5장에서 살펴본다.

'진정한 블록체인'은 단 한 번도 온전히 구현된 적이 없었던 '상상 속의 존재'인 셈이다. 이 때문에 블록체인의 실체를 묘사할 때 윌리엄 골드만(William Goldman)의 1973년 소설 『The Princess Bride』 속의 다음 대사가 종종 인용되곤 한다.

"당신은 늘 그 단어를 되뇌지만, 당신이 말하는 그 단어는 당신이 생각하는 그 것이 아닌 듯하오(You keep using that word. I don't think it means what you think it means)."

사람들이 상상해온 '그런' 블록체인은 사실상 단 한 번도 존재한 적도 없었을 뿐만 아니라 미래에도 존재할 가능성은 없어 보인다.

2.2.2 블록체인의 기능적 관점의 정의

한편 전산학의 관점에서 블록체인을 정의하는 것은 의외로 간단하다.

"익명의 비동기화 네트워크에서 발생하는 사건들을 중앙 서버의 관여 없이도 일 관성 있게 순서를 정할 수 있는 장치."

이 책을 모두 읽었을 때 마치 암호 같은 이 문장의 의미가 완전히 이해된다면 블록체인의 작동 원리를 완벽히 이해한 것이다.[13] 지금은 저 문장의 의미가 무엇인지 이해되지 않겠지만, 블록체인이 '순서를 정하는 장치'라는 것만 기억해 두자. 순서는 나중에 설명할 이중 사용$^{double\ spending}$과 직결된다.

---

13 저 문장이 마지막까지 완전히 이해되지 않더라도 블록체인의 원리를 개략적으로 이해하는 데는 지장이 없다.

Memo

블록체인을 기록의 조작을 방지하는 장치로 설명하는 사람들이 있는데 이는 잘못된 것이다. 기록의 조작 방지는 해시함수와 비대칭 암호화 기법 그리고 전자서명과 관련된 것이며, 이 기술들은 블록체인이 등장하기 이전부터 보편적으로 사용하던 것이다. 또한 해시함수는 기록 조작을 방지할 수 있는 것이 아니라 기록이 조작된 것을 (사후에) 탐지할 수 있을 뿐이다. 한편, 블록체인은 단순히 이러한 기술을 사용하고 있는 사용자일 뿐이며 블록체인으로 인해 조작 방지가 더 강화된 것은 없다. 익명의 네트워크라도 기록 조작 방지는 전자서명 등이면 충분하므로 블록체인이 기록의 조작을 방지하기 위한 것이라는 주장은 엉뚱한 소리에 가깝다. 사토시 나카모토가 블록체인을 통해 (새롭게) 해결한 것은 익명의 네트워크에서 일관성 있게 사건의 '순서를 정해' 이중사용을 방지하는 것에 관한 것이다. 블록체인을 대단한 발명처럼 부풀린 자들은 많지만 그 정확한 용도를 제대로 설명한 자는 아무도 없다. 그들이 대단하다고 주장하는 이유는 단지 그렇게 주워들었거나, 기술의 무지에 기인한 오해 또는 거짓말이다.

비트코인 원논문의 초록(Abstract)만 읽어봐도 이 점은 명백하다. 논문 초록에는 "(위변조는) 전자서명이 이미 해결했으므로, 이 논문에서는 P2P에서의 이중사용 방지 방법을 제안한다."고 쓰여있다. 블록체인은 위변조 방지가 아닌 이중사용 방지가 목적이라는 것에는 이견이 있을 수 없다. 과학적 사실은 개인의 견해가 아니기 때문이다. 따라서 블록체인을 위변조 방지 도구로 설명하는 자는 비트코인 논문의 초록도 이해하지 못했거나 의도적으로 거짓을 호도하고 있는 자이다." 여러번 반복 강조하지만 위변조 방지가 목적이라면 블록체인은 전혀 필요 없다. 단지 암호화 해시와 전자서명만 있으면 된다.

---

14 해시함수, 비대칭 암호화, 전자서명은 모두 3장에서 자세히 설명한다.

3

블록체인을 이루는 기반 기술

2장에서는 블록체인의 작동 원리를 설명하기 위해 필요한 모든 용어를 살펴봤다. 3장에서는 블록체인을 이루고 있는 기반 기술을 살펴보자. 3장은 다소 기술적 내용을 다루고 있어 이 책에서 가장 어려운 부분이다. 3장을 모두 이해한다면 좋겠지만, 그렇지 않더라도 전체 맥락을 이해하는 데는 큰 지장이 없다. 읽는 도중 정말로 어렵게 느껴진다면 3장 전체를 건너뛰어도 무방하다. 3장에서는 주로 다음 내용을 살펴본다.

- 해시함수
- 비대칭 암호화 기법
- 전자서명
- 해시 퍼즐

3.1 해시함수

해시함수란 입력의 길이와 상관없이 항상 고정된 길이의 출력을 생성하는 함수를 의미한다. 코로나 바이러스의 유행으로 인해 정부에서 시행했던 마스크 5부제도 일종의 해시함수다. 이때의 입력은 출생 연도였고 출력은 요일을 의미하는 월, 화, 수, 목, 금을 숫자로 표현한 1, 2, 3, 4, 5의 한 자리 숫자인 해시함수인 셈이다.[1]

해시함수는 다양한 용도로 사용될 수 있으며, 데이터를 효율적으로 탐색하는 방법으로 사용되기도 하지만 블록체인에서는 데이터 검색의 효율성보다는 문서 변경을 손쉽게 탐지할 수 있는 방법으로 더 널리 활용되고 있다. 수많은 종류의 해시함수 중 특정 성질 몇 가지를 모두 만족할 때 비로소 사용의 안정성을 담보할 수 있으며, 문서의 변경 탐지 등 여러 재미있는 응용에 쓰일 수 있다. 이를 암호화 해시라고 한다.

3.1.1 암호화 해시

A. J 메네즈[A. J. Menezes]와 그 동료들[E]은 다음 네 가지 조건을 모두 만족하는 해시함수 H를 암호화 해시[Cryptographic Hash]라고 불렀다.

1. 계산의 용이성[easy]: 유한한 길이의 메시지 m이 주어졌을 때, 그 메시지에 관한 해시 계산은 매우 간편해야 한다.

$$h = H(m), \text{h는 고정된 길이}$$

2. 원상 회피[Pre-image resistance]: 어떤 경우라도 해시 값으로부터 원래의 메시지를 복원하는 것은 불가능해야 한다. '불가능'이라는 것의 의미를 계산 복잡도 이론을 사용해 설명하면 '다항 시간에 해결할 수 있는 해법이 존재하지 않는 것'으로 정의할 수 있다. 이러한 성질로 인해 해시함수는 일방향 함수라고도 부른다. 이는 다음과 같이 정의할 수 있다.

---

1 두 자리 수였다면 한 자리 수의 앞을 항상 0으로 채워 00, 01, 02, 03, …, 97, 98, 99 식으로 항상 고정된 길이인 두 자리 숫자로 만들 수 있다.

주어진 해시 값 h에 대해, 다음을 만족하는 메시지 m을 찾는 것은 불가능하다.

$$h = H(m)$$

3. 두 번째 원상 회피$^{Second\ pre\text{-}image\ resistance}$: 주어진 메시지 m에 대해 이와 동일한 출력을 생성하는 또 다른 메시지 m′를 찾는 것은 불가능해야 한다. 즉, 충돌은 불가능하다. 이는 다음과 같이 정의할 수 있다.

주어진 메시지 m에 대해 다음을 만족하는 또 다른 메시지 m′를 찾는 것은 불가능하다.

$$m \neq m′ \text{이면서 } H(m) = H(m′)$$

4. 충돌 회피$^{Collision\ resistance}$: 동일한 출력 결과를 생성하는 서로 다른 두 메시지를 찾는 것은 불가능하다. 즉, 충돌은 불가능하다.

다음을 만족하는 두 메시지 m과 m′를 찾는 것은 불가능하다.

$$m \neq m′ \text{이면서 } H(m) = H(m′)$$

Memo

3과 4의 성질은 유사해 보이지만, 내용이 조금 다르다. 3의 경우 주어진 메시지 m에 대해서 충돌을 일으키는 또 다른 메시지 m′를 찾는 것이지만, 4의 경우는 주어진 메시지가 없이 그냥 충돌을 일으키는 쌍(m, m′)이 존재하는지 찾는 것을 의미한다. 한편 여기서 '불가능하다'는 의미는 현존하는 컴퓨터로 계산했을 때, '엄청난' 시간이 소요돼 '실질적으로 불가능하다'는 의미일 뿐, 수학적으로 불가능하다는 것을 뜻하지는 않는다. 따라서 영문 용어도 '불가능(impossible)' 대신 '저항성(resistance)'으로 표기돼 있는 것이다. 통상 문제 해결에 지수(exponential) 시간이 소요될 때, 저항성이 커지면서 '불가능'에 가까워진다.

결국 항상 고정된 길이를 출력하는 해시함수가 어떤 경우든 그 원 메시지가 무엇인지 찾을 수 없고, 입력이 다르면 항상 그 출력도 다른 성질을 만족할 때, 암호화 해시라고 부른다. 이제 암호화 해시가 어떤 용도로 사용될 수 있는지 자세히 알아보자.

TIP

마스크 5부제의 경우 입력 출생 연도가 달라도 출력이 같을 수 있다. 예컨대 1990년생과 1995년생은 생년이 달라 그 입력은 다르지만 출력은 둘 다 금요일이다. 따라서 충돌 회피를 만족하지 않으므로 마스크 5부제는 암호화 해시가 아니다.

3.1.2 SHA-256과 해시 퍼즐

비트코인 블록체인에서 사용하는 해시함수의 이름은 SHA-256이다. 이름에서 짐작할 수 있듯 그 입력에 상관없이 항상 256비트(32바이트)의 출력을 생성한다. 비트코인은 거의 예외 없이 항상 SHA-256을 두 번 연속 적용한 해시 값을 사용하는데, 블록의 고유한 해시 값을 계산할 때도 블록 데이터를 연속해 두 번 해시한 후 사용한다. 물론 SHA-256 해시를 연속해 여러 번 적용하더라도 그 결과는 항상 고정된 길이인 32바이트가 출력된다. SHA는 'Secure Hash Algorithm'의 약자로, 미국국가안전보장국[NSA, National Security Agency]에서 개발한 암호화 해시 기법이다. NSA가 개발한 최초의 해시 알고리즘은 1993년에 발표된 SHA-0였지만, 해시 충돌이 몇 차례 보고돼(즉, 암호화 해시 3번 성질 위배) 폐기됐고, 이를 보강해 더 강력한 버전인 SHA-1과 SHA-2 패밀리가 등장했다. SHA-0과 SHA-1은 해시 값으로 160비트를 생성하도록 설계돼 있었지만 SHA-2가 등장하면서 224, 256, 384, 512비트 등의 다양한 길이의 버전이 만들어졌고, 이 가운데 SHA-256은 그 해시 값이 256비트인 버전이다. SHA-1의 경우 SHA-0과 달리, 실제 해시 충돌이 보고된 적은 없지만, 서로 다른 문서가 같은 해시를 생성하는 해시 충돌의 가능성이 있다는 것이 입증돼(즉, 암호화 해시 4번 성질 위배) 지금은 모두 SHA-2 패밀리만 사용하고 있다. SHA-2는 서두에 살펴본 암호화 해시의 네 가지 성질을 모두 만족한다.

TIP

컴퓨터에서는 모든 정보를 2진수 0과 1로 나타낸다. 따라서 해시함수의 출력도 당연히 2진수로 나타나며 특정 정수에 매핑할 수 있다. 그러므로 해시함수의 출력은 모두 그냥 정수라고 생각하면 된다. 다만 256비트나 되는 정수이므로 '매우 큰' 정수 정도로 생각하면 되겠다. 결국 해시함수는 입력과 상관없이 항상 자릿수가 일정한 정수 값을 출력하는 함수로 생각하면 쉽다.

다음 그림을 보자. 그림 3-1은 책의 제목인 '비트코인과 블록체인, 탐욕이 삼켜버린 기술'을 SHA-256의 입력으로 주었을 때, 생성되는 출력을 보여주고 있다. 출력은 16진수로 나타나 있다.

비트코인과 블록체인, 탐욕이 삼켜버린 기술

SHA – 256

c17ec1edae193a2160cd7d7b2bb275e970
51ed322df2ab283f9c62ff30345d6236

그림 3-1 이 책의 제목을 SHA-256 함수를 이용해 생성한 해시 값

Memo

16진수는 0부터 15까지 수에서 10이 넘는 수인 10, 11, 12, 13, 14, 15를 각각 a, b, c, e, d, f로 표기한다. 보통 문자 a, b, c 등과 16진수 표기인 a, b, c와 구분하기 위해 맨 앞에 0x 기호를 붙이기도 한다. 즉 a는 문자 a이고 0xa는 16진수 10인 셈이다. 책에서는 편의상 16진수 표기에 0x를 생략하기로 하자.

16진수의 한자리는 4비트(0부터 2^4-1까지)를 나타내므로 SHA-256의 결과인 256비트는 16진수 64자릿수로 표현되므로 그림 3-1의 출력은 모두 64글자다. 그림 3-1의 출력을 16진수가 아니라 우리가 통상 사용하는 10진수로 표현한다면 다음과 같다.

87,520,340,951,619,496,640,828,391,291,675,678,915,209,494,48
9,952,828,420,788,041,079,042,804,113,974

그렇다. 무려 77자리 정수다. 앞서 설명한 대로 SHA-256 암호화 해시함수의 출력은 정수인데, '아주 큰' 정수다. 따라서 통상 16진수로 표기해서 그 출력 길이를 줄인다.

그렇다면 이제 입력을 살짝 바꾸면 SHA-256 해시의 결괏값이 어떻게 바뀌는지 알아보자.

그림 3-2 입력값 변화에 따른 해시 출력값의 변화

그림 3-2는 입력값이 바뀌면 해시 출력값이 어떻게 바뀌는지 보여준다. (a)와 (b)의 입력 차이를 알겠는가? 그렇다. 문장 중간에 쉼표(,)가 있는 (a)와 달리 (b)에서는 쉼표가 마침표(.)로 바뀌어 있다. 이 사소한 변화에 관한 출력값의 차이를 비교해보라. 출력값은 완전히 다른 정수값으로 바뀌었다. 따라서 직관적으로 SHA-256은 입력이 달라지면 그 출력이 (반드시) 달라지며(충돌 회피), 출력만 봐서는 입력값이 무엇인지 도저히 짐작할 수 없어야 한다는 암호화 해시 성질을 잘 만족하고 있음을 알 수 있다.

3.1.3 암호화 해시의 응용

그렇다면 이런 암호화 해시의 성질은 도대체 어디에 활용할 수 있을까? 지금부터 당신이 100만 권의 도서를 소장하고 있는 도서관에서 일하고 있다고 가정하자. 당신의 임무는 도서관에 있는 모든 책의 내용이 단 한 글자라도 변경됐는지 감시하는 업무다. 이 임무를 수행하기 위해서는 다음의 단계를 밟아야 한다.

1. 도서관에 있는 100만 권의 책 내용을 모두 복제해 보관한다(아마 엄청난 양의 데이터가 될 것이다).
2. 책 내용이 변경됐는지 검사하기 위해서 도서관에 있는 모든 책 내용을 일일이 앞서 복제해 둔 내용과 일치하는지 대조한다.
3. 모든 책을 대조했을 때 완벽히 일치한다면 전체 책은 단 한 글자도 변경되지 않았다고 결론 내릴 수 있으며, 만약 단 한 글자라도 달라졌다면 누군가 책을 바꿔치기했든지 아니면 책 내용의 일부를 조작했다고 결론지을 수 있다.

이제 암호화 해시함수를 이용하면 이 작업은 다음과 같이 변경된다.

1. 도서관에 있는 100만 권의 책 내용을 입력해 암호화 해시(수많은 종류가 있지만 여기서는 편의상 SHA-256을 사용한다고 가정하자)를 사용해 해시 값을 만든 후, 이 해시 값만 보관한다(따라서 단 256비트 즉, 32바이트만 저장하면 된다). 이렇게 만들어진 해시 값을 H_1이라고 하자.
2. 책 내용이 변경됐는지 검사할 필요가 있을 때는 도서관에 있는 모든 책을 입력으로 해, 다시 SHA-256 해시 값을 구해본다. 이 값을 H_2라고 하자.
3. 이제 H_2를 1단계에서 보관해 둔 H_1과 비교해본다.
4. 만약 $H_1 = H_2$라면 당신은 100만 권의 책 내용이 단 한 글자도 바뀌지 않았다는 것을 확인할 수 있다. 그러나 만약 $H_1 \neq H_2$라면 누군가 책을 바꿔치기했든지 아니면 책 내용의 일부를 조작했다고 결론 내릴 수 있다.

이렇듯 암호화 해시를 사용하면, 내용이 변경됐는지 확인하기 위해 원래 데이터 전체를 보관해야 하는 낭비를 없앨 수 있고, 또 모든 데이터를 일일이 대조해야 하는 번거로움도 없앨 수 있다.

TIP

한 가지 주목할 점은 해시함수를 사용하면 변경 유무를 손쉽게 알 수는 있으나, 어디에서 변경됐는지, 또 얼마나 변경됐는지에 대해서는 절대 알 수 없다는 사실이다. 일일이 대조 할 경우 시간은 엄청나게 걸리지만 어디가 변경됐는지는 알 수 있다. 그러나 해시함수는 전체 내용의 대푯값 하나만 간직하고 있고 이 대푯값끼리의 비교이므로 어디가 변경됐는 지 알 수가 없는 것이다.

3.1.4 블록체인에서의 암호화 해시함수 활용

비트코인 블록체인은 SHA-256을 사용해 네트워크에서 발생한 모든 거래 내역에 관한 해시 값을 생성 후 보관하는데, SHA-256을 연속 두 번 적용해 해시 값을 생성한다. 따라 서 원래 트랜잭션 데이터를 T라 하고, SHA-256 해시함수를 SHA256()으로 표기한다면 비트코인은 거래 내역의 해시 값 H를 다음과 같이 생성한다.

$$H = SHA256(SHA256(T))$$

일단 원시 데이터에 관한 해시 값을 보관해 두고 나면 이후에 이 트랜잭션 T가 조작됐는 지 여부를 확인할 때 검사하려는 트랜잭션의 해시 값만 다시 보면 된다. 비트코인에서는 블록 하나당 대략 2천~3천 개의 트랜잭션이 담기는데, 이 트랜잭션 전체를 대표하는 해 시 값 하나를 생성해서 보관한다. 이 대푯값은 블록[2]에 저장된다.

---

2   정확히는 블록 내 블록 헤더라는 곳에 저장된다.

3.1.4.1 머클트리

머클트리는 1979년 랄프 머클[Ralph Merkle]에 의해 개발된 데이터 구조로서 해시 값으로 구성된 이진 트리[3] 형태를 띠고 있다. 비트코인은 모든 트랜잭션에 관한 단일 해시 값을 저장하기 위해 머클트리를 이용한다. 이제 머클트리를 이용해 모든 트랜잭션에 관한 단일 해시 값을 생성하는 과정을 살펴보자.

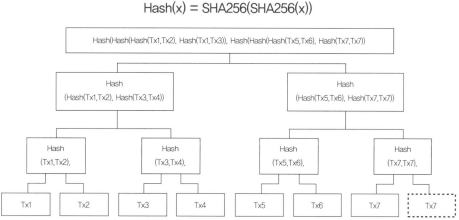

그림 3-3 머클트리와 트랜잭션의 저장

그림 3-3은 7개의 트랜잭션 데이터 정보를 머클트리를 사용해 하나의 해시 값으로 압축하고 있는 모습을 보여준다. 각각의 트랜잭션은 제일 하단의 잎 노드에 Tx1부터 Tx7까지 표시돼 있다. 전체 트리는 상당히 복잡해 보이지만 자세히 보면 트랜잭션을 두 개씩 짝지어 해시 값을 만들고 이렇게 만들어진 해시 값을 또 다시 두 개씩 짝지어 반복적으로 해시 값을 생성하는 것에 불과하다. 한편 그림 3-3에서는 7번째 트랜잭션인 Tx7이 반복돼 있는 것을 볼 수 있다. 트리 오른쪽 제일 하단에 점선으로 표기된 Tx7이 한 번 더 반복돼 있다. 머클트리는 이진 트리이므로 항상 짝수 개의 데이터가 필요하기 때문이다. 만약

---

3   이진 트리는 자식 노드가 오직 두 개 이하로 구성된 데이터 구조다.

데이터가 홀수 개면 Tx7에서 한 것처럼 마지막 값을 하나 더 복사해 항상 짝수 개로 만든 다음 처리한다.

앞서 설명한 것처럼 비트코인에서는 기본적으로 SHA-256 해시를 연속 두 번 적용하는데, 여기서도 예외는 아니다. 이는 해시를 적용한 결괏값에 다시 한 번 해시를 적용하는 것을 의미한다. 각 노드에는 상당히 복잡한 수식이 적혀 있지만 모든 노드의 결괏값은 항상 32바이트 해시 값이 된다. 이런 방식을 통해 블록 내에 있는 2천~3천 개의 모든 트랜잭션은 최종 32바이트 길이의 머클트리 루트의 해시 값으로 요약돼 블록 헤더에 저장된다.

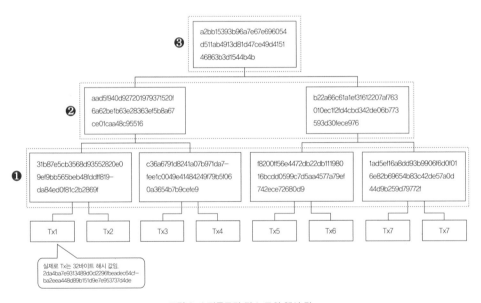

그림 3-4 머클트리 각 노드의 해시 값

그림 3-4는 해시함수식 대신 실제 해시 값을 적용한 모습을 보여준다. 그림에서 Tx라고 표기한 것은 트랜잭션 아이디(TxID)다. 각 트랜잭션의 고유 번호인 트랜잭션 아이디는 블록 해시와 마찬가지로 32바이트(256비트)로 된 SHA-256 해시 값이다. 트랜잭션 아이디는 그 자체가 해시 값이다. 이 값은 트랜잭션의 모든 데이터를 일렬로 배치한 후 SHA-256을

두 번 연속 적용해 만든 해시 값이다. 즉, Tx1은 1번 트랜잭션의 모든 데이터를 비트로 직렬화한 후 SHA-256을 두 번 적용해 얻은 해시 값으로 그림 3-4에는 Tx1로 간단히 표기했지만 실제로는 모두 256비트의 해시 값이다.

그림 3-4의 ❶에서는 자기 자식 노드에 있는 두 트랜잭션 아이디를 쌍으로 묶은 후 SHA-256 해시를 두 번 적용해 해시 값을 구하는 모습을 보여준다. ❷에서도 ❶과 마찬가지로 두 자식 노드의 해시 값을 직렬로 연결한 후 SHA-256을 두 번 적용해 해시 값을 구한다. 이 과정은 ❸처럼 루트 노드에 최종 해시 값 하나만 남을 때까지 반복한다. 최종 해시 값은 맨 아래 트랜잭션 아이디가 모두 종합돼 만들어진 해시 값이고, 각 트랜잭션 아이디는 모든 트랜잭션 데이터를 대상으로 만든 해시 값이다. 따라서 해시 값의 특성상 2천여 개가 넘는 트랜잭션 중 어느 하나의 사소한 변경이 생겨도 머클트리 루트의 값이 변경돼 버리므로 바로 탐지할 수 있게 된다.

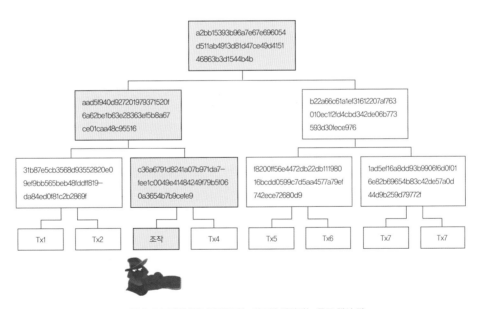

그림 3-5 트랜잭션을 조작하려는 시도와 변경되는 루트 해시 값

그림 3-5는 누군가 악의적으로 트랜잭션을 조작하려는 시도를 했을 때의 상황을 보여준다. 세 번째 트랜잭션(Tx3)의 조작을 시도하는 즉시 부모 노드의 해시 값이 달라지고, 이는 그림의 색칠된 상자에 표시된 것처럼 연쇄적으로 영향을 미쳐 궁극적으로 머클트리 루트의 해시 값이 달라진다. 따라서 머클트리의 구조상 어떤 트랜잭션을 조작하더라도 머클트리 루트 해시 값은 반드시 달라지므로 모든 조작을 바로 탐지할 수 있게 된다. 결국 블록 헤더에 단 32바이트의 머클트리 루트만 저장해 두면 2천~3천여 개의 트랜잭션 중 어느 하나만 변경돼도 바로 탐지할 수 있게 되는 것이다. 가히 수학이 창조한 마법이라 할 만하다. 랄프 머클은 이 방법을 고안해 1979년 특허를 받았다.

3.2 암호화 기법

해시함수는 사소한 변경도 손쉽게 탐지할 수 있는 성질을 갖고 있지만, 해시 값으로부터 원래 메시지를 복원하는 것은 불가능하다는 것을 알았다. 이런 점에서 해시함수는 문장을 암호화해 뒀다가 필요할 경우 언제든 원래의 문장을 복원해내는 기술인 암호화 기법과는 확연히 구분된다. 해시 기법은 메시지의 변경을 손쉽게 탐지할 수 있지만, 암호화는 비밀을 숨겼다가 필요할 때 언제든지 원래의 문장으로 복원해내는 기술에 관한 것이다.

TIP 암호화 해시라는 명칭 때문에 해시와 암호화를 혼동하는 사람들이 많다. 여러 번 반복해서 강조한 것처럼 암호화 해시는 원 문장이 무엇인지 알 수 없어야 한다. 따라서 원래 문장을 숨겨 두었다고 필요시 복원해서 보는 것이 목적인 암호화와는 전혀 다르다.

암호의 어원은 그리스어로 '비밀'이라는 뜻의 '크립토스^{Kryptos}'에서 유래했다. 이는 수학을 비롯한 여러 과학 원리를 동원해 원문을 위장하는 방법을 통칭한다. 고대의 암호는 주로 물리적 방법을 동원해 비밀을 보호한 스테가노그래피^{steganography} 방식이었다. 레몬즙으로 메시지를 기록해 불빛에 비출 때만 보이게 하거나 메시지를 작성한 후 봉투를 밀랍 봉인 wax seal해 원래의 메시지가 개봉된 적이 없는지 확인하도록 한 방식 등이 모두 물리적 방법을 동원한 스테가노그래피 방식이다. 이후 문자 위치 조작을 통한 암호를 사용하기 시작하는데, 이 가운데 로마 황제 시저Caesar가 사용했다고 알려진 문자 위치를 바꾸는 전치 암호문이 비교적 많이 알려져 있다. 시저는 비밀스러운 문서를 교환할 때 문자가 3개씩 밀리도록 쓴 전치 암호를 사용했다. 즉, A는 그 세 번째 뒤인 D, B는 E, …, Y는 B, 마지막으로 Z는 C로 3칸씩 밀려서 암호문을 작성했다. 문서를 복호화할 때는 반대로 세 칸을 조정하면 원래의 문장을 만들어 낼 수 있었다.

근대의 암호는 수학의 발전과 함께했다. 특히 제2차 세계대전을 거치면서 암호 개발은 어느 때보다 치열했다. 당시 독일군이 사용하던 암호 체계인 에니그마Enigma를 해독하기 위한 연합군의 처절한 사투는 천재 수학자 앨런 튜링이 암호 해독 기계를 발명하는 모습으로 2014년 베네딕트 컴버배치가 열연한 영화 〈이미테이션 게임(The Imitation Game)〉에 잘 그려져 있다.

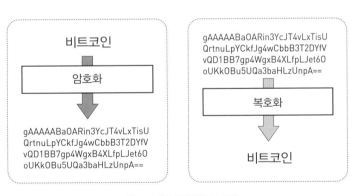

그림 3-6 암호화와 복호화 과정

그림 3-6은 비트코인을 암호화한 후 복호화를 통해 다시 원 메시지로 복원하는 모습을 보여주고 있다. 이처럼 암호화 기법은 암호화를 통해 문장의 비밀을 보호하거나 복호화를 통해 원래 문장을 완벽하게 복원하는 기술과 관련된 것으로, 그 방식에 따라 크게 두 가지

로 나뉜다. 하나는 대칭형 암호화 기법, 다른 하나는 비대칭형 암호화 기법이다.

그림 3-7은 대칭형 암호화 기법과 비대칭 암호화 기법을 간단히 비교해 보여주고 있다. 암호화 키란 암호화와 복호화를 할 때 사용되는 데이터[4]를 일컫는 말이다. 이때 암호화와 복호화 모두 동일한 키를 사용하는 방식을 '대칭형 암호화 기법'이라고 하고, 암호화할 때와 복호화할 때 서로 다른 키를 사용하면 비대칭형 암호화 기법이라고 한다.

비대칭형 암호화 기법에서는 항상 공개키와 개인키라는 한 쌍의 키가 존재해, 어느 하나의 키로 암호화된 문장은 반드시 그 쌍이 되는 키를 통해서만 복호화할 수 있다.

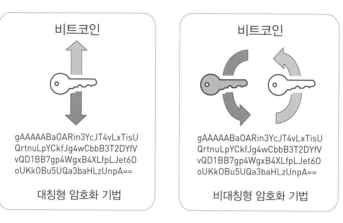

그림 3-7 대칭형 암호화 기법과 비대칭 암호화 기법

그림 3-7을 보면 대칭 암호화 기법은 오직 하나의 키만을 사용해 암호화 및 복호화하고 있다. 반면, 비대칭 암호화 기법은 암호화 또는 복호화할 때 서로 다른 키를 사용한다. 현대의 디지털 금융은 대부분 비대칭 암호화 기법을 사용하고 있고, 비트코인 시스템 역시 동일한 방식을 사용하고 있다. 비대칭 암호화 기법에 관해서는 다음 절에서 자세히 알아본다.

---

4   이 역시 해시와 마찬가지로 아주 큰 정수라고 생각하면 된다.

좀 더 형식적으로 정리하면 다음과 같다.

원래의 메시지를 M, 암호화 알고리즘을 E( ), 복호화 알고리즘을 D( )라고 하고, 암호화에 사용하는 키를 K_E, 복호화에 사용하는 키를 K_D라고 하자.

대칭형 암호화 기법은 다음을 만족한다.

$$D(E(M, K_E), K_D) = M, \text{여기서 } K_E = K_D$$

한편 비대칭 암호화 기법은 다음을 만족한다.

$$D(E(M, K_E), K_D) = M, \text{여기서 } K_E \neq K_D$$

3.2.1 비대칭 암호화 기법

비대칭 암호화 기법은 한 쌍의 키를 이용해 암호화와 복호화를 수행한다. 이 가운데 본인만이 비밀로 간직하는 키를 개인키 또는 비밀키, 일반에게 공개하는 키를 공개키라고 한다. 암호화는 어느 키를 사용하든 가능하다. 단 개인키를 사용해 암호화하면 짝이 되는 공개키를 통해서만 복호화할 수 있고, 이와 반대로 공개키를 사용해 암호화하면 짝이 되는 개인키로만 복호화할 수 있다.

일반적으로 개인키와 공개키의 쌍은 우선 임의의 개인키를 랜덤으로 생성한 후 그 개인키로부터 특정 알고리즘을 적용해 그 쌍이 되는 공개키를 도출해 사용한다. 따라서 개인키를 가진 사람은 언제든지 공개키를 도출할 수 있으므로 항상 두 키를 모두 가진 것과 동일하다. 그러나 공개키를 통해서는 어떤 방법으로도 개인키를 유추하거나 생성할 수 없으므로 공개키를 가진 사람은 오직 짝이 되는 개인키로 암호화된 문장을 복호화하는 일만 수행할 수 있다.

최초의 비대칭 암호화 기법은 1976년 MIT 교수 세 사람이 개발한 RSA이다. RSA는 론 리베스트[Ron Rivest], 아디 샤미르[Adi Sharmir], 레너드 아델만[Leonard Adelman]의 성에서 각각 따왔다. 이 알고리즘은 소인수분해를 통해 두 키를 생성하고, 산술식에 의해 암호화 또는 복호화할 수 있는 공식을 통해 구현돼 있다. 비트코인이나 다른 블록체인은 개인키로부터 공개키를 생성하는데, RSA 알고리즘을 쓰지 않고 타원 곡선 전자서명 알고리즘^{ECDSA, Elliptic Curve Digital Signature Algorithm}을 사용하고 있다. ECDSA는 동일한 키 길이에 대해 RSA 보다 훨씬 강한 보안을 제공한다고 알려져 있다. ECDSA는 원래 RSA의 저작권을 회피하기 위한 방편으로 연구가 시작됐다. 비대칭 암호화 기법은 암호화하는 키에 따라 크게 두 가지 용도로 분류할 수 있다. 각각에 대해 알아보자.

3.2.1.1 개인키로 암호화 – 전자서명

일반 문서의 진위를 보장하고자 서명을 사용하듯 전자서명은 디지털화된 문서의 진위를 보장하기 위한 목적으로 사용된다. 전자서명의 역할을 하기 위해서는 다음 두 가지 성질을 만족해야 한다.[F]

- 위조 불가^{unforgeable}: A가 메시지 M에 대해 전자서명 Sig(A, M)을 생성했다면, 그 누구도 동일한 메시지와 전자서명 쌍인 [M, Sig(A, M)]을 생성할 수 없어야 한다.
- 인증^{authentic}: B가 A로 알려진 사람으로부터 메시지와 서명의 쌍 [M, Sig(A, M)]을 수령했을 때, 이것이 정말로 A가 서명한 것이 맞는지 확인할 수 있는 방법이 존재해야 한다. 또한 오직 A만이 이 서명을 만들 수 있어야 하며, 이 서명은 메시지 M에 완전히 귀속돼야 한다.

비대칭 암호화 기법을 활용하면 이 두 가지 성질을 매우 쉽게 만족시킬 수 있다. 서로 쌍이 되는 키의 성질을 이용하면 위조 불가와 인증의 효과를 손쉽게 구현할 수 있으므로 메시지를 만든 사람과 그 메시지의 진위를 쉽게 검증할 수 있기 때문이다. 비대칭 암호화 기법을 전자서명 용도로 사용할 때는 개인키로 암호화한 후 공개키로 복호화하는 방법을 사용한다.

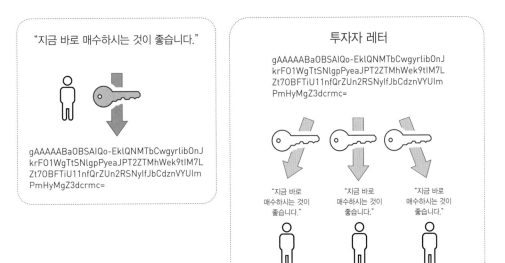

그림 3-8 개인키를 이용해 메시지를 암호화한 경우

그림 3-8은 투자자 모임을 운영하고 있는 투자 전문가가 자신의 견해를 모임의 구성원에게 전달하는 상황을 보여준다. 그림 3-8에서 전문가는 지금이 투자 적기라는 메시지를 자신의 개인키로 암호화한 뒤 배부한다. 이 메시지를 전달받은 사람들은 투자 전문가가 제공한 공개키를 사용해 메시지를 검증한다. 투자 전문가가 개인키로 암호화한 메시지는 오로지 짝이 되는 공개키로만 복호화 할 수 있으므로 이 메시지가 공개키로 복호화된다는 사실은 메시지가 투자 전문가의 개인키로 암호화됐다는 사실과 그가 작성한 것이 확실함을 증명해준다.

한편 통상 전자서명을 이용할 때는 앞의 예처럼 전체 메시지를 암호화하는 것이 아니라 메시지의 해시 값만을 암호화하는 방식을 사용한다. 그림 3-9를 보자.

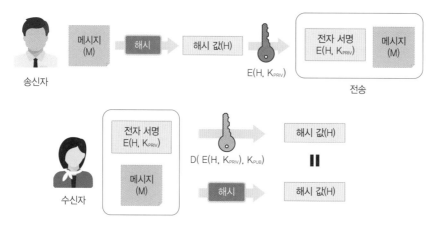

그림 3-9 전자서명 과정

그림 3-9는 문서의 해시를 암호화해 전자서명을 수행하는 모습을 보여준다. 먼저 메시지 전체의 해시 값을 만든 다음 이를 개인키로 서명한 것을 전자서명이라고 하는데, 전자서명을 원 메시지와 함께 전송하면 수신자는 전달받은 전자서명을 송신자의 공개키로 복원한 값과 전달받은 메시지를 해시한 값을 대조해 진위를 파악한다.

이 과정을 앞서 사용했던 표기를 이용해 나타내면 다음과 같이 더욱 형식적으로 정리할 수 있다. 해시함수를 H( )라 표기하고, 전자서명하려는 사람의 개인키와 공개키를 각각 K_{PRIV}, K_{PUB}으로 표기하면, 문서의 전자서명(Sig라고 하자)을 생성하는 것은 다음과 같이 나타낼 수 있다.

$$Sig = E\left(\,H\left(M\right), K_{PRIV}\,\right)$$

즉, 문서에 전자서명을 한다는 것은 먼저 문서의 해시를 만들고($H(M)$), 그 해시 값을 개인키(K_{PRIV})로 암호화($E\left(\,H(M), K_{PRIV}\,\right)$)하는 과정이다. 이를 수신한 사람이 문서의 진위를 확인하려면 먼저 전달받은 문서의 해시 값을 계산한 후($H(M)$) 복호화 된 전자서명 값($D(\,Sig, K_{PUB})$)과 일치하는지 비교해보면 된다. 즉, 다음을 만족하는지 확인해보면 된다.

$$H\left(M\right) = D\left(Sig, K_{PUB}\right)$$

3.2.1.2 공개키로 암호화 - 비밀 보장 및 신원 증명

공개키로 암호화하고 개인키로 복호화하는 방식은 비밀 보장을 위한 일반적 방식이다. 이 방식을 사용하면 일단 암호화된 문서는 개인키를 가진 사람 이외에는 누구도 복호화할 수 없으므로 완벽한 비밀이 보장된다.

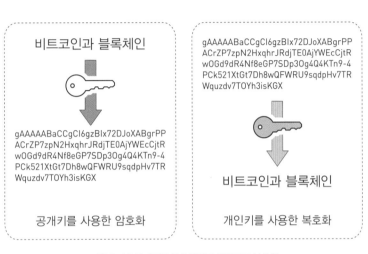

그림 3-10 공개키로 암호화하고 비밀키로 복호화

그림 3-10은 공개키를 이용해 문장을 암호화하고 개인키를 사용해 복호화하는 모습을 보여준다. 암호화된 문장은 오직 쌍이 되는 개인키를 통해서만 복호화되므로 그 내용의 비밀이 완벽하게 보호된다. 또 공개키로 암호화된 문서를 복호화할 수 있는 사람은 쌍이 되는 개인키를 가진 사람뿐이므로 그 자체로 이 문서를 읽을 자격이 있음을 증명하는 셈이 된다. 비트코인은 공개키 정보를 이용해 잠금장치를 설정하고 쌍이 되는 개인키를 가진 사람만 그 잠금장치를 열 수 있도록 구현하기 위해 비대칭 암호화 기법을 사용하고 있다. 이에 대해서는 다음 절에서 더 자세히 알아본다.

표 3-1은 대칭 암호화 기법과 비대칭 암호화 기법을 간략히 정리하고 있다.

표 3-1 대칭 암호화 기법과 비대칭 암호화 기법

	대칭 암호화 기법	비대칭 암호화 기법
사용하는 키	단일키	한 쌍의 키(공개키와 개인키)
암호화 및 복호화	동일	하나는 암호화, 나머지 하나는 복호화에 사용

3.2.2 블록체인에서의 전자서명과 비대칭 암호화 기법

블록체인에서는 트랜잭션을 작성한 다음 조작이나 위변조로부터 보호하기 위해 전자서명을 사용하고 있다. A가 B에게 비트코인을 이전한다고 가정해보자.

A가 자신의 비트코인을 B에게 이전하려면 A는 다음의 내용이 담긴 거래 내역서를 작성한 다음 시스템에 제출해야 한다.[5]

> (A의 비트코인 주소, B의 비트코인 주소, A가 지출하려는 비트코인을 수령했던 트랜잭션 아이디, 이전하려는 금액, 기타 데이터)

이제 A는 자신의 개인키를 사용해 이 내역서(트랜잭션) 전체에 전자서명한 다음 내역서의 마지막 부분에 생성한 전자서명과 함께 자신의 공개키를 다음과 같이 추가한다.

> (A의 비트코인 주소, B의 비트코인 주소, A가 지출하려는 비트코인을 수령했던 트랜잭션 번호, 이전하려는 금액, 기타 데이터, **A의 전자서명, A의 공개키**)

전자서명이 완료된 거래 내역서는 시스템에 제출되고 채굴과 검증 과정을 통해 인증이 완료되면 그 기록은 남게 된다. 이제 그 기록은 전자서명됐으므로 변경이나 조작이 힘들다.

---

5   시스템에 제출하는 방법과 제출된 트랜잭션이 처리되는 과정은 4장에서 구체적으로 설명한다.

3.3 해시 퍼즐

이제 블록체인을 이루고 있는 기술 중 마지막 부분인 해시 퍼즐에 관해 알아보도록 하자. 해시 퍼즐을 이해하려면 먼저 작업증명부터 살펴봐야 한다.

3.3.1 작업증명

작업증명proof-of-work이란 1993년 신시아 도크Cynthia Dwork와 모니 나오Moni Naor에 의해 제안된 개념으로 서비스 거부 공격DOS, Denial-Of-Service이나 스팸 등으로 서비스가 남용되는 것을 방지하기 위해 만들어진 기법이다. 서비스를 신청하는 자에게 결코 작지 않으면서도 처리 가능한 수준의 과제를 요구하는 것이 핵심인데, 여기서 과제란 주로 컴퓨터 계산 자원을 소모해야 하는 일을 의미한다. 이 개념은 1993년 제시됐지만 작업증명이란 용어는 마르커스 야콥슨Markus Jakobsson과 아리 쥬얼Ari Juels이 1999년에 쓴 논문에서 처음으로 등장한다.G 작업증명의 기본 철학은 나쁜 짓을 하려면 많은 자원을 소모하도록 해, 나쁜 짓을 최대한 억제하자는 것이다.

TIP 블록체인에 적용된 작업증명의 부작용(?)은 착한 일을 하는 데도 똑같이 많은 자원을 소모해야 한다는 것이다. 착한 일과 나쁜 일을 구분할 수 없기 때문에 어쩔 수 없다. 결국 항상 많은 자원을 소모해야 한다.

비트코인에 구현된 작업증명은 해시 퍼즐Hash Puzzle로서, 특정 패턴의 해시 값을 찾을 때까지 무차별 대입으로 무한 반복 계산하는 극단적 방식이다. 비트코인에서는 무엇을 '기록'하려면 반드시 이 해시 퍼즐을 먼저 해결하도록 구현돼 있다.

3.3.2 비트코인 장부

비트코인은 거래 내역을 기록하는 장부로 생각할 수 있다. 그러나 일반적인 장부와 다르게 무엇인가를 기록하는 것이 무척이나 힘든 장부에 비유할 수 있다.

3.3.2.1 디지털 잠금장치가 달린 장부

다음 그림을 보자.

그림 3-11 비트코인 장부는 비밀번호로 보호돼 있는 것에 비유할 수 있다.

그림 3-11은 비트코인의 장부를 비유적으로 묘사하고 있다. 가상의 장부에 디지털 잠금장치가 돼 있다고 가정해보자. 이 장부에 무엇인가를 기록하기 위해 책장을 넘기려면 반드시 이 잠금장치를 풀어야 한다. 문제는 비밀번호를 아무도 모른다는 것이다.

현재 비밀번호는 모르지만 4자리 숫자라는 사실을 알고 있다고 가정해보자. 이 장부에 무언가 쓰려면 반드시 비밀번호를 알아내야 하므로, 0000부터 9999까지의 모든 조합을 입력해보는 수밖에 없다. 즉 0000, 0001, 0002, 0003, …, 1000, 1001, …, 9997, 9998, 9999까지 10,000개의 조합을 모두 입력해보면 그중에 반드시 정답이 있다.[6] 정

---

6 실제는 자릿수도 모르는 경우에 해당한다. 따라서 1자릿수, 2자릿수… 식으로 찾아가야 하므로 더 많은 시행착오 횟수가 필요하다.

답이 무엇인지는 모르지만 (시간이 무한하다면) 반드시 그 정답을 맞출 수 있는 방법은 알고 있는 셈이다. 이 정답을 맞출 수 있는 방법은 오로지 모든 조합을 가급적 빨리 입력해보는 수밖에 없다. 비밀번호를 미리 알아 낼 수 있는 수학 공식 같은 것이 존재할 리 없다. 남들보다 손가락 놀림이 조금 더 빨라 비밀번호를 더 빨리 누를 수 있다면 확실히 더 유리하며 일찍 정답을 알아낼 것이다.

3.3.2.2 비밀번호가 계속 바뀌는 장부

어렵게 비밀번호를 알아내고 장부를 연 다음 기록을 하고 나면 이 장부는 다시 잠겨 버린다. 문제는 장부가 잠기는 순간 비밀번호가 자동으로 바뀐다는 것이다. 따라서 직전에 알아낸 비밀번호는 이제 아무 쓸모가 없다. 장부에 무언가 다시 기록하려면 또 다시 모든 조합을 통해 비밀번호를 새로 알아내야 한다.

한편, 원래 네 자릿수 비밀번호는 시간이 흐름에 따라 자릿수가 변경된다. 예컨대 현재 네 자리 수이던 비밀번호가 6자리 숫자로 변경된다면 이제 1만 개의 조합이 아닌 모두 1백만 개의 조합을 시도해봐야 하며(000000에서 999999까지의 1백만 개), 시간은 100배 더 증가하게 될 것이다.

종합하면 비트코인은 디지털 잠금장치가 돼 있는 장부인데, 그 비밀번호는 알 수 없으며 시간이 흐름에 따라 비밀번호 자릿수가 계속 변경되는 것에 비유할 수 있다.

3.3.3 해시 퍼즐

3.3.2에서는 비트코인을 디지털 잠금장치가 돼 있는 장부에 비유한 설명을 봤다. 이제 실제로 이 잠금장치가 어떻게 구현돼 있는지 좀 더 구체적으로 살펴보자.

3.3.3.1 바구니에서 공 꺼내기

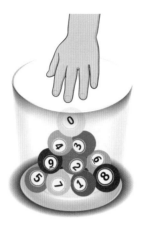

그림 3-12 바구니에서 공 꺼내기

그림 3-12는 0에서 9까지 숫자가 적혀 있는 공 10개가 들어 있는 바구니에서 임의로 하나의 공을 꺼내는 실험을 보여주고 있다. 이 실험은 무작위로 꺼낸 공에 적혀 있는 숫자가 미리 정한 목푯값 T(0 ≤ T ≤ 9)보다 작거나 같을 때까지 공을 꺼냈다 다시 집어넣기를 반복한다.

만약 목푯값(T)이 9라면, 꺼낸 공에 적힌 모든 숫자는 9보다 작거나 같으므로 확률은 100%, 즉 단 한 번에 성공할 수 있다. 또 T가 4라면 무작위로 꺼낸 공에 적힌 숫자가 T보다 작거나 같을 확률은 50%이다. 10개의 공 중에서 4보다 작거나 같은 숫자가 적힌 공은 5개(0, 1, 2, 3, 4)이기 때문이다. 따라서 공 꺼내기를 두 번 정도 시행하면 성공할 것으로 기대할 수 있다. 계속해서 만약 T가 0이라면 무작위로 꺼낸 공에 적힌 숫자가 0보다 작거나 같을 확률은 10%이다. 이때 성공할 때까지 공을 꺼내야 하는 횟수의 기댓값은 10번이 될 것이다. 이 실험에서 직관적으로 알 수 있는 사실은 범위가 정해진 숫자를 무작위로 하나 꺼낼 때 그 값이 목푯값 T보다 작거나 같을 확률은 T가 작을수록 줄어들 것이고 그에 따라 성공할 때까지 필요한 시행 횟수는 반대로 더 늘어난다는 점이다.

3.3.3.2 비트코인의 해시 퍼즐

바구니에서 공 꺼내기를 이해했다면 비트코인 해시 퍼즐을 이미 완벽히 이해한 셈이다. 유일한 차이는 이제 공의 개수는 10개가 아니라 2^{256}개이며 공에 적힌 숫자도 0부터 9가 아니라 0부터 2^{256}-1로 무척 커졌다는 것뿐이다. 나머지 과정은 모두 동일하다.

SHA-256 함수는 임의의 입력에 대해 항상 256비트의 고정된 출력을 생성한다는 것을 기억하자. 따라서 SHA-256의 출력은 2진수로 0이 256개 있는 00000000 ⋯ 000부터 1이 256개 있는 11111 ⋯ 111 사이의 어느 정수일 것이다. 따라서 그 값은 0부터 2^{256}-1 사이의 어떤 정수인 셈이다. 해시 퍼즐이란 어떤 입력에서 우연히 발생한 해시 값이 사전에 정해진 목푯값인 T 값보다 작거나 같을 때까지 입력의 일부를 조금씩 변경해 가면서 목푯값보다 작거나 같은 해시 값이 나올 때까지 반복하는 과정이다. 이때 찾은 해시 값이 그 블록만의 고유 아이디로 사용된다. 다음 그림을 보자.

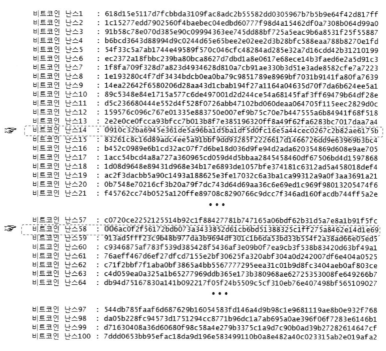

그림 3-13 숫자를 변화시키면서 해시 값 변화를 관찰하는 실험

그림 3-13은 '비트코인 난스'라는 문장의 맨 뒤에 숫자를 추가하되 그 숫자를 하나씩 증가시키면서 해시 값이 어떻게 변화하는지를 관찰하는 실험을 보여준다. 그림에서 보는 것처럼 숫자를 14까지 증가시켰더니 해시 값 맨 앞에 0이 하나[7] 나타났고 숫자가 58이 됐을 때는 두 개의 0(따라서, 2진수로는 00000000)이 우연히 나타났다는 사실을 알 수 있다.

이런 식으로 계속 수를 증가시키다 보면 더 많은 연속된 0이 우연히 나타나기 시작한다. 표 3-2는 그림 3-14의 실험을 계속 진행했을 때 우연히 나타나는 0의 변화가 어떻게 되는지 보여준다. 실험은 숫자를 2,000,000까지 증가시키면서 진행됐고, 그 사이 연속된 0 값이 어떻게 변화하는지 지켜봤다. 표 3-2에서 보는 것처럼 숫자가 156이 됐을 때 연속된 0의 개수가 3개인 해시 값이 처음 나타났고, 70,999까지 증가했을 때는 우연히 연속된 0의 개수가 4개인 해시 값이 나타났다. 그 후 연속된 5개의 0이 나올 때는 숫자가 무려 1,739,385까지 증가했을 때였다. 앞서 계속 살펴본 것처럼 해시 값은 완전히 예측 불가해 앞에 연속된 0이 나오는 것은 순전히 우연에 의한 것이므로 언제 나타날지 예측할 수 없다.

표 3-2 숫자를 증가시킬 때 해시 값 맨 앞에 연속된 0이 나타나는 개수

연속된 0 개수	뒤에 붙인 숫자	해시 값
1	14	0x0910c32ba6945e361de5a96ba1d5ba1df5d0fc16e5a44cec0267c2b82ae6175b
2	58	0x006ac0f2f56172bdb073a3433852d61cb6bd51388325c1ff275a8462e14d1e69
3	156	0x000410491390eb3e19c13ffbbfed063828c2de465de3e13288477ae27b19ed71
4	70,999	0x0000b285181368d4bbf90ae18c4f25a4c877ab254ddfd8607193aa2f24ec537f

---

[7] 그림의 숫자는 16진수로 표기된 것이다. 16진수 한 자리는 4비트에 해당한다고 앞서 설명했다. 따라서 16진수로 0이 하나 나타났다는 것은 2진수로는 4개의 0, 즉 0000이 나타났다는 의미이다.

연속된 0 개수	뒤에 붙인 숫자	해시 값
5	1,739,385	0x00000a8d8be4417182d10c463578fa1efd8fd06da3dd7188ebb8fed9e472148d

해시 값의 제일 앞에 연속된 0이 우연히 나타날 확률은 매우 낮고, 당연히 연속된 0이 많아질수록 우연히 나타날 확률은 기하급수적으로 낮아진다. 해시 퍼즐이란 결국 계산된 해시 값이 시스템에서 주어진 목푯값보다 작아질 때까지 입력 중 일부를 계속 변화시켜가면서 반복해서 해시를 계산하는 것인데, 이때 입력 중 1씩 증가시키면서 해시 값의 변화를 살펴보는 부분을 '난스nonce'라고 한다. 난스는 정수이며, 최종적으로 해시 값을 찾았을 때 난스의 값이 곧 해시 퍼즐의 정답이 된다.

50만 번 블록의 해시 값을 찾을 때 사용한 목푯값을 실제로 한번 들여다보자. 실제로 읽어 본 목푯값을 32바이트 16진수로 나타내면 다음과 같다.

0x0000000000000000000025ad0000000002e63d3207a18525192c5ca80000000000

그렇다 0이 무려 18개나 된다.[8] 32바이트로 이뤄진 정수의 앞부분에 연속된 0이 증가할수록 당연히 그 값은 점점 작아진다. 극단적인 경우, 모두 0으로만 채워진다면 값은 0이 되고, 모두 1로만 채워진다면 최댓값인 $2^{256}-1$이 될 것이다. 결국 연속된 0이 증가한다는 의미는 앞서 살펴본 공 찾기처럼 찾아야 할 값이 점점 작아지는 것과 같다는 것을 알 수 있다. 찾아야 할 값(목푯값)이 작아질수록 그 확률은 낮아지고, 이를 찾기 위해 필요한 시행 횟수는 반대로 증가할 것이다.

---

8   따라서 2진수로 나타내면 0이 72 (= 18×4)개나 된다.

3.3.3.3 블록 헤더와 블록의 아이디

그렇다면 해시 퍼즐에 사용되는 해시 값은 도대체 블록체인의 어느 부분을 사용해 생성한 것일까? 이제 다음 그림을 통해 해시 퍼즐이 실제로 어떻게 구현돼 있는지 자세히 알아보자.

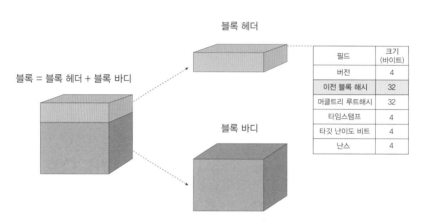

필드	크기 (바이트)
버전	4
이전 블록 해시	32
머클트리 루트해시	32
타임스탬프	4
타깃 난이도 비트	4
난스	4

그림 3-14 블록은 블록 헤더와 블록 바디로 구성된다.

그림 3-14는 비트코인 블록을 상세히 해부한 모습이다. 그림에서 보는 것처럼 블록은 블록 헤더와 블록 바디로 이뤄져 있다. 블록 헤더는 80바이트의 고정된 크기를 가지며 해당 블록의 모든 요약 데이터를 저장하고 있다. 반면 블록 바디는 2,000~3,000여 개의 트랜잭션이 실제로 저장되는 곳으로, 그 크기는 저장하는 트랜잭션 개수에 따라 변동된다. 해시 퍼즐은 이 중 블록 헤더에 SHA-256을 두 번 연속 적용해 생성된 해시 값을 이용한다. 그림 우측에 있는 표의 최하단에는 4바이트 크기의 난스라는 이름의 항목이 보이는데, 이것이 바로 퍼즐의 정답을 찾을 때까지 조금씩 변화시켜가는 입력 부분이다. 디지털 잠금장치에 비유했던 앞 절의 맥락에서 보면 난스는 바로 비밀번호 입력판인 셈이다. 또 앞 절의 실험에 비유하자면 블록헤드는 '비트코인 난스'라는 문장인 셈이고 1씩 증가시켜가며 문장 뒤에 붙였던 숫자가 바로 난스인 셈이다. 디지털 잠금장치의 모든 입력 값을 눌러 보면서 정답을 찾은 것처럼 난스를 0부터 계속 증가시키면서 정답을 찾을 때까지 반복하는 것

이다. 바구니에서 공 꺼내기를 떠올리면서 다음 그림을 보자.

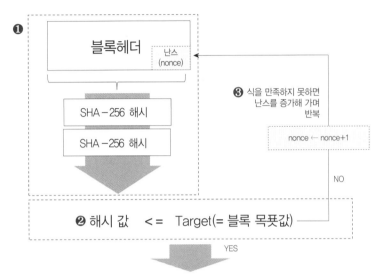

그림 3-15 해시 퍼즐을 해결하기 위해 난스를 증가시키는 과정

그림 3-15는 반복적으로 해시 값을 계산하면서 난스를 찾는 과정을 보여준다. m번 블록의 해시 퍼즐 정답을 찾는 과정을 유사 코드로 설명하면 다음과 같다. 그림 3-15를 참조하면서 다음 유사 코드를 살펴보면, 전체 과정이 쉽게 이해될 것이다. 좀 더 자세한 사항은 부록에서 찾아볼 수 있다.

1. 난스를 0으로 설정한다.
2. Target 변수에 목푯값을 대입한다.
3. 블록 헤더에 SHA-256을 연속 두 번 적용해 해시 값을 구한다.
4. 3에서 구한 해시 값이 Target보다 작거나 같으면 6번 절차로 분기한다.
5. 난스를 1 증가시킨 후 3번 절차로 분기한다.
6. 난스를 찾았으므로 프로그램을 종료한다.

난스를 1씩 증가시키면서 결국 찾아낸 해시 값은 해당 블록의 고유한 아이디로 사용된다. 지금까지 그냥 0번 블록, 1번 블록, 600,000번 블록이라는 식으로 블록이 만들어진 순서 대로 번호를 붙여 특정 블록을 지칭했지만 사실 각 블록에는 고유한 아이디가 존재하는데, 그 아이디가 바로 해시 퍼즐을 통해 찾은 해시 값인 것이다.

3.3.3.4 해시 퍼즐의 난이도

그렇다면 해시 퍼즐의 정답을 찾는 데는 얼마나 많은 시간과 자원이 소요될까? 해시 퍼즐을 찾을 때까지 반복해야 하는 계산 횟수를 나타내는 척도인 '난이도'를 살펴봄으로써, 비트코인에서의 '기록'이 얼마나 힘든 것인지 알아보자.

2009년 첫 비트코인 채굴에 필요한 해시함수 계산 요구량은 약 2^{32}번이었다. 즉, 2^{32}번 정도 반복해서 계산해야 겨우 답을 얻을 수 있었다는 뜻이다. 이 2^{32}을 1이라 가정하고 이에 관한 상대적 계산 요구량을 환산한 값을 '난이도'라고 한다. 예컨대 난이도가 4라는 것은 2^{32}보다 네 배 더 계산 횟수가 필요하다는 의미로 $4 \times 2^{32} = 2^{34}$번의 계산이 필요하다는 뜻이다.

사토시 나카모토가 이렇게 해시 퍼즐의 난이도를 조절하는 이유는 하드웨어가 지속적으로 발달하기 때문이다. 사토시는 블록이 항상 평균 10여 분에 하나만 만들어지도록 하고 싶었고 이 때문에 늘 정답을 찾는 데 10여 분이 소요되기를 원했다.

TIP

인텔(Intel) 창립자 중 한 명이었던 고든 무어(Gorden Moore)는 1965년 반도체의 집적도 변화를 설명하면서 대략 18개월에 두 배씩 반도체의 집적도가 향상돼 성능도 두 배씩 향상된다고 예견했다. 그의 선견지명은 매우 정확히 들어맞고 있어, 지금도 거의 18개월을 주기로 컴퓨터의 성능이 두 배씩 향상되고 있다. 이를 '무어의 법칙(Moore's Law)'이라고 부른다.

난이도는 하드웨어의 발전과 경쟁의 심화로 등락을 거듭한다. 블록체인의 난이도 조정은 2,016개 블록이 생성될 때마다 이뤄지며 대략 2주에 한 번 꼴로 이뤄진다.

2020년 4월 말 기준으로 이 난이도는 약 17조에 육박한다. 즉 최초 계산량(2^{32})보다 무려 17조 배 더 계산해야 한다는 의미이자 2^{32} × 17조 = 2^{76}번 정도 계산해야 한다는 뜻이다. 이 과정을 통과해야 겨우 블록체인에 '기록'을 남길 가능성이 주어진다. 이 과정을 통과했다고 반드시 기록할 수 있는 것이 아니다. 이 과정을 가장 먼저 통과한 단 한 명에게만 기록할 수 있는 권리가 주어지고, 나머지는 기회가 박탈된다.

Memo

2^{76}의 계산량이 어느 정도인지 감이 잘 안 올 것이다. 한번 계산해보자. GPU가 장착된 200여만 원대의 최신형 가정용 컴퓨터를 사용하면 대략 초당 2천만 번 정도 해시를 계산할 수 있다. 그렇다면 이 최신형 컴퓨터를 동원해서 2^{76}번 계산하면 얼마의 시간이 소요될까? 몇 시간? 한 달 혹은 1년 이상 걸릴 것 같은가? 놀라지 말라. 무려 1억 2천만 년이나 걸린다! 한편 1억 2천만 년 동안 24시간 가동해야 하는 컴퓨터의 전기료를 감안해보자. 컴퓨터의 월 전기세를 대략 3만 원으로 어림하면 1억 2천만 년 동안의 전기료는 무려 43조 원을 넘는다. 블록 하나를 만들기 위해 가정용 컴퓨터를 1억 2천만 년 동안 가동하면서 43조 원의 전기료를 소비해야 하는 것이다. 이제 블록체인이 얼마나 많은 에너지를 낭비하는지 확실히 감이 올 것이다. 블록체인의 기록이 변경되기 힘든 비결은 바로 이 무지막지한 작업증명이라는 어처구니없는 비효율 때문이다. 비트코인은 추적이 불가능한 거래 시스템으로 프라이버시를 보호하기 위해 상상할 수 있는 가장 비효율적인 괴물을 만든 셈이다.

TIP

전문 채굴업자들은 개인용 컴퓨터로 1억 2천만 년이 소요되는 계산량을 단 10분에 해결하고 있다. 이들 전문 채굴업자들이 개인용 컴퓨터보다 수조 배나 더 빨리 계산할 수 있는 비결은 병렬 처리에 있다. 해시 퍼즐은 완벽히 병렬 처리가 가능해 10명이 모이면 10배가 빨라지고 100명이 모이면 100배 빨라진다. 이들은 병렬 처리를 통해 CPU보다 수천 배 더 빠른 계산을 할 수 있는 전용 칩을 동원하며, 적게는 수백에서 많게는 수십만 명을 모아 동시에 계산을 수행한다! 이들이 이런 식으로 해시 퍼즐을 풀기 위해서는 막대한 금액의 하드웨어 비용과 전기료가 소요된다.

한편 사토시 나카모토가 11년 전에 당시의 컴퓨터로 약 10여 분에 걸쳐 해결했던 2^{32}번의 계산(다시 말해 난이도 1의 계산)을 지금의 가정용 컴퓨터로 계산하면 시간이 얼마나 걸릴까? 초당 2천만 번 계산이므로 2^{32}을 20,000,000으로 나누면 214.74초 즉, 단 3.58분이면 해결된다. 따라서 타임머신이 있어서, 여러분의 노트북을 들고 2009년으로 돌아갈 수만 있다면, 비트코인 채굴을 완전히 독식할 수 있다.

4

블록체인의 작동 원리

지금까지 블록체인의 작동 원리를 이해하기 위해 알아야 할 기본 기술을 모두 살펴봤다.
이제 블록체인에서는 이러한 기술이 어떻게 유기적으로 결합돼 운영되는지 살펴보자.

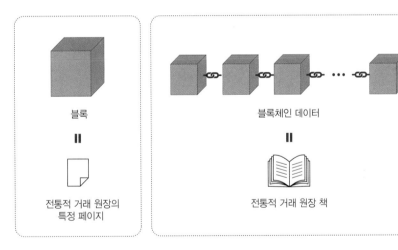

그림 4-1 블록체인과 전통적 거래 원장의 비교

그림 4-1은 블록체인 데이터를 전통적 거래 원장에 비유하고 있다. 블록체인의 각 블록은
전체 거래 원장 중 특정 페이지에 비유할 수 있다. 여러 페이지가 모여 전체 거래 원장이

되듯, 모든 블록이 모이면 블록체인 데이터를 이룬다. 앞서 설명한 대로 각 블록에는 최대 2,000~3,000개의 거래 내역만 담을 수 있는데, 이는 보통 거래 내역 하나를 기술하는 데 0.3KB 정도의 용량이 필요하므로 3,000개 정도를 기술하고 나면 최대 용량인 1MB가 꽉 차기 때문이다.

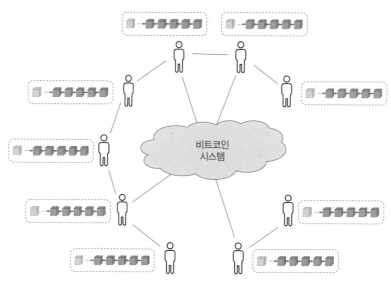

그림 4-2 모든 시스템 참여자가 개별적으로 블록체인을 저장하고 있는 모습

그림 4-2는 비트코인 시스템에 참여한 모든 사람이 각자 자신의 로컬 컴퓨터에 전체 블록체인 데이터를 보관하고 있는 모습을 보여준다. 제일 앞에 노란색으로 표시된 것이 바로 제네시스 블록이다. 따라서 2009년 제네시스 블록이 탄생한 이후에 생성된 모든 블록[1]과 트랜잭션 데이터는 개인별로 복제돼 저장돼 있음을 알 수 있다. 결국 특정 노드가 거래 내역을 살펴본다는 의미는 어떤 서버에 데이터를 요청한 것이 아니라 바로 자신의 로컬 컴퓨터에 복제돼 있는 블록체인 데이터를 스스로 검색하는 것을 의미한다.

---

1   2020년 8월 기점으로 약 64만 개이다.

블록체인이 하는 일은 아주 단순하다. 이체 내역을 기록하는 것이 하는 일의 전부다. 이는 우리가 계좌 이체를 할 때 은행의 역할이 단순히 이체 전후의 잔고를 기록하는 것에 불과한 것과 같다. 결국 블록체인의 작동 원리를 이해한다는 것은 익명의 노드로만 구성된 네트워크에서 과연 누가 기록할 것인가와 어떻게 저장할 것인지의 규칙에 관한 이해와 같다. 이제 이 두 가지 측면을 하나씩 살펴보자.

4.1 누가 기록할 것인가?

은행처럼 신뢰할 수 있는 중앙 서버가 개입된 경우라면 누가 기록할지 고민할 필요가 없다. 은행이 모든 것을 처리하고 기록하면 된다. 그러나 블록체인은 익명의 참여자로만 구성된 네트워크다. 익명의 참여자로 구성된 블록체인의 경우 신뢰할 수 있는 서버란 존재하지 않는다. 따라서 새로운 방법이 필요하다.

4.1.1 브로드캐스팅을 통한 전달

앞서 브로드캐스팅이란 지정한 상대방이 없이 모든 접속자에게 데이터를 전송하는 방식이라고 설명했다. 은행처럼 중앙 서버가 존재하는 네트워크에서는 모든 데이터를 중앙 서버로만 (암호화해 안전하게) 전송하고 서버는 전달받은 데이터를 책임지고 처리하면 된다. 그러나 익명으로 구성된 네트워크인 블록체인에서는 중앙 서버가 없으므로 전체 데이터를 모든 노드에게 전달하는 브로드캐스팅 방식을 사용한다.

비트코인 블록체인에서 생성되는 데이터는 모두 거래 내역(트랜잭션)이다. 이 거래 내역은 앞서 설명한 지갑 소프트웨어를 통해 네트워크에 제출된 데이터다. 지갑 소프트웨어를 사용하면 누구든 비트코인 거래 내역서를 작성한 후 네트워크에 제출할 수 있다. 이렇게 제출된 거래 내역은 피어를 통해 모든 노드에게 전달된다.

다음 그림을 보자. 그림 4-3은 노드 A와 노드 F가 각각 거래 내역을 작성한 후 이를 브로드캐스팅하기 위해 준비하고 있는 모습을 보여준다. 중앙 서버가 존재하지 않는 블록체인에서 이 거래 내역을 처리하기 위해 A와 F는 모든 노드에 자신의 의사를 알려야 한다.

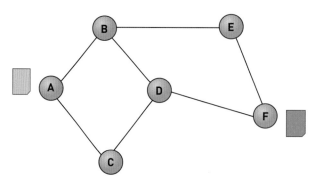

그림 4-3 단계 1/7

그림 4-4는 앞서 설명한 것처럼 A와 F가 자신들의 피어를 통해 네트워크에 거래 내역을 전달하는 모습이다. 이는 브로드캐스팅을 통해 삽시간에 네트워크 전체로 퍼져 나간다.

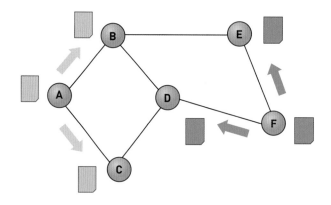

그림 4-4 단계 2/7

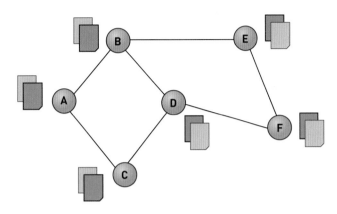

그림 4-5 단계 3/7

그림 4-5는 이제 모든 노드에게 트랜잭션이 전달된 후의 모습을 보여준다. 이렇게 전달된 트랜잭션은 각 노드의 대기실에 쌓인 채로 처리되기만을 기다린다. 그런데 각 노드를 자세히 살펴보면, 그 대기실에 쌓인 트랜잭션의 구성이나 순서가 조금씩 다른 것을 알 수 있다. 서로 다른 네트워크 전송 속도와 컴퓨터 사양을 가진 각 노드가 어떤 트랜잭션을 먼저 전달받게 될 것인지는 알 수 없기 때문이다. 따라서 절대 시각 기준으로 네트워크에 트랜잭션을 먼저 제출했다고 해서 모든 노드에 반드시 먼저 도달한다는 보장은 없다. 사정에 따라 뒤늦게 제출된 트랜잭션이 먼저 전파될 수도 있다. 그러므로 네트워크에 트랜잭션을 제출한 순서나 시각은 큰 의미가 없으며 블록체인에서는 트랜잭션이 제출된 시각을 별도로 기록하지도 않는다. 통상 각 노드는 수수료율이 더 높은 트랜잭션을 먼저 처리하므로 모든 트랜잭션은 도착 순서와 무관하게 대개 수수료율이 높은 순서대로 임의로 뒤바뀌어 처리되며, 제출된 순서대로 처리되지 않는다. 수수료를 더 많이 낼수록 그리고 연결 상황이 좋을수록 더 빨리 처리될 수도 있다. 대기실에 쌓여 순서가 정해진 트랜잭션은 '블록'이라는 논리적 단위로 묶인 후 동시에 처리된다.

일단 브로드캐스팅이 완료되면 이제 가장 중요한 단계가 하나 남는다. 바로 '누가 기록할 것인지' 결정하는 절차다.

4.1.2 리더 선출 – 누가 기록할 것인가?

익명의 노드로 구성된 네트워크인 블록체인에서 모든 노드가 동일한 기록을 저장할 수 있는 비결은 간단하다. 수많은 노드 가운데 어느 순간 실제로 기록할 수 있는 권리는 오직 단 하나의 노드에게만 주어지기 때문이다. 단 하나의 노드만 기록할 수 있으므로 단 하나의 기록만이 존재하게 된다!

블록체인에서 누가 기록을 담당할 것인지 정하는 과정을 흔히 '리더 선출'에 비유한다. 선출된 리더는 전권을 가지며, 그 블록을 지배하기 때문이다.

비트코인에서 리더를 선출하는 방법은 바로 해시 퍼즐이다! 특정 순간에 해시 퍼즐을 가장 먼저 해결한 단 하나의 노드에게만 기록할 수 있는 권리가 주어지는 것이다. 앞서 본 것처럼 해시 퍼즐은 그 해답을 알 수 있는 수학 공식이 존재하지 않는 복잡한 문제로, 정답을 찾기 위해서는 오로지 가능한 모든 조합을 단순 반복 계산하는 수밖에 없다. 따라서 누가 해시 퍼즐을 가장 먼저 해결하고 기록할 권리를 갖게 될 것인지는 아무도 알 수 없다.

선출된 리더는 자신의 대기열에 쌓여 있던 거래 내역을 블록에 기록(저장)하는 역할을 한다. 블록에 거래 내역이 기록되는 순간, 거래는 완료될 준비를 마친다.[2] 어떤 노드가 리더로 선출됐는지에 따라 해당 블록에 기록되는 트랜잭션의 구성은 조금씩 다를 수 있다. 각 대기열에 도착한 트랜잭션은 네트워크 사정에 따라 조금 다를 수 있고, 대기열에 있는 트랜잭션 순서는 해당 노드가 임의로 순서를 정할 수 있기 때문이다. 이 해시 퍼즐을 푸는 과정을 흔히 채굴에 비유하는데, 그만큼 해시 퍼즐을 푸는 것이 힘들다는 것을 상징적으로 비유한 것이기도 하다. 해답을 찾는 것은 매우 힘들지만, 그 결과로 보상을 받는다. 블록체인의 각 블록을 따로 놓고 관찰해보면 중앙화 시스템과 닮아 있다. 각 블록에서 선출된 리더는 그 블록의 중앙 서버 역할을 수행하는 셈이다. 블록체인이 늘 하나의 기록만 갖

---

2   거래가 완료되기 위해서는 아직 하나의 절차가 더 남아 있다.

는 비결은 오로지 선출된 단 한 명의 리더만이 전권을 갖고 기록을 수행하므로 처음부터 하나의 기록만 존재할 수 있기 때문이다.

해시 퍼즐의 정답을 가장 먼저 찾기 위해서는 더 빠른 연산 능력을 갖춘 컴퓨터가 필수적이다. 성능이 좀 더 좋은 컴퓨터를 가졌다면 그만큼 유리한 셈이다. 리더로 선출되지 못한 구성원의 노력은 모두 물거품이 된다. 이 시합에서는 1등을 하지 않으면 아무런 의미가 없다. 현재 블록의 해시 퍼즐 정답을 찾기 위해 쏟아부은 모든 계산은 그 다음 블록의 해시 퍼즐 정답을 찾는 데 아무런 도움을 주지 못한다. 1등을 하지 못하면 모두 버려야 한다. 이 때문에 해시 퍼즐의 정답을 찾는 시합은 구조적으로 치킨 게임이 될 수밖에 없다. 내시 균형^{Nash Equilibrium}을 찾는 유일한 방법은 끊임없이 더 많은 자원을 투입해 상대를 모조리 제거하는 수밖에 없으므로 내시 균형이 존재하지 않는 것과 같다.

TIP

내시 균형은 경쟁자 간에 서로를 위한 최선책이 수립돼 더 이상 자신의 선택을 바꾸지 않는 일종의 균형 상태를 형성하게 되는 현상을 의미한다. 러셀 크로우가 열연한 영화 〈뷰티풀 마인드(Beautiful Mind)〉의 실제 주인공인 천재 수학자 존 내시(John F. Nash)가 제시한 균형 이론으로, 게임 이론의 패러다임을 바꾼 천재적 이론으로 평가받고 있다.

Memo

리더가 기록한다고 표현했지만, 사실 리더는 순서만 정한 셈이다. 트랜잭션 자체는 리더가 만든 것이 아니라, 다른 노드가 네트워크에 제출한 것들이 모인 것이기 때문이다. 따라서 정확히 말하면 리더의 역할은 (리더가 원하는 대로) '순서를 정하는 것'이다.

4.2 어떻게 저장할 것인가?

이제 해시 퍼즐을 사용해 리더 선출 규칙은 정했다. 그러나 선출된 리더는 신뢰를 알 수 없는 노드다. 따라서 누군지도 모르는 리더가 작성한 기록을 맹목적으로 믿을 수는 없는 노릇이다. 그러므로 이제 리더가 작성한 기록의 무결성을 검증할 수 있는 방법이 필요하다.

4.2.1 신뢰의 부재 – 모든 노드의 검증

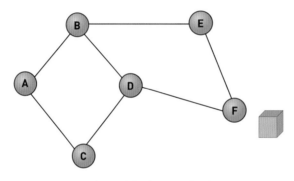

그림 4-6 단계 4/7 - 블록 만들기

그림 4-6은 노드 F가 가장 먼저 해시 퍼즐의 정답을 찾고, 리더로 선정돼 블록 만들기에 성공한 모습을 보여준다. 이제 노드 F는 기록에 관한 전권을 가지며, 이 블록을 지배한다. 이 블록에는 F가 자신의 대기열에 있던 트랜잭션 중 자신이 임의로 고른(예외 없이 수수료율이 높은 순서대로 고른다) 것들만 먼저 담기게 된다.

TIP

해시 퍼즐의 정답을 찾는 과정은 먼저 블록 틀에 일정 개수의 트랜잭션을 기록한 후 그 블록 전체의 해시 값을 반복적으로 계산하면서 진행된다. 따라서 실제로는 해시 퍼즐의 정답을 찾은 후 트랜잭션을 기록하는 것이 아니라 그 반대로 트랜잭션을 미리 블록 틀에 기록한 후 찾아 나간다.

하나의 블록만 따로 놓고 보면 리더로 선정된 노드는 중앙 서버의 역할을 수행하는 것에 비유할 수 있고, 각 블록은 중앙화 시스템과 매우 유사하다. 그러나 중앙 서버와 비교하면 대단히 큰 차이가 하나 존재한다. 바로 '신뢰의 부재'다. 우리는 중앙 서버인 은행을 '신뢰' 하므로 그 기록 또한 항상 신뢰한다. 그러므로 은행에 이체를 요청한 후 그 내역이 제대로 처리됐는지 확인하기 위해 은행을 방문하거나 자료 제출을 요구하는 일 따위는 하지 않는다.[3] 그러나 블록체인에는 신뢰가 존재하지 않는다. 각 노드의 정체가 무엇인지, 어떤 작동을 하는지 알 수 있는 방법이 없기 때문이다. 따라서 리더를 선출해 그 노드에게 기록의 전권을 주기는 했지만, 과연 그 리더가 정직하게 행동하는지, 위변조 등의 조작을 통해 자신에게 유리하도록 기록 조작을 시도하는지 알 수 있는 방법이 없다. 이에 따라 '신뢰'에 기반을 둔 중앙화 시스템과 달리 또 하나의 절차가 더 필요한데, 다름 아닌 '검증'의 절차다. 이는 선출된 리더가 정직하게 기록했는지 확인하는 과정이다. 그렇다면 누가 검증할 것인가? 리더를 선출한 것처럼 검증하는 노드를 별도로 선출할 것인가? 비트코인과 이더리움이 사용한 해법은 (희망하는) '모두'가 검증에 참여하도록 한 것이다. 즉, 모든 노드가 갓 만들어진 블록이 담고 있는 내용이 모두 정상적인 것인지 확인하는 절차를 수행한다. 그림 4-7을 보자.

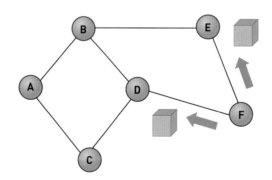

그림 4-7 단계 5/7 새로 생성된 블록을 브로드캐스팅한다.

---

3   물론 요청한다고 해서 확인해주지도 않을 것이다.

그림 4-7은 F가 자신이 방금 생성한 블록을 피어를 통해 브로드캐스팅하는 모습을 보여준다. 이는 앞서 트랜잭션을 브로드캐스팅 하는 방법과 동일하다. 각 노드는 전달받은 블록을 다시 자신들의 피어에 전달하고, 얼마 지나지 않아 전체 노드들은 새로 생성된 블록을 모두 전달받게 된다.

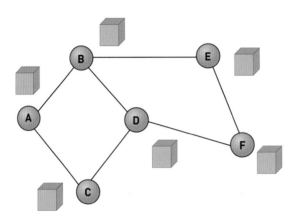

그림 4-8 단계 6/7 브로드캐스팅을 통해 모든 노드가 블록을 수령한다.

브로드캐스팅된 블록은 그림 4-8처럼 순식간에 전체 노드에 전달된다. 각 노드는 블록이 도달하는 즉시 F가 만든 블록의 무결성을 검증한다. 무결성 검증은 크게 두 가지를 점검한다. 하나는 F가 이 해시 퍼즐의 정답을 찾은 것이 맞는지 확인하는 것이고, 다른 하나는 블록에 기록된 트랜잭션이 조작되지 않고 원래 네트워크에 제출됐던 그대로인지 확인하는 것이다. 이 두 검증 과정은 해시함수와 전자서명, 비대칭 암호화 기법을 활용해 순식간에 이뤄진다. 검증을 통해 블록에 이상이 없다는 것이 확인되면 이 블록은 정당한 블록으로 인정받고, 각 노드는 자신의 로컬에 저장돼 있던 기존의 블록체인 데이터에 새로 전달받은 이 블록을 추가하면서 전체 블록체인 데이터의 길이는 하나 더 자라게 된다.

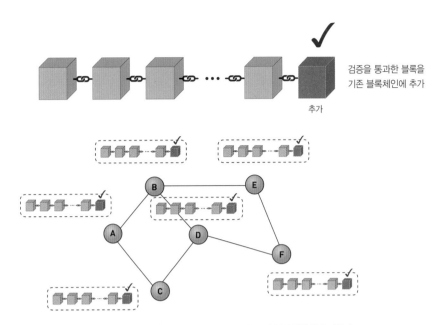

그림 4-9 단계 7/7 검증을 통과한 블록을 로컬 블록체인에 추가한다.

그림 4-9는 검증을 통과한 블록을 로컬 블록체인에 추가함으로써 블록체인의 길이가 하나씩 자라나는 모습을 보여준다. 비트코인 블록체인은 그동안 10분에 한 번씩 이러한 과정을 64만 번 이상 되풀이해 지금의 블록체인 데이터를 구성했던 것이다. 64만여 개의 블록은 참여자들의 로컬 컴퓨터에 동일한 내용으로 저장돼 있다.[4] 만약 블록이 검증을 통과하지 못하면, 그 즉시 폐기되고 로컬 컴퓨터의 블록체인 데이터에는 아무런 변화도 일어나지 않는다. 해시 퍼즐을 통해 전권을 줬지만, 전체가 검증에 참여해 언제든지 선출된 리더를 추방할 수 있는 권리를 가진 셈이다. 물론 리더를 추방하는 것은 각 노드가 임의로 결정하는 것은 아니며, 사전에 정해진 규칙을 지켰는지 여부로만 판단한다. 매 블록마다 일어나는 이 과정을 정리하면 그림 4-10과 같은 사이클을 그릴 수 있다.

---

4   사실은 소프트포크와 하드포크의 문제로 인해 다른 모습으로 저장될 수도 있다. 이 부분은 후속 절에서 다시 살펴본다.

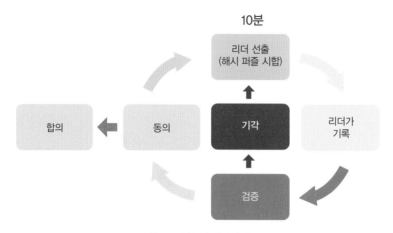

그림 4-10 블록의 생성 사이클

그림 4-10은 앞서 살펴본 블록의 생성 과정을 요약해 하나의 사이클로 보여준다. 매번 그 라운드의 새로운 리더를 선출하면, 오직 그 리더만이 기록을 수행하며, 나머지 모든 참여자는 (이 리더를 신뢰하지 못하기 때문에) 검증 작업을 수행한다. 이때 검증을 통과하지 못하면 그 블록은 즉시 폐기되고, 검증을 통과하면 각 노드는 그 블록에 '동의'하며 자신의 로컬에 있는 기존 블록체인 데이터에 새로 생성된 블록을 추가한다. 모든 노드가 이 블록에 동의하면 비로소 전체 노드가 '합의'에 이른다. 결국 블록체인을 설계한다는 것은 '어떻게 리더를 선출할 것인지'와 '선출된 리더가 기록한 내용을 어떻게 검증할 것인지'의 규칙을 정의하는 것이라 할 수 있다. 이 두 규칙의 무결성과 효율성이 곧 블록체인의 무결성 그리고 효율성과 직결된다.

4.3 비동기화 시스템에서의 탈중앙화 합의

앞서 간략히 살펴본 블록 생성 과정에는 매우 중요한 설명이 하나 생략돼 있다. 바로 '비동기화 시스템에서의 합의'라는 과정이다. 다른 말로 '탈중앙화 합의 과정'이라고도 한다.

중앙 서버 등에 의해 모든 동작을 지시받고 정해진 순서나 시각에 전달받은 신호에 맞춰 작동하는 시스템을 '동기화 시스템synchronous system'이라고 한다. 컴퓨터 CPU는 동기화 시스템의 전형적인 예다. 컴퓨터 CPU 내의 트랜지스터들은 전기 신호가 들어올 때만 작동할 수 있다. 이들은 CPU 클럭이라고 하는 시간 단위에 동기화돼 일사불란하게 작동한다. CPU는 클럭 단위에 맞춰 전원이 공급되므로 이에 맞춰 모든 회로가 작동된 후 새로운 상태를 형성하게 되는 것이다. 이와 반대로, 블록체인은 완전한 비동기화asynchronous 시스템이다. 신호를 줄 수 있는 중앙 서버가 없기 때문이다. 각 노드가 생각하는 블록체인 세상은 자기 자신이 현재 갖고 있는 데이터와 자신의 피어를 통해 전달받은 데이터만 갖고 해석한 것이다. 전체 네트워크에 현재 몇 개의 노드가 있는지, 어디에 있는지, 어떤 성질을 갖고 있는지 전혀 알 수 없다. 오로지 현재 내가 갖고 있는 데이터와 피어를 통해 방금 전달받은 정보를 통해 그 다음 단계를 수행할 수밖에 없다.

이 때문에 자신의 피어에게 고의로 거짓 정보를 전달해 시스템을 교란시키는 공격도 가능하다. 대표적인 예로 이클립스(eclipse) 공격을 들 수 있다. 일단의 노드가 연합해 자신의 피어들에게 지속적으로 거짓 정보를 흘려보내 합의 과정을 방해함으로써 비교적 수월하게 시스템을 장악하거나 교란시키는 방법이다. 마치 개기일식에 의한 달 그림자로 태양의 일부가 보이지 않게 되는 것처럼, 거짓 정보를 전달받은 노드가 부정확한 정보로 인해 검증에 있어 제 역할을 다하지 못하는 상황을 비유한 것이다. 이를 통하면 51% 공격이 아니라 25% 공격도 가능해진다. 51% 공격은 4.6절에서 자세히 알아본다.

그림 4-10의 사이클을 보면 마치 전체 노드들이 공통된 시계에 동기화돼 10분을 주기로 리더 선출을 질서 정연하게 수행하고 있는 것처럼 보인다. 또한 해시 퍼즐 시합이라는 표현도 마치 누군가 시합의 시작과 끝을 알리는 잘 동기화된 과정처럼 표현돼 있다. 그러나 이는 설명의 편의를 위한 것일 뿐, 실제와 많이 다르다. 블록체인 세상에서는 그림 4-10의 과정이 절대 동기화돼 일어날 수 없다. 시계 역할을 해줄 수 있는 노드나 서버가 있을 리 없기 때문이다. 따라서 블록 생성을 위한 해시 퍼즐의 정답을 찾는 과정은 각 노드에서

독립적이며, 개별적인 시각에서 시작된다. 앞의 예제에서는 F가 생성한 블록을 먼저 전달 받고, 그 검증을 빨리 마친 노드는 다른 노드에 비해 좀 더 일찍 그 다음 시합에 돌입할 수 있는 셈이다. 매번 어떤 노드가 먼저 블록을 만들지는 알 수 없으므로 항상 더 유리한 특정 위치는 존재하지 않는다. 긴 시간을 두고 보면 모든 노드는 동등한 위치에 있다고 볼 수 있다.

4.3.1 서로 다른 진실의 충돌

블록체인의 비동기적 특성으로 인해 항상 다음과 같은 상황이 발생할 수 있다.

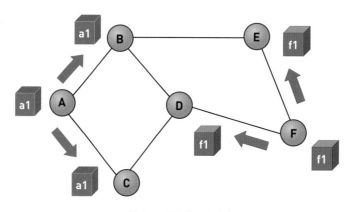

그림 4-11 블록의 동시 생성

그림 4-11은 노드 A와 F가 동시에 블록 만들기(해시 퍼즐 해결)에 성공한 후 브로드캐스팅 하고 있는 모습을 보여준다. 노드 A와 F는 서로의 존재를 모르므로 서로가 동시에 블록 생성에 성공했다는 사실을 알 방법이 없다. 이러한 사정은 다른 노드도 마찬가지여서 B 와 C는 A가 블록 만들기에 성공했다는 사실만 인지할 뿐, 노드 F에 대해서는 그 존재 사실도 모른다. 이와 마찬가지로 D와 E는 F가 블록 만들기에 성공했다는 사실은 인지하지 만, A의 존재도, A가 블록 만들기에 성공했다는 사실도 알 수 없다.

이런 경우 블록체인 네트워크에는 순간적으로 하나 이상의 서로 다른 진실이 존재한다. 노드 A, B, C는 이번 라운드에서 선출된 리더가 A라고 믿고 A의 블록을 검증하지만 D, E, F는 선출된 리더가 F라고 믿으며, F가 생성한 블록을 검증한다. 이에 따라 각자의 로컬 컴퓨터에는 서로 다른 블록을 추가하고 급기야 그림 4-12에서와 같은 상황이 벌어진다.

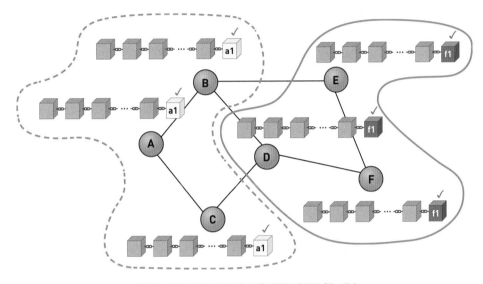

그림 4-12 두 개의 서로 다른 블록체인이 자라고 있는 모습

그림 4-12는 동일한 네트워크 안에서 서로 다른 블록체인이 자라고 있는 모습을 보여준다. 점선으로 묶인 A, B, C의 그룹은 A가 생성한 블록인 a1을 자신의 로컬 컴퓨터에 추가한 상태이고, 실선으로 묶인 D, E, F의 그룹은 F가 생성한 블록인 f1을 자신의 블록체인에 추가한 상태다. 즉, 특정 순간에는 동일한 시스템에서 서로 다른 블록체인 데이터가 자라고 있는 셈이다.

4.3.2 서로 다른 진실의 통일 – 탈중앙화 합의

다른 블록체인 데이터가 형성되는 근본적인 원인은 블록체인이 비동기화 네트워크이기 때문이다. 모든 노드가 동일한 시각에 새로운 리더를 선출하는 것이 아니라 제각기 블록 만들기에 전념하다가 자신의 피어로부터 전달된 데이터에만 근거해 전체 상황을 판단할 수밖에 없기 때문에 벌어지는 현상이다. 그러나 동일한 네트워크 속에서 서로 다른 두 개의 진실이 존재하도록 내버려둘 수는 없다. 어떤 경우든 단 하나의 진실로 통일될 수 있는 규칙이 필요하다. 서로 다른 블록체인 데이터가 충돌했을 때는 이를 통일하는 결정 규칙은 앞서 살펴본 규칙 위반에 따른 퇴출과는 다르다. 이번 경우에는 모든 블록이 규칙을 준수하며 정상적으로 생성된 것이지만, 시스템 내 두 가지 진실이 존재할 수 없으므로 이 가운데 어느 하나로 강제적으로 통일시키는 과정이며, 이 과정에서는 정상적으로 생성된 블록도 퇴출될 수 있다. 비트코인에서 서로 다른 두 블록체인 데이터를 하나로 통일하는 규칙은 둘 중 더 긴 블록체인을 선택하는 것이다. 이 말은 길이가 같다면 서로 통일되지 않는다는 의미이기도 하다. 두 노드가 서로의 블록체인 데이터가 다르다는 것을 발견하면 우선 상대방이 규칙을 지켰는지 검사한 후 이상이 없다면 서로의 길이를 비교한다. 이때 길이가 같다면 어느 하나로 합쳐지지 않고, 각자 자신의 블록체인 데이터를 그대로 유지한 채 서로 더 긴 블록체인 데이터를 만들기 위한 경쟁을 계속한다.

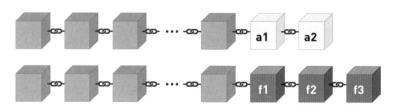

그림 4-13 서로 다른 블록체인의 충돌

그림 4-13은 어느 순간 한쪽의 길이가 더 길어진 모습을 보여준다. 이제 f1, f2, f3로 구성된 블록체인이 a1, a2보다 길어졌고, 그 순간 승패는 갈린다. 패자가 되면 그 즉시 승자와

다른 블록체인 구성 요소는 모두 폐기해야 하며, 승자가 갖고 있는 블록을 동일하게 복사함으로, 시스템 내 모든 노드는 동일한 블록체인 데이터로 통일해 나간다. 이렇듯 서로 다른 두 블록체인이 충돌했을 때 둘 중 하나로 일치시켜 나가는 과정을 '탈중앙화 합의 규칙'이라고 한다. 이처럼 어느 특정 순간에는 각 노드가 다른 블록체인 데이터를 가질 수 있지만, 궁극적으로는 모두 동일한 데이터로 통일해 나가는 성질을 '궁극적 일관성^{eventual consistency}'이라고 한다.

TIP

두 블록체인 데이터가 상충할 때의 선택의 기준을 정확히 설명하면 '해당 블록체인 데이터를 만드는 데 가장 많은 노력(에너지)이 들어간' 것이다. 이 개념은 대부분 가장 긴 블록체인 데이터와 정확히 일치한다. 그러나 블록체인의 난이도가 주기적으로 변하므로 길이와 함께 난이도의 가중치를 함께 고려하면 아주 드물게 일치하지 않을 수도 있다. 그러나 '만드는 데 가장 많은 노력이 들어간'이라는 설명은 너무 길고, 의미도 잘 와닿지 않으므로 앞으로 이 책에서는 이 말 대신 '가장 무거운' 블록체인 데이터로 표현한다. 지금부터 '가장 무거운' 블록체인 데이터란, '만드는 데 가장 많은 노력이 들어간' 블록체인과 동일한 의미로 사용한다. 정작 사토시 나카모토의 원 논문은 '가장 긴 체인'이라는 표현만 사용했다. 한편 이더리움에서는 더 무거운 체인과 더 긴 체인이 일치하지 않는 경우가 빈번히 발생한다.

4.3.3 거래의 안전성 – 확인

비동기화 시스템의 특성으로 인해 트랜잭션이 블록에 기록되고 나서도 언제든 퇴출될 수 있음을 알았다. 이는 비트코인의 사용 내역은 언제든 무효가 될 수도 있음을 의미하기도 한다. 그렇다면 비트코인은 늘 무효가 될 수 있다는 것을 전제로 거래해야 하는 것일까? 정답은 '그렇다'이다. 비트코인으로 사용한 내역은 항상 무효가 될 가능성이 있다. 그러나 무효가 될 가능성은 시간이 흐를수록 기하급수적으로 감소하고, 일정 시간이 지나면 거의 0에 수렴한다. 이 절에서는 블록에 관련된 몇 가지 숫자를 살펴봄과 동시에 비트코인 거래의 안정성을 살펴보자.

블록에는 여러 의미 있는 숫자가 연계돼 있다. 각 블록은 이름이 아니라 그 블록에만 고유한 수를 사용해 특정할 수 있다. 이 숫자들은 그 블록의 고유한 이름 역할을 하는 셈이다. 프로그램을 할 때는 고유한 수인 블록 해시 값을 이용하지만, 이 값은 32바이트로 너무 길기 때문에 '높이'라는 개념을 대신 사용하기도 한다.

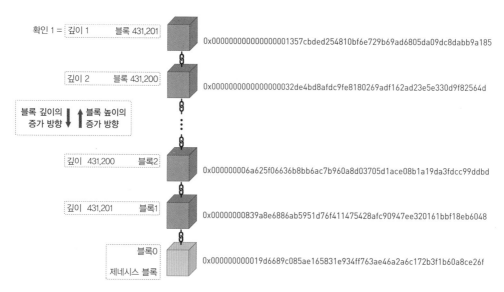

그림 4-14 블록의 높이와 깊이 그리고 블록의 해시 값

그림 4-14는 제네시스 블록부터 시작해 모든 블록을 탑을 쌓는 것처럼 배열한 모습을 보여주고 있다. 블록을 탑을 쌓듯이 논리적으로 배열하면 높이(또한 층수)의 개념이 생긴다. 제네시스 블록 바로 다음에 생긴 블록의 높이는 1, 그다음은 2, 이런 식으로 높이는 계속 증가한다. 각 블록은 블록체인 데이터에 추가된 순서가 있고, 그 순서는 바뀌는 일이 없으므로 특정 블록의 높이는 변화하는 일이 없다. 앞서 0번 블록, 5만 번 블록이라고 했던 것은 바로 높이를 얘기한 것이다.

한편 블록의 높이와 반대 개념으로 블록의 깊이 개념이 있다. 블록의 높이는 절대적인 개념이므로 바뀌지 않지만, 블록의 깊이는 계속 변동되는 상대적인 개념이다. 블록의 깊이는 블록이 만들어진 후 얼마나 더 많은 블록이 새로 생성됐는지 알아볼 수 있는 지표다. 제네시스 블록이 0이었던 높이의 개념과 반대로 항상 가장 최근에 만들어진 블록의 깊이가 1이 된다. 이후 새로운 블록이 만들어지면 깊이가 1이었던 블록은 2가 되고, 추가로 블록이 생성될수록 계속 증가한다. 따라서 그림 4-14의 가장 최근 블록인 431201번 블록은 높이 431,201, 깊이 1인 블록이 되고, 제네시스 블록은 높이 0, 깊이 431,202인 블록이 된다. 431200번 블록은 높이 431,200, 깊이 2인 블록인 셈이다.

블록의 깊이는 블록의 안정성과 직결된다. 앞서 살펴본 것처럼 블록체인 데이터에 추가된 블록도 퇴출될 수 있다. 탈중앙화 합의 규칙에 의해 혹시라도 구성이 다른, 더 무거운 블록체인 데이터를 만나면 구성이 다른 부분은 모두 더 무거운 블록체인 데이터에 맞춰 갱신해야 한다. 이런 가능성은 가장 최근에 만들어진 블록일수록 커진다. 네트워크 전송 속도 등의 차이로 한두 블록 정도의 오차는 발생 가능성이 있기 때문이다. 생성된 블록이 블록체인 데이터에 추가된 후 더 많은 블록이 추가될수록 퇴출 가능성은 기하급수적으로 낮아진다. 블록의 깊이는 '확인confirm'이라는 용어로도 사용된다. 어떤 블록의 확인이 3이라는 의미는 그 블록이 생성돼 블록체인 데이터에 추가된 이후 2개의 블록이 블록체인 데이터에 더 추가됐다는 의미다. 금액이 크거나 중요한 거래는 보통 6개 정도 확인하는 동안 기다리는 것이 좋다. 즉, 자신의 트랜잭션이 블록체인 데이터에 추가된 후 5개의 블록이 추가로 더 생성될 때까지 지켜보는 것이 좋다는 뜻이다. 6개 정도의 확인을 거친 블록은 실질적으로 블록체인에서 퇴출될 가능성이 극히 낮다고 볼 수 있다. 표 4-1은 이 절에서 살펴본 깊이, 높이, 블록 해시의 개념을 정리한 것이다.

TIP

놀랍게도 앞서 설명한 탈중앙화 합의라는 성질로 인해 블록체인의 모든 거래는 영원히 확정되지 않는다. 확률은 극히 낮지만 이론적으로는 2009년에 최초로 채굴된 블록조차 퇴출될 수 있기 때문이다. 따라서 즉시 거래가 확정되는 중앙 시스템과 달리 블록체인은 영원히 거래가 확정되지 않는 불안정한 시스템으로 볼 수 있다.

표 4-1 블록의 깊이, 높이, 해시 값

	변동성	설명
블록 깊이	항상 변화 지속적 증가	가장 최근 블록이 깊이가 1이 되고, 블록이 추가될수록 1씩 증가. 확인 이라고도 부름
블록 높이	변화 없음 고정	제네시스 블록이 0이 되고, 그 이후로 블록이 생성될 때마다 1씩 증가 돼 블록이 언제 생성됐는지 순서를 알 수 있음
블록 해시	변화 없음 고정	그 블록만의 고유한 주소이며, 32바이트로 된 해시 값. 해시 퍼즐 풀이 과정에서 찾은 값

4.4 이중사용

전산학의 관점에서 보면 블록체인은 익명의 비동기화 네트워크에서 순서를 정하는 장치라고 설명했던 것을 기억하는가? 또 이 순서를 정하는 것은 곧 이중사용double spending과 직결된다고 설명했었다. 이제 이중사용에 관해 알아보자. 이중사용이란 하나의 비트코인을 여러 번 사용하려는 악의적인 시도다. 이중사용이 발생할 수 있는 이유는 특정 비트코인을 사용하려는 시점에서는 이 비트코인이 이미 사용한 것을 또 사용하려는 것인지 아닌지를 구분할 수 없는 경우가 발생할 수 있기 때문이다. 이는 중앙 서버가 없는 비동기식 네트워크이기 때문에 발생하는 문제다. 다음 시나리오를 살펴보자.

A와 D가 직거래를 위해 직접 만난 상황을 고려해보자. D는 자신이 갖고 있던 노트북을 판매할 생각이고, A는 40만 원에 노트북을 구매하기 위해 서로 만난 것이다. 물건을 확인한 후 A는 D에게 물건 값 40만 원을 비트코인으로 지급하기로 하고, 시세를 환산해 0.02 BTC로 건네기로 합의한다. A는 D가 지켜보는 동안 비트코인 지갑을 사용해 0.02 BTC를 송금하는 모습을 보여준다. A가 송금 신청을 완료하자 D는 안심하고 A와 헤어져 기분 좋게 돌아갔다. D는 과연 안심해도 될까? 눈치 빠른 독자들은 이미 알아차렸겠지만 A는 송금 신청을 완료했을 뿐, 송금이 완료된 것은 아니다. 10분이 경과하지 않았다면 아직 블록

이 만들어지지도 않았을 것이기 때문이다. 송금 신청이란 A가 브로드캐스팅을 통해 비트코인 시스템에 있는 전체 노드에게 자신이 D에게 0.02 BTC를 지급한다는 의사를 트랜잭션으로 전달한 것에 불과하다. 이제 어떤 일이 발생할 수 있는지 알아보자.

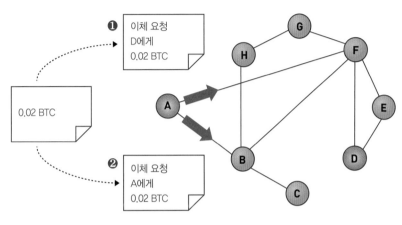

그림 4-15 A가 이중사용을 시도하는 모습

그림 4-15는 A가 이중사용을 시도하는 모습을 보여준다. D와 헤어진 A는 곧 바로 또 하나의 트랜잭션을 작성해 시스템에 제출한다. 바로 자신이 조금 전 D에게 지급했던 것과 동일한 비트코인을 스스로에게 지급한다는 요청서다. 하나의 비트코인을 두 번 사용하려고 시도하는 것이다. 만약 자신이 뒤늦게 제출한 트랜잭션이 먼저 처리되면 D에게 지급할 비트코인을 빼돌릴 수 있다는 얄팍한 생각이다. 이제 어떤 일이 벌어지는지 자세히 살펴보자.

이 경우, 앞서 전달한 정상적인 요청인 ❶이 먼저 처리될지 ❷가 먼저 처리될지는 알 수 없다. 네트워크 사정에 따라 달라질 수 있기 때문이다. 이때 발생 가능한 상황은 크게 두 가지다.

가장 가능성이 높은 경우는 ❶, ❷가 모두 폐기돼 처리되지 않는 경우다. 각 노드가 블록에 트랜잭션을 기록할 때는 트랜잭션이 규칙을 지켰는지 검증한다고 앞서 설명한 바 있다.

현재 블록을 만들고 있는 노드에 ❶, ❷가 동시에 전달된 상태라면 해당 노드는 서로 다른 두 트랜잭션이 동일한 비트코인을 사용하려고 시도하는 것임을 바로 알아낼 수 있고, 두 트랜잭션을 바로 폐기해버린다. 두 번째 경우는 ❶이나 ❷ 둘 중 하나가 정상적인 트랜잭션으로 선택돼 기록되는 경우다. 이 경우는 현재 블록을 완성하고 있는 노드에 아직 하나의 트랜잭션만 전달된 경우다. 전달된 트랜잭션이 ❶이나 ❷ 둘 중 하나라면 블록이 트랜잭션을 검증하는 순간에는 둘 다 아무런 문제가 없다.[5] 둘 다 아직 사용이 확정되기 전이므로 그 자체로는 모두 정상이기 때문이다. 따라서 블록은 정상적으로 전달받은 트랜잭션을 기록하고 블록체인 데이터에 추가한다. 그러나 일단 둘 중 하나가 블록체인 데이터에 추가되는 순간, 나머지 하나는 규칙을 어긴 트랜잭션이 된다. 그러므로 ❶이 먼저 등록되면 ❷는 폐기되고, ❷가 먼저 등록되면 ❶은 폐기된다.

여기서 주목해야 할 점은 블록체인은 이중사용 문제를 기술적으로는 해결했지만, 신의칙信義則에 따른 상거래 입장에서는 전혀 해결하지 못했다는 점이다. 비트코인 시스템은 어떤 경우든 하나의 비트코인이 두 번 사용되지 못하도록 기술적으로 완벽하게 해결했지만, 선의의 트랜잭션과 악의의 트랜잭션을 구분하지 않을 뿐만 아니라 시간적으로 먼저 제출된 트랜잭션이 항상 먼저 처리되는 것도 보장하지 못한다. A는 이미 물건을 받은 상태이므로 트랜잭션이 둘 다 폐기되거나 ❷가 먼저 처리되는 경우가 발생하면, D에게 물건 값을 지불하지 않게 된다. 물건은 받았지만, 지불은 취소될 것이기 때문이다.

Memo

이런 문제로 인해 비트코인은 사용한 후 실제로 한동안 지켜봐야 한다. 앞서 블록 하나가 만들어지는 데 10분 정도 소요된다고 했다. 따라서 트랜잭션이 기록되는 데만 최소 10분

---

5   앞서 설명한 비동기 시스템의 특성을 기억하자.

이상 걸린다는 뜻이다. 거기에 이중사용 문제까지 확인하려면 한참을 더 기다려야 한다. 이런 불편함은 비트코인이 일상생활에서 화폐로 사용되기에 부적절한 요소 중 하나다. 도대체 얼마를 기다려야 할까? 확률적으로는 최소 6개의 블록이 만들어지는 1시간을 추천하지만, 거래 액수가 높다면 최대한 오래 기다리는 것이 좋다.

4.4.1 블록체인 실험 – 이중사용의 방지

중앙 서버가 없는 비동기화 시스템에서 이중사용의 문제가 발생할 수 있는 이유는 시스템에 트랜잭션이 제출되는 순서와 트랜잭션이 처리되는 순서가 일치하지 않기 때문이다. 중앙 서버가 있는 동기화된 시스템에서는 트랜잭션이 하나의 서버에 접수되는 차례가 곧 순서가 되므로 이중사용이 발생할 수 없다. 그러나 중앙 서버가 없는 비동기화 시스템인 블록체인에서는 트랜잭션의 물리적 제출 순서는 무의미하다. 각 노드별로 전달받은 트랜잭션과 순서가 다 상이한데, 이 가운데 어느 노드가 리더로 선출될지 알 수 없기 때문이다. 다음 그림을 보자.

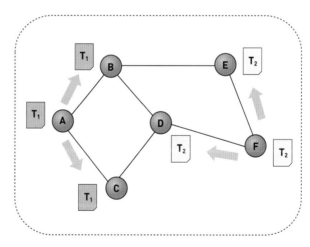

그림 4-16 트랜잭션의 브로드캐스팅

그림 4-16은 두 개의 트랜잭션 T_1과 T_2가 각각 중앙 서버가 없는 비동기화 네트워크인 블록체인에 제출된 경우를 보여준다. 이때 트랜잭션 T_1이 T_2보다 먼저 제출됐다고 가정해보자. 이 둘은 브로드캐스팅을 통해 네트워크에 전파되는데, 각 트랜잭션이 전파되는 속도는 거쳐 가야 하는 중간 노드에 따라 달라진다. 또 궁극적으로 어떤 노드가 이 트랜잭션을 처리하게 될지는 (누군가 가장 먼저 해시 퍼즐을 풀 때까지는) 알 수 가 없다. 이 때문에 트랜잭션이 제출된 순서는 처리 순서와 무관하므로 리더가 선출되기 전에는 '먼저'라는 순서가 정해지지 않아 이중사용의 시도가 얼마든지 가능해진다. 물론 앞서 설명한 것처럼 일단 리더가 정해지면 순서가 정해져 선후의 개념이 생기므로 궁극적으로 이중사용은 불가능하지만, 리더가 정해지고 해당 트랜잭션에 관한 순서를 세우기 전까지의 순간에는 이중사용의 가능성이 생기므로 이를 막기 위해서는 블록이 만들어져서 트랜잭션이 완전히 기록될 때까지 기다리는 수밖에 없는 것이다.

Memo

내가 돈을 쓰려면 그 이전에 누군가에게서 돈을 받는 사건이 반드시 존재해야만 한다. 이 순서가 뒤집히면 돈을 쓸 수가 없다. 돈을 쓰려면 쓰고자 하는 액수보다 더 많은 돈을 얻게 되는 사건이 반드시 선행돼야 하기 때문이다. 이중사용 역시 돈을 또 한 번 쓰려는 순간 그 돈이 이미 사용한 돈이라는 사실을 누군가 알려주면 완벽히 방지할 수 있다. 블록체인은 리더 선출 과정을 통해 선발된 노드가 발생한 사건의 순서를 정할 수 있는 전권을 위임함으로써 이중사용을 막은 것이다.

4.5 소프트포크와 하드포크 - 유지보수의 악몽

블록체인처럼 중앙 서버가 없는 경우에는 소프트웨어의 유지보수 또한 지극히 힘들며 일관성을 유지할 수 없는 단점이 생긴다. 이 때문에 발생하는 것이 바로 소프트포크와 하드포크다. 다음 그림을 보자.

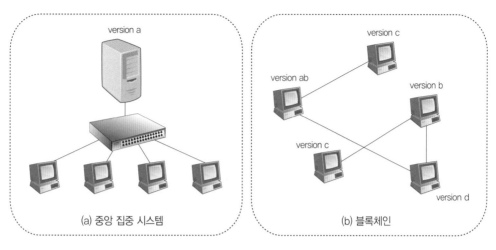

그림 4-17 중앙 집중 시스템과 블록체인의 버전 관리

그림 4-17은 일반적인 중앙화 시스템과 블록체인의 시스템 유지보수상의 차이를 보여준다. 왼편의 중앙화 시스템((ⓐ) 중앙 집중 시스템)에서는 모든 사용자가 동일한 서버에게서 서비스를 받는다. 따라서 전체 사용자는 현재 서버에 설치된 소프트웨어가 제공하는 동일한 서비스를 받으므로 시스템을 업그레이드하거나 오류를 수정하더라도 이 또한 모든 사용자에게 똑같이 적용된다. 그러나 (b)에서처럼 블록체인에 접속한 각 사용자는 각자가 다운로드한 클라이언트 프로그램을 이용해 접속하기 때문에 서로 다른 버전을 사용할 가능성이 있다. 예를 들어 클라이언트 프로그램이 여러 번 업그레이드되거나 오류 수정을 반영했다면 모든 사용자가 (부지런히) 새로운 버전으로 다시 다운로드하고 설치하지 않는 한 그 이전 버전의 소프트웨어를 사용한 접속자가 존재할 수 있다. 당연히 모든 사용자가 가장 최신의 소프트웨어만 사용하도록 강제할 수 있는 방법은 없다. 모든 노드를 동시에 업그레이드하는 것은 불가능하므로 상당 기간 동안 새로운 소프트웨어로 업그레이드한 노드와 그러지 않은 노드가 시스템상에 서로 혼재하게 돼, 새로 생긴 규칙과 이전의 규칙 사이에 충돌이 발생할 수 있다. 이런 충돌을 야기하는 규칙 변화는 크게 두 가지로 나눌 수 있다.

- 과거에는 무효하던 규칙을 유효화하는 경우
- 과거에는 유효하던 규칙을 무효화하는 경우

설명의 편의를 위해 몇 가지 표기를 도입하자. 우선 영문 대문자 A, B는 특정 그룹을 의미한다. 즉, 노드들의 집합이다. 소문자 a, b는 이 각 그룹이 생산한 블록을 의미한다. a는 A 그룹이 생산한 블록을 의미하고, b는 B 그룹이 생산한 블록을 의미한다. 블록의 표기는 좀 더 세분화할 수 있는데 a와 a′ 그리고 b와 b′로 나눌 수 있다. ′ 표기가 없는 블록(a와 b)은 모든 그룹이 유효하다고 인정하는 블록을 의미하고, ′ 표기가 붙은 블록(a′와 b′)은 특정 그룹에만 인정되고 나머지 그룹에는 유효성을 인정받지 못하는 블록을 의미한다. 즉, a′는 A 그룹에서는 인정받지만 B 그룹에서는 유효성을 인정받지 못하는 블록이고, b′는 B 그룹에서는 유효성을 인정받지만 A 그룹에서는 유효성을 인정받지 못하는 블록이다. 한편 A 그룹은 아직도 소프트웨어를 업그레이드하지 않아 예전의 규칙을 따르는 집단이고, B 그룹은 이미 최신 소프트웨어로 업그레이드를 마쳐 최신 규칙을 따르는 집단이다. 이제 그림 4-18을 보자.

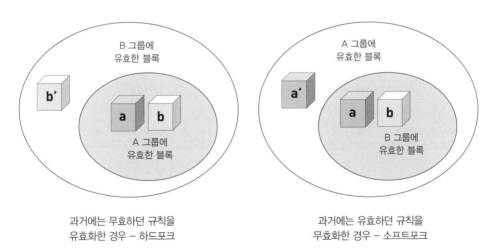

과거에는 무효하던 규칙을
유효화한 경우 – 하드포크

과거에는 유효하던 규칙을
무효화한 경우 – 소프트포크

그림 4-18 규칙을 변경할 경우 발생하는 상황

그림 4-18은 앞서 설명한 표기법을 그림으로 정리해 놓았다. 그림을 보면 규칙을 변경하는 방식에 따라 각 그룹이 인정하는 블록의 범위가 달라진다. 왼쪽은 과거에는 무효이던 규칙을 유효화하는 경우를 보여준다. 이 경우에는 최신 규칙을 따르는 집단이 훨씬 다양한 블록을 생산할 수 있다. 과거에 무효하던 블록까지 추가로 생산할 수 있으므로 당연한 결과다. 오른쪽은 과거에는 유효했지만 지금은 무효로 금지해버린 경우다. 이 경우는 과거의 소프트웨어를 사용하는 집단이 생산하는 블록의 범위가 훨씬 넓다. 최신 소프트웨어 집단은 이제 무효화된 블록은 더 이상 생산하지 않지만 이전 소프트웨어를 사용하는 그룹은 규칙이 무효화된 것을 모르고 여전히 생산할 것이기 때문이다.

이제 각 상황별로 어떤 일이 벌어질 수 있는지 천천히 살펴보자.

4.5.1 과거에는 무효하던 규칙을 유효화 - 하드포크

과거에는 무효이던 규칙이 유효화되는 순간, B 그룹은 A 그룹에 비해 훨씬 더 다양한 블록을 생성할 수 있게 된다. 대표적으로 블록의 용량을 2MB까지 허용하도록 규칙을 변경한 경우를 생각하면 된다. 이 경우 A 그룹은 예전 규칙을 이용해 여전히 1MB짜리 블록만 생성하겠지만, 새로운 규칙을 적용한 B 그룹은 1MB는 물론 2MB 블록까지 다양하게 생성할 것이다.

그 결과 B가 생산하는 블록 중 1MB를 초과하는 블록은 A 입장에서는 유효하다고 인식하지 못하게 될 것이다. 그런 블록들이 바로 b′가 된다. 반면, A가 생성하는 모든 블록은 B의 완전 부분 집합이 되므로 모든 블록은 a가 되고, a′는 있을 수 없다.

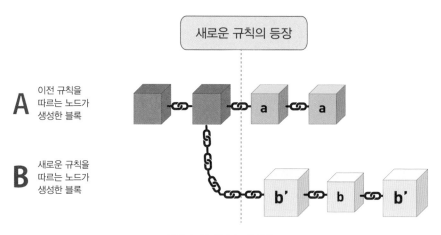

그림 4-19 하드포크의 경우

이때 만약 B 그룹이 만든 블록체인 데이터가 A 그룹보다 더 무거워지는 일이 발생하면 시스템에는 그림 4-19와 같은 2개의 서로 다른 블록체인 데이터가 생긴다. A 그룹이 자신들만의 규칙으로 생성하는 블록체인 데이터와 B 그룹이 생성하는 블록체인 데이터가 각각 따로 자라게 되는 것이다. 두 블록체인 데이터는 하나로 합쳐질 수 없다. A의 입장에서는 b′가 섞여 있는 B의 블록체인 데이터는 규칙을 위반한 것이므로 무효다. 반면 B의 입장에서는 A의 블록체인 데이터는 완벽히 유효하지만 B 그룹의 블록체인 데이터가 더 무겁기 때문에 탈중앙화 합의에 의해 자신들의 블록체인 데이터를 선택한다. 한편 A 그룹은 자신들 그룹 중 가장 무거운 블록체인 데이터를 따라가며 서로 독자적으로 성장한다. 결국 이 두 그룹의 블록체인 데이터는 모든 사람이 소프트웨어를 업데이트하기 전까지는 절대 통일될 수 없으며, 영원히 분리된 상태로 시스템에 남게 된다. 물론 나중에라도 A 그룹에 있는 모든 구성원이 새로운 소프트웨어로 업그레이드하면 이 문제는 해결된다. 업그레이드하는 순간 새로운 규칙에 의해 B 그룹에서 자라던 블록체인과 비교하게 될 것이고, 궁극적으로 더 무거운 B 그룹의 블록체인 데이터로 통일될 것이기 때문이다. 그러나 이런 일은 좀처럼 일어나지 않는다.

A의 모든 노드가 업그레이드하는 데는 현실적인 문제가 있다. A의 노드가 모두 B로 전환되면 그 순간 새로운 규칙 도입 이후 A 그룹이 생산한 모든 블록은 폐기되고, 새로운 블록을 받아들여야만 한다. 그렇게 되면 그동안 수령한 블록의 보상금도 모두 사라져버린다. 그에 합당한(?) 보상이 주어지지 않는 한 모든 A가 B로 전환되는 것은 불가능하다. 따라서 이런 경우 통상 영원히 2개로 분리된 블록체인 데이터가 남게 되는데, 이를 '하드포크^{Hard} ^{Fork}'라고 한다. 이처럼 과거에는 무효하던 규칙을 유효로 변경하는 변화가 일어나 모든 노드가 새로운 시스템으로 변경해야만 블록체인 데이터가 통일되는 경우를 하드포크라고 한다.

Memo

'포크(fork)'는 음식을 찍어 먹는 포크의 모양이 여러 갈래로 갈라져 있는 모습에서 따온 용어로, IT업계에서는 여러 용도로 사용하고 있다. 하나의 프로세스를 또 다른 병렬 프로세스로 분기할 때도 '포크한다'고 하며, 하나의 소프트웨어를 그대로 복제한 후 그 기반 위에 새로운 프로그램을 만드는 소프트웨어 프로젝트의 경우에도 포크 소프트웨어라고 한다. 블록체인 데이터에서는 하나의 블록체인 데이터가 분기돼 갈라져 나온 모습을 묘사하기 위해 포크라는 용어를 사용했고, 영원히 분리되는 경우이므로 하드포크라는 용어를 사용한 것이다.

현재 블록당 1MB로 제한돼 있는 블록의 용량 때문에 최대 약 3,000개의 트랜잭션만 동시 처리할 수 있다. 이는 늘어나는 트랜잭션 수요를 따라잡기에는 역부족이다. 비트코인 블록의 용량을 늘리자는 논의가 꾸준히 이뤄지고 있지만 번번히 합의에 이르지 못하고 블록 용량은 아직도 1MB 제한에 묶여 있다.

4.5.2 과거에는 유효하던 규칙을 무효화 – 소프트포크

소프트포크는 하드포크의 반대 경우다. 즉, 과거에는 유효했지만 지금은 무효화하는 경우다. 예를 들어 과거에 사용하던 규칙 중 뒤늦게 보안에 심각한 위협을 끼친다고 확인된 규칙이 발견되면 그 규칙을 무효화하는 경우가 있을 수 있다. 이는 하드포크의 반대로, A는 B 보다 훨씬 다양한 블록을 생산할 수 있다. A는 지금은 무효화된 규칙까지 여전히 사용하고 있을 것이기 때문이다. 이 가운데 a′는 B의 입장에서 유효하지 않은 블록이 된다. 새로운 규칙에 위배되기 때문이다. 반면 B가 생산하는 블록은 A의 완전 부분 집합이므로 b′는 있을 수 없다.

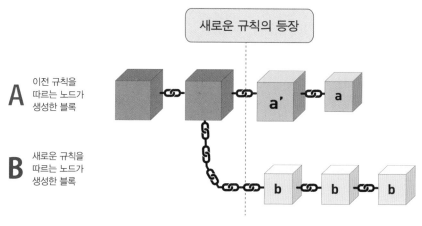

그림 4-20 소프트포크의 경우

그림 4-20은 소프트포크가 일어난 상황을 보여준다. 하드포크 때와 마찬가지로 두 갈래로 갈라져 서로 다른 블록체인 데이터가 자라게 되지만 상황이 조금 다르다. 모든 노드가 완전히 업그레이드해야만 블록체인이 통일되는 하드포크와 달리, 이 경우에는 B 그룹이 생산한 블록체인 데이터가 조금이라도 더 무거워지면 소프트웨어의 업그레이드와는 상관없이 무조건 새로운 규칙에 맞게 통일된다. 이는 A 그룹 입장에서도 B 그룹에서 생성한 모든 블록이 유효한 것으로 판단되므로, B의 블록체인 데이터가 조금이라도 무거워지는 순간 즉시 탈중앙화 합의에 의해 B 블록체인 데이터로 통일할 것이기 때문이다.

이처럼 과거에는 유효하던 규칙이 무효화되는 변경이 일어났을 때 새로운 규칙을 따르는 노드가 이전 규칙을 따르는 노드에 비해 다수가 되는 순간, 모두 새 규칙을 따르게 되는 것을 '소프트포크Soft Fork'라고 한다.

앞서 살펴본 것처럼 소프트포크는 새로운 규칙에 찬성하는 그룹이 더 많아져야 성공할 수 있다. 새로운 규칙에 찬성한 B 그룹이 블록을 앞서지 못하면 새로운 규칙은 자리 잡지 못하고 실패로 돌아간다. 이때 새로운 규칙을 반영할 수 있는 그룹은 두 가지로 세분할 수 있다. 완전 노드 그룹 중 채굴까지 하는 그룹과 완전 노드이면서 채굴은 하지 않는 그룹으로 나눌 수 있다. 완전 노드 중 채굴에 참여하지 않는 그룹은 비록 블록을 만들지 않지만 블록과 트랜잭션의 검증에는 참여할 수 있으므로 블록체인 데이터의 검증에는 영향을 미칠 수 있다. 이때 채굴자들에 의존하지 않고 전체 완전 노드의 의견에만 의존해 소프트포크를 진행하려는 방식을 통상 사용자 활성화 소프트포크UASF, User Activated Soft Fork라고 부른다.

한편 시스템의 절대 해시 파워를 갖고 있는 채굴자들의 의견에 의존해 소프트포크를 진행하려는 방식을 채굴업자 활성화 소프트포크MASF, Miners Activated Soft Fork라고 부른다. 통상 MASF로 진행한 소프트포크는 실패할 확률이 적고 신속하게 반영할 수 있지만, UASF로 진행한 소프트포크는 향후 채굴업자의 협조 여부에 따라 실패할 가능성도 배제할 수 없으며, 반영 속도도 느린 편이다. 그러나 MASF는 채굴업자들이 악용할 경우 시스템에 악영향을 끼칠 수 있다. 경우에 따라 자신들에게만 유리한 규칙을 힘의 논리를 이용해 언제든 시스템에 전파할 위험성이 있기 때문이다.

지금까지 비트코인 코어는 여러 번 소프트포크를 사용했지만 단 한 번도 하드포크를 허용한 적은 없다. 하드포크의 필요성에 대해 지금도 많은 의견과 주장이 있지만 여전히 비트코인에는 하드포크가 허용되지 않는다. 반면 다른 많은 알트코인은 수시로 하드포크를 실행했으며, 저마다의 다른 특색을 갖고 있다. 이 하드포크 문제는 비트코인의 영속성과도 연관된 심각한 주제다. 하드포크는 시스템의 유지보수 및 오류 수정을 위해 불가피한 측면도 분명히 있지만, 이더리움 재단 등과 같이 시스템 유지보수 단체가 자신들의 이익을 위해 이를 남용함으로써 탈중앙화를 심각하게 훼손하는 측면도 있다. 이런 관점에서 비트코인은 탈중앙화 정신을 잘 지켜오고 있는 데 반해, 이더리움은 하드포크를 남용해 탈중앙화를 심각하게 해친다는 비난에서 자유롭지 못하다.

아이러니한 사실은 비트코인은 단 한 번도 공식적인 하드포크를 허용하지 않았지만 실제로는 이미 여러 번의 하드포크가 있었다는 점이다. 대표적인 예로 2017년 8월 1일 비트코인 캐시가 하드포크를 통해 비트코인에서 떨어져 나오면서 478559번 블록부터 블록 크기를 8MB로 늘린 새로운 규칙을 적용한 것을 들 수 있다. 또 2017년 10월에는 491407번 블록부터 작업증명 방식에 이쿼해시(equihash)라는 새로운 해시 퍼즐을 탑재한 비트코인 골드가 하드포크를 통해 탄생했다. 이 두 번의 하드포크는 공식적인 것은 아니지만 분명한 하드포크다. 사실상 일정 규모 이상의 사용자 그룹이 형성돼 그들만의 새로운 규칙을 담은 코어 소프트웨어를 사용하기 시작하면 하드포크를 막을 수 있는 방법은 없다. 다만 공식적인 하드포크가 아닐 뿐이다. 이 때문에 이러한 하드포크를 UASF에 빗대 UAHF(User Activated Hard Fork)라 부르기도 한다.

포크 문제는 탈중앙화 프로그램의 유지보수가 얼마나 불편하며 비효율적인지를 보여주는 동시에 블록체인이 상업용으로 이용되기에는 거의 불가능한 결정적 이유가 되기도 한다. 문제점을 발견해 시급히 개선해야 하거나 더 좋은 기능을 개발하더라도 이를 반영하는 것이 용이하지 않기 때문이다.

4.5.3 세그윗과 세그윗 2X

앞서 하드포크가 필요한 경우로 블록의 크기 제한을 예로 들었다. 과거에 허용되지 않던 1MB를 초과하는 블록이 새로 허용돼야 하는 규칙 변화가 필요하므로 원칙적으로 하드포크가 필요하다. 그러나 하드포크를 하지 않고도 블록의 크기가 늘어난 것과 같은 효과를 얻을 수 있는 아이디어가 제안됐다. 즉, 소프트포크를 이용해 마치 블록의 용량을 늘린 하드포크와 같은 효과를 줄 수 있는 방법이 제안됐는데, 이를 '세그윗^{SegWit}'이라고 부른다. 세그윗은 목격자 분리^{Segregated Witness}를 줄여 부르는 말이다. 여기서 목격자^{Winess}란 부록에서 설명할 트랜잭션 스크립트에서 잠금장치 부분을 해제시키는 해제 스크립트와 관련됐다. 그림 4-21을 보자.

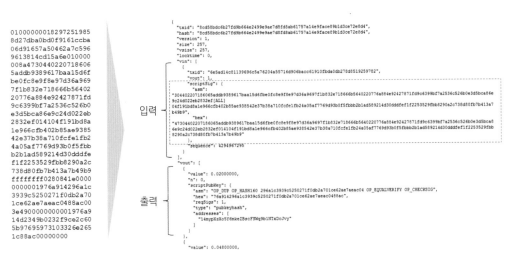

그림 4-21 트랜잭션의 원시 데이터와 JSON 형식으로 표시한 부분

그림 4-21의 점선 부분은 전체 트랜잭션을 전자서명한 값과 소유자의 공개키 값이 들어있다. 이 전자서명과 공개키 값 부분은 전체 트랜잭션 용량의 65%에 이를 정도로 많은 공간을 차지한다. 세그윗은 입력에 있는 이 부분을 완전히 분리한 후 기존의 1MB 블록 영역 밖의 새로운 데이터 구조 영역으로 옮긴다는 아이디어에서 출발했다. 이렇게 하면 서명 분리를 통해 생긴 빈 공간에는 더 많은 트랜잭션을 담을 수 있어 블록이 확장된 효과를 누릴 수 있고, 분리한 서명은 기존의 1MB 블록 영역 밖으로 이동해 저장함으로써 블록이 1MB를 넘을 수 없다는 기존의 규칙도 그대로 지킬 수 있는 일석이조의 효과를 얻게 된다. 세그윗은 기존의 바이트 단위 대신 가중치 유닛^{WU, Weight Unit}이라는 새로운 무게 단위를 도입했는데, 이때 기존의 1MB 블록 영역은 1byte를 4WU로 환산하고, 전자서명을 분리

해 새로 추가한 전자서명의 영역은 1byte를 1WU로 환산했고, 전체 영역은 4,000,000WU 로 제한하는 것을 골자로 한다. 이 방식은 하드포크가 필요했던 사안을 데이터 위치 재배 열이라는 아이디어를 통해 기존의 규칙을 지키면서도 용량이 늘어난 듯한 효과를 얻는 소 프트포크로 진행했다. 세그윗은 2017년 8월 24일부터 실제로 적용됐다.

TIP

세그윗은 원래 트랜잭션 아이디 변경을 통해 시스템을 악의적으로 공격하는 취약점을 막기 위한 보안 해결책으로 제안됐다. 이를 위해 전자서명 부분을 분리하기로 한 것인데, 그에 따른 부수적인 효과로 블록의 크기가 확대된 이점도 얻을 수 있다는 점이 부각됐다. 그러나 세그윗은 용량 문제에 관한 임기응변적 대응일 뿐이라는 점에서 폭넓은 지지를 얻지는 못했다. 어쨌든 WU를 무게 단위로 하면, 서명 부분이 전체의 65%를 차지한다는 가정하에서 간단한 산수를 통해 기존의 1MB가 1.95MB 정도로 늘어난 효과를 볼 수 있음을 알 수 있다.

한편 세그윗과 달리 하드포크를 무릅쓰고라도 하루빨리 블록의 용량을 확대하자는 주장을 세그윗 2X라고 한다. 원래 2017년 11월 16일을 기점으로 하드포크를 하자는 논의가 지속적으로 제기돼 왔지만 충분한 공감대가 형성되지 못해 결국 무산되고 말았다. 세그윗 2X는 현재 1MB로 제한돼 있는 블록의 용량을 하드포크를 통해 그 2배인 2MB로 확대하자는 주장이다.

4.5 채굴의 독점

최초의 비트코인은 가정용 컴퓨터의 CPU를 이용해서도 채굴할 수 있었다. 그러나 채굴 난이도가 점차 높아지면서 CPU를 통한 채굴은 사용 전력에 비해 아주 비효율적인 방법이 됐고 좀 더 강력한 하드웨어를 통한 전문 채굴업자들이 등장하면서 개인용 컴퓨터를 이용한 채굴은 점점 어려워졌다. 사람들은 재빨리 CPU보다 훨씬 효율적인 GPU를 사용하기 시작했다. 원래 GPU는 컴퓨터에서 효율적인 그래픽 처리를 위해 만들어진 그래픽 카드 칩이다. 지금은 CPU를 통한 채굴이 아예 불가능하다.

현재의 비트코인 해시 퍼즐은 채굴에 투입한 에너지에 정비례해 성공 확률이 올라가도록 설계돼 있으며, 이기면 모든 것을 얻지만 지면 모든 것을 잃는 승자 독식 형태의 작업증명 방식을 사용하고 있다. 따라서 채굴을 위한 투자는 점진적이며 합리적인 방식이 아니라 상대를 확실히 이길 만큼의 무자비한 투자여야 한다. 패배하면 모든 것을 잃기 때문에 적당한 투자를 통한 적당한 이익이란 존재하지 않는 치킨 게임이 된다. 여기에 에너지 투입량에 성공 가능성이 계단 형태로 비례하는 결정적 구조로 인해 무자비한 투자를 통한 세력화에 한치의 망설임도 필요 없다. 따라서 비트코인의 이러한 설계 방식은 업체끼리의 끝없는 설비 투자 경쟁에 따른 치킨 게임 과정을 통해 형성하도록 부추기고 있다.

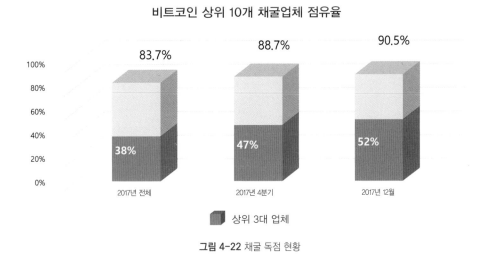

비트코인 상위 10개 채굴업체 점유율

그림 4-22 채굴 독점 현황

그림 4-22는 비트코인 채굴을 독점하고 있는 상위 10개 업체의 블록 채굴 점유율 그래프다. 2017년 전체 평균으로 보면 상위 10개 업체가 83.7%의 채굴을 독점했지만 마지막 한 달만 보면 90.5%까지 독점율이 치솟았다. 이들 상위 10개 업체가 2017년 한 해 동

안 채굴한 블록은 전체 블록의 83.7%에 해당하는 46,933개고, 이를 통해 얻은 비트코인은 무려 676,874 BTC다. 이를 최고 시세인 1 BTC당 2,500만 원으로 환산하면 17조 원에 이른다. 17조 원은 2017년 우리나라 은행들의 당기 순이익을 모두 합친 것[6]보다 훨씬 더 많다. 한편 빨간색 막대로 표시한 것은 상위 3대 업체의 점유율로 2017년 평균 38%였던 것이 2017년 마지막 달에는 무려 52%대로 올라와 드디어 절반을 넘어섰다. 전체 블록의 과반을 단 세 개 업체가 독점하고 있는 것이다.

전체의 과반을 차지하는 상위 3대 업체는 모두 중국 업체이며 10대 채굴업체에 속한 나머지 기업들도 대부분 중국 업체가 직접 운영하거나 간접적으로 참여하고 있다. 사실상 중국이 전 세계 비트코인 채굴을 완전히 장악하고 있는 것이다. 비트코인 지갑을 설치한 사람은 이미 1,500만 명을 넘어선 것으로 파악되고 있는데, 이들 모두 단 10개 업체에 전체 트랜잭션을 의존하고 있는 셈이다. 채굴업체는 수수료를 받고 트랜잭션을 중계해주는 기존의 은행을 완벽히 닮았다. 99.9999%의 이용자들은 0.0001%의 채굴업체들이 자신의 트랜잭션을 제때에 처리해주기만을 전적으로 의지하고 있다.

이러한 채굴 편중의 주범은 해시 퍼즐과 난이도 조절 설계의 결함이다. 비트코인의 난이도 조절은 무어의 법칙에 따른 하드웨어 발달을 대비한 것이었으며, 설계대로라면 2020년 8월 말 기준의 난이도는 제네시스 블록보다 약 220배만 상승해야 한다. 그러나 실제 난이도는 그보다 773억 배나 더 높은 약 17조 배다. 이는 해시 퍼즐이 전용 기계(ASIC)를 동원한 자원의 독점을 효과적으로 막지 못한 설계상의 결함이다. 17조 배나 상승한 난이도를 감당할 수 있는 채굴업체는 이제 없다. 더 이상 채산성에 의한 손실을 감당할 수 없기 때문이다. 이더리움이 했던 것처럼 하드포크를 통해 난이도를 인위적으로 일시에 대거 내리는 방법도 있을 수 있지만, 이때는 대혼란이 야기되는 것은 물론 하드웨어 자원의 잉여에 의해 가파르게 다시 지금의 17조 배까지 난이도가 급상승할 것이므로 근본적 치유법

---

6   금융연구원은 〈2017년 금융 동향과 2018 전망 세미나〉에서 2017년 국내 은행 당기 순이익을 12조 9천억 원으로 추산했다.

이 되지는 못한다. 현재로서는 이 결함을 치료할 방법이 없다. 비트코인은 치료약이 개발되지 못한 채 시한부 삶을 살고 있는 셈이다.

4.6 51% 공격

비트코인 시스템은 리더로 선출된 노드에 의해 지배된다. 따라서 리더는 편중됨 없이 최대한 랜덤하고 다양하게 선출돼야 생태계의 안정성을 극대화할 수 있다. 그러나 만약 어느 한 집단에서 지속적으로 리더가 선출되는 상황이 발생하면, 시스템의 무결성과 안정성은 심각한 타격을 입는다.

해시 퍼즐을 풀기 위해 동원할 수 있는 계산 능력을 통상 해시 파워[Hash Power]라 부른다.

'해시 퍼즐을 해결할 수 있는 힘'이라는 뜻이다. 한 집단이 월등한 하드웨어를 모두 합쳐 세력화한 후 블록 만들기 시합에서 높은 확률로 항상 이길 수 있는 해시 파워를 가진 상황을 가정해보자. 이 경우 리더는 이 집단에서 지속적으로 선출될 것이고, 이를 통해 시스템의 대다수 블록은 이 세력이 생산한다. 이들은 블록 생산력을 악용해 자신들이 원하는 대로 트랜잭션을 임의로 구성함으로써 시스템을 공격할 수 있는데, 이러한 극단적인 상황을 상징적으로 '51% 공격'이라고 한다. 특정 세력이 해시 파워 결집을 통해 블록 생산권을 장악하면 이 세력이 작성한 블록체인의 무게가 항상 앞서 나갈 것이고 현재 가장 무거운 블록체인 데이터라 하더라도 5~6개 정도의 블록은 따라잡아 이전에 만들어진 블록을 모두 폐기시켜 버릴 수도 있다. 이 경우 이전의 블록 보상금은 모두 날아가고, 새로 블록을 만든 자들이 그 보상금을 약탈한다. 또한 자신들의 입맛에 맞는 트랜잭션만 처리할 수도 있다. 처리할 트랜잭션은 전적으로 채굴업자가 임의 선택할 수 있기 때문이다.

그러나 이런 51% 공격이 발생할 가능성은 충분하지만 실제로 일어날 가능성이 그리 높지 않은 이유가 몇 가지 있다. 첫째, 51% 공격을 위해서는 하드웨어 등의 자원에 막대한 투자를 해야 하는데 그 투자 규모에 비해 시스템을 장악한 후에 얻을 수 있는 실익이 정작 그리 크지 않다. 앞서 5~6개 정도의 블록을 따라잡아 이전의 보상금을 약탈한다고 했는데 해시 파워를 장악하더라도 이론적으로 6개 이상의 블록을 앞지르는 것은 거의 불가능하므로 약탈에 한계가 있는 데다가 약탈할 시간에 차라리 새로운 블록을 생성해 새로운 보상금을 받는 것이 더 간단하고 효과적이기 때문이다. 또한 블록 자체는 모든 노드가 검증하기 때문에 정해진 규칙을 모두 지키면서도 할 수 있는 나쁜 짓(?)을 찾아야 한다. 따라서 타인의 비트코인을 뺏는 일 따위는 애초에 불가능하다. 규칙을 지키면서 할 수 있는 나쁜 짓 가운데 성공 확률이 가장 높은 것은 이중사용의 시도다. 자신이 블록 독점권을 갖고 있으므로 늘 성공 가능성이 높은 나쁜 짓이다. 블록 독점권을 가졌다는 것은 트랜잭션 선택권을 가졌다는 것과 같은 의미이기 때문이다. 그러나 이중사용은 기본적으로 자신의 비트코인을 두 번 사용하려는 것이지, 남의 비트코인을 내 것으로 만드는 것은 아니다. 또한 이중사용은 상대방이 오랫동안 (예를 들어 6 확인 이상) 기다리면 무조건 실패한다. 따라서 블록 생산권을 독점하더라도 어떤 경우이든 타인의 비트코인에 손을 댈 수는 없다. 둘째, 공격을 감행할 정도의 해시 파워를 가진 세력은 대부분 대형 채굴업자들로, 기존에 채굴한 암호화폐를 가장 많이 보유하고 있는 큰손들이기 때문이다. 이들의 이익이 극대화되는 방법은 기존에 채굴해 둔 암호화폐의 가치가 최대한 상승하는 것인데, 자신들이 시스템을 공격해 가치를 떨어뜨릴 하등의 이유가 없다. 이 때문에 가능한 시스템을 최대한 안정적으로 유지함으로써 자신들이 보유한 암호화폐의 가치를 더 높이려 하기 때문에 공격을 감행하지 않는다.

한편 블록 생산권을 독점한 세력이 이를 시스템의 규칙 장악에 악용하기 시작하면 문제는 훨씬 심각해진다. 시스템의 블록 생산권을 장악하면 소프트포크나 하드포크를 감행 혹은 거부할 수 있는 막강한 권력을 사용할 수 있다. 또한 실익과 상관없이 블록 독점권을 갖는 순간 시스템을 엉망으로 만들 방법은 무수히 많다. 예컨대 자기가 만든 블록에는 오직 하나의 트랜잭션만 담거나 아예 트랜잭션을 담지 않아 타인의 거래를 방해하는 것이다. 그 경우 하루 30만 개 이상 만들어지는 트랜잭션은 어디에도 기록될 수 없어 거래 자체가 불가능해지는 상황이 초래될 수 있다. 그 후 트랜잭션 수수료를 과도하게 책정하고 이 수수료를 지급한 트랜잭션만 처리하도록 시스템을 장악할 수 있다.

실제로 비트코인 시스템은 이미 51% 공격을 당할 수 있을 만큼 특정 세력에 의해 완전히 장악당한 상태다. 단지 아직은 공격하지 않는 것이 더 경제적이므로 가만히 있는 것뿐이다. 한편 이렇게 블록 생산권을 장악한 세력이 등장하면 그동안 뚜렷한 목표가 없던 해커에게 완벽한 타깃을 만들어준다. 그 결과 그 세력의 의도와 상관없이 해커의 공격을 통해 시스템이 장악 당할 수 있는 중앙화 시스템으로 변질된다. 즉, 세력이 생긴 순간, 이미 탈중앙화 시스템이 아니라 중앙화 시스템이 돼 버린 것이다. 그런 관점에서 비트코인 시스템은 더 이상 탈중앙화 시스템이 아니라 채굴권을 장악한 일부 세력이 운영하는 중앙화 시스템인 셈이다.

Memo

사피르슈타인(Ayelet Sapirshtein)과 그 동료들[1]은 2015년 비트코인 공격과 관련한 논문을 통해 이기적 채굴(selfish mining)이나 이클립스 등의 공격법을 동원하면 다양한 종류의 새로운 공격을 시스템에 행할 수 있으며, 이를 통해 25%의 해시 파워만 장악하면 시스템을 무력화할 수 있다고 주장했다. 현재는 비트코인 시스템의 안전성을 상징하는 해시 파워의 장악도를 51%가 아닌 25%로 인정하고 있다. 이기적 채굴 공격법이란, 채굴에 성공한 노드가 검증을 위해 블록을 바로 브로드캐스팅해야 하는 규칙을 따르지 않고, 계속 추가 블록 만들기에 돌입한 후 여러 개의 블록을 한꺼번에 브로드캐스팅하는 공격을 말한다. 한편, 이클립스 공격이란 의도적으로 피어에게 거짓 정보를 흘려 각 노드가 검증에서 제 역할을 수행하지 못하도록 방해하는 공격을 의미한다.

TIP

51% 공격은 노드의 개수와 상관없다. 블록체인과 관련된 가장 엉터리 설명 중 하나가 51% 공격을 노드 개수와 연결지어 '과반수의 노드'로 표현한 것들이다. 51% 공격은 시스템 전체의 해시 파워 중 51%를 장악한다는 의미이다. 즉 단 하나의 노드라도 막강한 연산 능력을 동원하면 51%가 넘는 해시 파워를 가질 수 있고, 100만 개의 노드가 모여도 연산 능력이 떨어지면 51%의 파워를 못 가질 수 있다. 노드 개수와는 무관하다.

5

블록체인의 변형

지금까지 블록체인의 탄생 배경과 그 기술적 구성 요소 그리고 기본 작동 원리를 모두 알아봤다. 앞서 몇 번 언급한 것처럼 사토시 나카모토가 블록체인을 개발한 목적은 추적이 불가능한 거래 시스템이었고, 이를 위해 비트코인은 금융기관을 완전히 배제한 익명의 네트워크를 구성했다. 그러나 해시 퍼즐을 이용해 익명의 시스템에서 구현한 비트코인은 극단적인 비효율과 함께 정보 노출이라는 취약점으로 인해 상업적 용도는 고사하고 변변한 실용례는 찾아볼 수조차 없다. 문제는 이러한 결정적 단점은 개선의 가능성이 거의 없다는 데 있다. 때문에 비트코인을 변형하려는 시도는 초기부터 있어 왔고 다양한 방법으로 진행되고 있다. 5장에서는 이러한 변형을 간략히 살펴본다.

5.1 이더리움과 스마트 컨트랙트

비탈릭 부테린Vitalik Buterin은 러시아의 개발자로, 2011년부터 「비트코인 매거진」의 공동 창업자이자 작가로 참여한다. 몇 년 동안 잡지사를 운영하며 비트코인의 여러 단점을 발견한 부테린은 이를 보강한 새로운 암호화폐를 구상하게 된다. 2015년 7월 30일 부테린은 이를 실행에 옮겨 '이더리움^{Ethereum}'이라는 새로운 암호화폐를 론칭한다.

표 5-1 이더리움과 비트코인의 비교

	비트코인	이더리움
해시함수	SHA-256	SHA-3
해시 퍼즐	계산 집중형(ASIC화 쉬움)	메모리-하드 방식(ASIC화 어려움)
평균 채굴 시간	10분	15초
난이도 조절	2016개 블록(약 2주)	매번(약 15초)
리더 선출 매커니즘	작업증명	작업증명(지분증명으로 변경하려 했으나 두 차례 실패)
블록 수('20년 8월)	약 64만 개	약 1,072만 개
스마트 컨트랙트	부분 지원 (튜링 – 비완전)	지원 (튜링 – 완전)

표 5-1은 이더리움과 비트코인을 간단히 비교하고 있다. 기본적으로 이더리움은 비트코인의 작동 방식을 그대로 베낀 복제품이지만 몇 가지 기능적 개선이나 변화가 있었다. 그 가운데 일부를 살펴보면 우선 이더리움은 해시함수로서 SHA-256 대신 SHA-3라는 새로운 방식을 사용하고 있다. 그러나 SHA-3가 SHA-256보다 더 안전한 것은 아니며, 단지 계산 방식의 차이 정도로만 이해하면 된다. 또 해시 퍼즐 역시 비트코인 방식을 그대로 복제했지만 약간의 변형을 줬다. 비트코인의 해시 퍼즐 계산 방식은 좀 더 빠른 연산 기능에 전적으로 의존하므로 이를 병렬 처리한 전용 칩인 ASIC^{Application-Sepcific Integrated Circuit}으로 설계하기가 용이하지만, 이더리움은 연산 의존도를 낮추기 위해 한 번의 해시 퍼즐 계산을 위해 접근 속도가 상대적으로 매우 느린 메모리의 특정 값을 64회나 읽어오도록 변형했다. 이는 KTX가 300~400km를 질주할 수 있는 엔진을 가져도 직선 선로가 구축되지 않으면 100km 내외로밖에 못 달리는 것에 비유할 수 있다. 즉 느린 메모리 접근 시간이 병목현상이 돼 빠른 연산 시간을 상쇄시켜버리도록 구현한 것이다. 이를 통해 ASIC을 통

한 채굴 독점을 막고자 했다.[1]

한편 채굴 시간은 평균 10분에서 단 15초로 획기적으로 줄였다.[2] 이로 인해 비트코인보다 6년 정도나 늦게 나온 이더리움의 블록은 이미 1,000만 개를 훌쩍 넘어섰다. 리더를 선출하는 방식은 비트코인과 완전히 동일하지만 현재는 지분증명[3]이라는 새로운 방식으로 전환하려고 여러 번 시도했지만 번번이 (채굴꾼의 반대 등으로 인해) 실패했다. 가장 최근 실패한 때는 2020년 1월이었다.

이더리움이 가장 주목받았던 (그리고 아직까지 주목받고 있는) 이유는 앞서 설명한 것처럼 비트코인의 기능을 일부 개선했기 때문이 아니라 바로 '스마트 컨트랙트' 때문이다. 이제 스마트 컨트랙트에 대해 자세히 알아보자.

5.1.1 스마트 컨트랙트

스마트 컨트랙트Smart Contract는 원래 닉 사보Nick Szabo가 1990년대에 제안한 프로토콜 이름이다. 전산학을 전공하고 법률과 경제학도 공부한 것으로 알려진 사보는 디지털 환경을 잘 구성하면 변호사나 법무사 등의 제삼자가 개입하지 않고도 법률행위를 담은 계약이 자동으로 '집행'될 수 있을 것이라 생각하고 이러한 프로토콜 이름을 '스마트 컨트랙트'라고 지었다. 사보는 스마트 컨트랙트가 구현된다면 법률가나 법무사 등에 지불해야 하는 불필요한 수수료가 절감될 수 있을 거라 믿었다. 그러나 스마트 컨트랙트는 단 한 번도 구현된 적도 없고 앞으로도 구현 가능 여부는 미지수이다.

---

1   의도는 좋았지만, 아이러니하게도 실제 채굴 독점은 이더리움이 훨씬 심하다.
2   평균 채굴 시간은 그냥 정한 값이며, 기술 발전에 의한 것은 아니다. 채굴 소요 시간의 길이는 각각의 장단점이 있으며 설계상 철학에 관한 문제다.
3   지분증명 방식은 5장 후반부에서 설명한다.

Memo

스마트 컨트랙트의 개념은 비슷한 시기인 1996년에 이안 그리그(Ian Grigg)가 개발한 '리카르도 컨트랙트(Ricardian Contract)'와 구분된다. 리카르도 컨트랙트는 법률 계약 문서를 안전하고 효율적으로 디지털화해 저장하는 방법에 관한 것이며, 그 '실행'과는 무관하다. 리카르도 컨트랙트는 안전성을 위해 암호화 해시함수를 사용했으며, HTML과 유사한 마크업 언어를 사용해 정보를 추출했다. 사실 이더리움은 스마트 컨트랙트라는 명칭만 사용하고 있을 뿐 실제 효용 측면에서는 닉 사보의 구상과 거리가 멀고, 단지 손쉬운 토큰 발행 기능 정도로만 사용되는 실정이다.

5.1.1.1 이더리움의 스마트 컨트랙트

컴퓨터는 범용 기계 General purpose machine라고도 부른다. 다양한 용도에 쓰인다는 뜻이다. 예컨대 전자 계산기는 사전에 기계적으로 정해진 연산만 가능하며 그 이외의 용도로는 사용할 수 없다. 그러나 컴퓨터에는 기억장치라는 것이 존재해 여기에 어떤 프로그램을 저장하느냐에 따라 용도가 무한히 변경된다. 문서 편집기, 발표 도구, 음악 도구, 스프레드시트, 게임기, 음악 등 프로그램에 따라 다양한 용도로 사용할 수 있다. 이더리움도 이와 비슷하다.

앞서 비트코인의 블록에는 비트코인을 주고받은 거래 내역(트랜잭션)이 적혀 있으며 블록체인의 역할은 네트워크에서 발생한 트랜잭션을 채굴업자가 정한 순서대로 기록하는 것이라고 설명했다. 이더리움은 이렇듯 정적인 기록만 가능했던 비트코인 블록체인을 변형해 프로그램 코드도 저장할 수 있도록 변형한 다음 '스마트 컨트랙트'라고 이름 붙였다. 스마트 컨트랙트는 탈중앙화 응용프로그램 Decentralized Application의 약자인 디앱 혹은 댑 DApp으로도 부른다. 다음 그림을 보자.

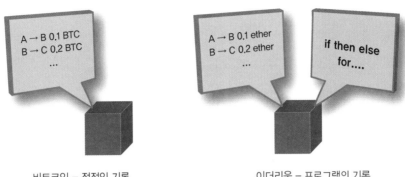

비트코인 – 정적인 기록   이더리움 – 프로그램의 기록

그림 5-1 이더리움 스마트 컨트랙트 개념도

그림 5-1은 이더리움의 스마트 컨트랙트를 개념적으로 비유한 것이다. 왼쪽의 비트코인의 경우 비트코인을 주고받은 정적인 내용이 블록에 기록되는 반면, 오른쪽의 이더리움 블록에는 비트코인식의 정적인 기록은 물론, 프로그램 코드도 저장되는 모습을 보여준다.

기억장치에 프로그램을 바꿔 컴퓨터가 다양한 용도를 가질 수 있는 것처럼 이제 이더리움의 블록에 저장되는 프로그램을 다양하게 바꾸면 블록체인의 용도도 다양해질 수 있게 된 것이다. 이 때문에 이더리움을 '범용 블록체인'이라고 부르는 사람도 있다.

Memo

사실 이더리움의 스마트 컨트랙트는 대단한 것이 아니다. 아키텍처를 범용적으로 구성하는 것은 전산학에 있어 그저 기본 상식에 불과하다. 비트코인 역시 당연히 범용성을 갖추려 했던 흔적이 남아 있다. 비트코인 트랜잭션은 스크립트로 구현돼, 다양한 방법으로 트랜잭션을 표현할 수 있다. 그러나 비트코인이 사용한 언어는 소위 튜링-비완전 언어인 포스(Forth) 기반인 데다, 사용자들의 편리한 개발을 위한 어떠한 툴도 제공하지 않았다. 아마 시간을 더 지연해 범용성을 갖추는 것보다 한시바삐 론칭하는 데 무게를 더 뒀을 개연성을 유추해볼 수 있는 대목이다.

한편 이더리움에 구현된 스마트 컨트랙트는 명칭만 같을 뿐 닉 사보가 구상한 프로토콜과는 거리가 멀다.

사보의 구상의 핵심은 법률행위를 담은 계약을 과연 컴퓨터 프로토콜(편의상 이러한 가상 프로토콜을 P라고 하자)로 표현할 수 있는가에 있는데, 이더리움의 DApp은 단순히 프로그램을 구동하는 '플랫폼'에 불과하다. 쉽게 말하자면 닉 사보의 구상은 P를 만들 수 있을 것인가이지만, 이더리움은 (P가 존재한다면) P를 실행할 수 있는 플랫폼에 불과한 것이다. 단순히 P를 구동할 수 있는 플랫폼은 중앙 서버가 더 효율적일 수 있고 이더리움을 사용한다면 앞서 설명한 것처럼 엄청난 비효율과 자원 낭비를 감수해야만 한다. 이더리움이 등장하고 5년이 흘렀지만 그동안 개발된 DApp이라곤 토큰[4]을 만들거나 단순한 게임 정도가 전부다. 법률의 집행은 고사하고 의미 있는 DApp도 찾아보기 힘든데, 이러한 현상은 다음과 같은 이유에서 기인한다.

첫째, 블록체인의 모든 정보는 노출돼 전혀 보호되지 않는다. 의미 있는 계약은 통상 개인정보를 포함한 민감한 데이터를 다룰 필요가 있는데, 데이터 노출로 인해 원천적으로 제약이 있다.

둘째, 닉 사보 구상의 핵심은 프로그램을 구동하는 플랫폼이 아니라 법률행위를 프로그램으로 표현하는 것이 가능할 것인가이다. 이더리움의 DApp 방식으로 닉 사보의 스마트 컨트랙트를 구현하려면 먼저 복잡한 법률행위를 스크립트 코드로 표현해야 하는데 그 자체가 하나의 새로운 과제이며, 또 그 코드를 보고 해당 법조문을 이해한다는 것은 전산 전문가도 사실상 불가능한 일이다.

셋째, 블록체인 DApp으로 프로그램을 구현하고 실행하는 것은 통상적인 방식에 비해 훨씬 더 많은 비용이 소모된다. 스마트 컨트랙트의 목적은 비용 절감인데, 더 많은 비용이 들고, 더 복잡하고 더 느리며 더 관리가 힘든 방식이라면 굳이 사용할 필요가 없다.

---

4   토큰은 2부에서 자세히 설명한다.

넷째, 블록체인으로는 제삼자가 배제된 거래를 구현할 수 없다. 블록체인은 제삼자의 중계가 반드시 필요한 시스템이다. 이 점은 2부에서 자세히 설명한다.

Memo

암호화폐 커뮤니티에는 과장, 거짓, 선동을 동원해 코인 가격을 부풀리는 소위 '꾼'이 넘쳐난다. 이더리움을 지상 최고의 기술로 호도하고 아마추어 개발자인 비탈릭 부테린을 천재라고 떠받든다. 부테린은 전 세계를 돌아다니며 암호화폐가 미래의 화폐가 될 것이라는 주장을 이어간다. 그야말로 기술의 탈을 쓴 복마전이다.

과연 진정한 디지털 자산이란 무엇인지, 진정한 개발자는 어떠한 모습이어야 하는지 2부에서 진지하게 논의해 보도록 하자.

5.1.2 암호화폐와 토큰

토큰token은 원래 모든 종류의 보상을 통칭하는 광범위한 의미로 사용되는 일반명사다. 토큰의 종류에는 명목화폐, 상품권, 할인권 등이 있으며, 심지어 감사하는 마음이나 칭찬 등과 같은 무형의 행위도 포함될 수 있다. 이 절에서는 일반적인 토큰과는 전혀 다른 의미로 이더리움 진영에서 정의돼 사용되는 의미를 알아보자.

통상 암호화폐는 비트코인과 이더리움처럼 자발적인 네트워크가 형성된 후 충분한 채굴자 집단을 구성해 지속적인 채굴 노동을 제공해야 비로소 운영할 수 있다. 따라서 새로운 암호화폐를 발행하려면 오픈소스 등의 덕분으로 프로그램 자체는 비교적 간단히 해결할 수 있지만, 네트워크를 운영할 참여자를 모집하고 일정 이상의 채굴 집단을 형성해 안정성을 확보하는 것이 지극히 힘들다.

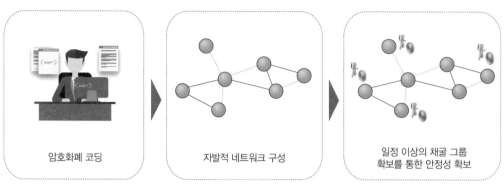

그림 5-2 암호화폐 네트워크 구축을 위한 단계

이더리움은 이런 어려움을 간파하고 자신들의 커뮤니티를 활성화시킬 목적으로 간단히 암호화폐를 발행할 수 있는 새로운 방법을 제시했다. 즉, 블록에 저장되는 스마트 컨트랙트의 기능을 암호화폐를 발행하고 이전하는 것으로만 구성하면 기존의 이더리움 네트워크를 그대로 활용해 손쉽게 암호화폐를 생성할 수 있는 것이다.

이렇게 자체 네트워크를 갖추지 않고 스마트 컨트랙트를 이용해 발행한 암호화폐를 자체 네트워크를 갖추고 발행된 암호화폐와 구분하기 위해 이더리움 커뮤니티를 중심으로 '토큰'이라는 별도의 용어를 사용하기 시작했다. 자체 네트워크는 메인 넷^{Main Net}이라고도 한다. 이더리움 재단은 자신들의 네트워크를 더욱 활성화시키기 위해 스마트 컨트랙트를 이용해 암호화폐를 만들 것을 적극 권장했고, 여러 표준을 만들어 소스 코드로 제공하고 있다. 이들은 ERC-20을 필두로 ERC-721, ERC-998과 같은 새로운 표준을 계속 만들고 있다.

5.1.2.1 ERC-20

ERC는 Ethereum Request For Comment의 약어로, 이더리움 커뮤니티에서 사용하는 RFC를 의미한다. ERC-20은 이더리움에서 만든 암호화폐 발행 프로그램의 표준이며 기본 템플릿과 함께 제공돼 숙련된 전문가의 경우 10분 정도면 새로운 암호화폐를 만들 수 있을 정도로 간단하다. 이 표준적 방법을 사용할 때의 가장 큰 이점은 별도 네트워크를 구성하지 않아도 된다는 것이지만, 그와 함께 ERC-20으로 발행된 토큰은 동일한 지갑을 사용해 주고받을 수 있다는 장점도 생긴다. 한편 ERC-20 표준에는 심각한 결함이 발견돼 새로운 표준인 ERC-223이 제안된 상태지만 기존에 발행된 대부분의 토큰은 ERC-20으로 돼 있다. 2021년 4월 23일 현재, 이더리움에 존재하는 ERC-20 토큰은 무려 389,081개에 달한다.^J

5.1.2.2 ERC-721

화폐는 액면이 그 가치를 결정한다. 모든 만 원권 지폐는 서로 맞교환이 가능한 동일한 가치를 갖고 있다. 즉 어디에 있는 누구의 만 원권이든 그 가치가 동일하다. 그러나 고려청자는 그 자체로 고유하며 맞교환 가치가 동일한 대상 같은 것은 존재하지 않는다. 이처럼 실물 세계의 고유 목적물을 디지털 목적물로 흉내 낸 것이 바로 ERC-721이다. ERC-20이 일반 화폐와 유사하게 그 액면으로 가치가 결정되는 것에 비해 ERC-721은 각각이 고유물이며 그 가치가 모두 다르다. 대표적인 것이 크립토키티^{Crypto Kitty}라는 가상의 고양이를 생성하는 프로그램이다. 단순한 게임이기도 한 크립토키티는 ERC-721 표준을 사용해 가상의 고양이를 생성한다. 이 고양이는 이전이 가능하다. 그러나 모든 고양이는 고유해서 그 가치는 늘 변동된다. 고양이가 팔리니 고유 목적물로서 돌과 공룡도 등장했고, 시간이 지나면서 더욱 다양한 형태의 가상의 고유물이 ERC-721로 구현되기 시작했다. 2021년 4월 23일 기점으로 이더리움에 있는 ERC-721은 무려 10,672개에 달한다.^J

Memo

이러한 토큰은 단순히 암호화폐를 발행하고, 이전하는 것 이외에 그 어떤 효용도 갖고 있지 않다. 39만 개나 되는 토큰 중 약 1천여 개는 중개소를 통해 실제로 판매되고 있으며, 그중 상당수는 중개소들이 스스로 발행한 토큰이다. 토큰의 매매가 활성화되면, 사용자들이 지불한 돈은 고스란히 중개소의 주머니에 쌓인다. 마치 화수분을 가진 것과 같다.

ERC-721은 최근 NFT라는 이름으로 둔갑해서 다시 주목받고 있다. NFT는 '대체 불가능한 토큰Non-fungible Token'이라는 뜻이다. NFT가 마치 디지털 저작물의 권리를 고유하고 안전하게 저장해 주는 것처럼 호도돼 사람들을 유혹하고 있다. NFT는 앞서 설명한 대로 단순 토큰에 불과하다. 토큰에 식별자만 넣은 개념으로서 자동으로 권리 증명을 해 준다는 것은 불가능한 '불안정하고 원시적'인 방식이다. 지면상 자세한 내용은 생략한다. 이에 관심 있다면 인터넷에 "이병욱 NFT"을 검색해서 그간 NFT 관련해 다양하게 기고해 둔 칼럼이나 동영상 등을 통해 좀 더 자세히 이해할 수 있다. NFT를 마치 자동으로 디지털 권리를 증명해 주는 기술인 것처럼 써놓은 인터넷 자료들은 모두 엉터리이니 조심해야 한다.

5.1.3 블록체인에 관한 닉 사보의 평가

닉 사보는 여러 암호화폐 개발 과정에도 관여했고 그가 구상했던 비트골드[5]의 아이디어의 상당 부분은 비트코인에 고스란히 구현돼 있으며 사보가 제시한 스마트 컨트랙트라는 개념은 이더리움에서 그 명칭을 사용하고 있다. 그렇다면 닉 사보는 과연 블록체인과 이더리움의 스마트 컨트랙트를 어떻게 평가하고 있을까?

2019년 10월 15일, 닉 사보는 블록체인과 이더리움에 관한 자신의 생각을 트위터에 올렸다.

> "명백히 드러나게 악한 자들은 별로 없기 때문에 (알아채는 데) 시간이 다소 걸리긴 했지만, (블록체인 운영자들은) 독립성과 불변성을 외치면서 스스로 신뢰를 무너뜨리고, 탈중앙화를 외치면서 점점 더 중앙화돼 가고 있다는 것을 알게 됐다. 모든 블록체인에는 결함이 있다. 그 어떤 것도 금융에 적합하지 않으며 특히 이

---

5 비트골드에 관해서는 2부에서 자세히 알아본다.

더리움은 단순 토큰 이상으로 쓰기에는 매우 심각한 위험을 안고 있다."

닉 사보 역시 블록체인은 무용지물에 가깝고, 이를 운영하고 있는 자들은 대중을 호도하는 신뢰할 수 없는 집단으로 느끼고 있는 듯하다.

5.2 하이퍼레저와 프라이빗 블록체인

이더리움은 비트코인의 복제품이다. 부분적으로 기능적 개선도 하고 스마트 컨트랙트라는 이름을 붙인 DApp을 통해 블록에 프로그램을 저장할 수 있도록 변경했지만 블록체인의 근본적인 한계, 예컨대 작업증명이라는 극도의 비효율, 정보 노출의 문제점 등은 그대로 남아 있다. 따라서 이 역시 상업적 용도나 기타 유용한 용도로 사용하기에는 불가능하다고 볼 수 있다. 지금까지 살펴본 블록체인의 근본적인 문제점[6]을 종합해보면 대체로 다음과 같다.

첫째, 블록체인에 저장된 모든 데이터는 노출된다. 정보보안이 불가능하다.

둘째, 극단적 비효율로 인해 블록체인의 운영에는 천문학적인 자원이 소요된다.

셋째, 블록체인은 투명성을 알 수 없는 사집단이 유지보수하며 그 안정성을 담보할 수 없다.

이러한 태생적 한계를 극복하기 위해 기존의 블록체인과는 완전히 다른 새로운 형태의 변형이 등장하게 됐다. 리눅스 재단이 주도가 된 이 프로젝트의 이름은 '하이퍼레저Hyper Ledger'였으며 이들이 던진 근본적 질문은 다음과 같다.

  "블록체인은 왜 익명이어야 하는가?"

---

6   근본적인 문제점이라 함은 개선이 불가능하다는 의미를 내포하고 있다.

5.2.1 하이퍼레저 패브릭

하이퍼레저는 엄브렐러[Umbrella] 프로젝트[7]로 그 안에 또 다른 12개의 프로젝트를 내포하고 있다. 그 가운데 6개가 프레임워크와 관련된 것이다. 다음 표를 보자.

표 5-2 하이퍼레저 프레임워크 프로젝트들

프레임워크	특징
쏘투스(SawTooth)	인텔이 주도. 오픈소스 블록체인
아이로하(Iroha)	기존 인프라 위에 분산원장 접목. 모바일 라이브러리와 애플리케이션에 중점을 둠
패브릭(Fabric)	IBM이 주도. 모듈식 구성의 조합을 통한 새로운 형식으로 구성할 수 있다.
버로우(Burrow)	이더리움 스크립트를 그대로 사용할 수 있도록 한 것이 특징. 인텔과 Monax가 지원하는 리눅스 프로젝트
인디(Indy)	탈중앙화 신원을 관리하는 툴과 라이브러리를 구현하는 것을 목표로 함
그리드(Grid)	전 산업에 사용 가능한 공급 사슬망의 원장을 구현하기 위한 프로젝트

표 5-2는 하이퍼레저 프로젝트 아래에서 진행되고 있는 6개의 프레임워크 관련 프로젝트와 그 특징을 보여주고 있다. 이들 프로젝트 중 현재 업계에서 가장 보편적으로 사용되는 것은 IBM이 주도가 된 패브릭[Fabric]으로, 최근에는 하이퍼레저란 곧 하이퍼레저 패브릭을 의미하는 것일 정도로 널리 퍼졌다. 패브릭이 비교적 단시간에 업계에 퍼지게 된 이유 가운데 하나는 IBM이 오픈소스 정책에 따라 4만여 줄에 달하는 소스 코드를 완전히 공개했기 때문이다.

패브릭은 비트코인과 그저 '다르다'고 설명하는 것보다 '정반대'라고 설명하는 것이 더 정확할 정도로 유사한 점이라고는 찾아보기 힘들다. 다음 표를 보자.

---

7 엄브렐러 프로젝트는 그 안에 다른 서브(Sub) 프로젝트를 포함하고 있는 상위 프로젝트를 의미한다.

표 5-3 비트코인과 패브릭의 비교표

	비트코인/이더리움	하이퍼레저 패브릭
익명성	익명	실명
연결 형태	P2P	중앙 집중식
참여 자격	누구나	인증 필요
중앙 서버	없음	있음
주 목적	암호화폐	일반 프로그램

표 5-3에서 비트코인과 하이퍼레저 패브릭을 비교해보면 반대말 채우기 같은 느낌이 들 정도다. 무엇보다 패브릭은 익명이 아닌 실명으로 구성되며 중앙 서버에 의해 통제된다. 이러한 시스템을 블록체인이라 부르는 것은 그들의 자유지만, 이를 통해 이제 더 이상 블록체인이라는 단어에는 분류의 기능이 사라져버렸다. 정반대의 목적물이 동일한 단어를 사용하기 있기 때문이다.

패브릭은 중앙 서버가 통제하는 폐쇄형 시스템이므로 블록체인에 존재하던 '정보의 노출'과 '비효율' 문제는 사라지므로 상업적 용도로 사용될 수 있는 최소한의 조건이 갖춰진 셈이다.

TIP

패브릭에서 블록체인의 근본적 문제가 모두 사라지는 것은 당연하다. 패브릭은 블록체인이 아니기 때문이다. 따라서 애초부터 블록체인의 문제가 존재할 리 없다.

패브릭은 2장에서 정의한 블록체인의 성질을 단 하나도 만족하지 않는다. 패브릭을 마치 기존 블록체인의 문제를 개선한 새로운 아키텍처로 호도한다면 이는 그저 비뚤어진 상술에 불과하다는 비판에서 자유로울 수 없을 것이다. 하이퍼레저는 블록체인이 아니지만 책에서는 시중의 하이퍼레저 프로젝트 사례를 비롯해 설명을 위해 필요할 경우 블록체인이라 쓰도록 하겠다.

5.2.1.1 프라이빗과 컨소시엄 블록체인

앞서 하이퍼레저가 던진 "왜 익명이어야 하는가?"라는 질문은 다른 측면에서 보면 "그게 아니면 왜 블록체인인가?"로 바꿔 생각해볼 수도 있다. 패브릭은 여러 측면에서 기존의 블록체인과는 상당히 다른 속성을 갖고 있다.

한편 하이퍼레저의 등장과 함께 프라이빗^{private} 블록체인이라는 용어가 등장했다. 이는 스스로를 비트코인과 구분하기 위해 만든 명칭으로, 전통적인 블록체인은 퍼블릭^{public} 블록체인이라 구분해 부르고 하이퍼레저는 프라이빗 또는 컨소시엄 블록체인이라 부르기 시작했다. 현재 프라이빗 블록체인이라는 용어는 사전에 인가된 내부 서버를 노드로 구성한 블록체인 네트워크를 지칭하는 용어로 사용되고 있다. 한편 그 네트워크의 구성체가 단일 회사로만 이루어진 경우와 복수 개의 회사가 모여 이뤄진 경우를 구분해서 각각 프라이빗 블록체인과 컨소시엄 블록체인이라는 용어를 사용한다. 2018년에 15개 은행이 연합해 구축한 뱅크사인이라는 프로젝트가 대표적인 컨소시엄 블록체인이다. 뱅크사인은 2부에서 다시 살펴보기로 하자.

Memo

> 프라이빗과 컨소시엄 블록체인이 과연 기존의 시스템과 다른 어떤 효용이 있는지는 좀 더 지켜봐야 할 것 같다. 그 구성 아키텍처만 놓고 보면 특히 프라이빗 블록체인은 일반적인 중앙 집중 시스템과 구분하기 힘들다. 유일하게 비슷한 점은 의도적으로 개입시킨 '중복' 연산 정도다.[8]
>
> 한편 컨소시엄 블록체인의 경우에 여러 회사가 서로 협업한다는 모델이라는 점에서 새로운 시도가 가능할 수 있다. 특히 서로 고립된 생태계로 성장해온 금융계의 경우에는 각 회사 간 협업이라는 생소한 세계로의 여러 가능성을 실험해볼 수 있을 것이다. 그러나 협업을 위한 아키텍처는 매우 다양하다는 점과 패브릭은 협업 중에서도 주로 반복 검증의 기능에만 집중된다는 점을 고려해보면 협업을 위한 여러 인프라 후보 중 하나로 패브릭은 향후 여러 가지 측면에서 그 효용을 검증받아야 할 것이다. 분명한 것은 명칭보다 중요한 것은 실제 효용이라는 것이다. 마케팅 용어에 매몰돼 주객이 전도돼서는 안 될 것이다.

---

8   따라서 기존의 방식보다 매우 비효율적이다.

5.3 지분증명 등 그 밖의 변형

한편 블록체인에는 또 다른 변형이 있다. 그 가운데 대표적인 것이 바로 지분증명이다. 지분증명은 작업증명의 극단적인 비효율을 개선하기 위해 나온 리더 선출 방식이다.

5.3.1 지분증명

지분증명의 철학은 네트워크에 기여한 공헌도가 높은 사람을 리더로 선출하자는 것이다. 가장 간단한 방법은 현재 보유하고 있는 암호화폐의 수량이 가장 많은 노드를 리더로 선출하는 것이다. 이 때문에 리더 선출을 위해 해시 퍼즐로 에너지를 소모할 필요가 더 이상 없다. 그러나 보유한 암호화폐의 수량에 따라 리더를 선출하면, 선출된 노드가 지속적으로 더 많은 암호화폐를 축적하고 영구히 리더가 돼 시스템을 독점하는 극단적 상황이 쉽게 발생할 것이다. 이런 문제점을 해결하기 위해 통상 보유 수량과 함께 투표 방식을 다양한 형태로 접목한다. 지분증명은 그 방식에 따라 특정 조건을 만족하는 다수가 블록 생성을 다투는 체인-기반의 방식[9]과 사전에 정해진 소수의 노드 중 선택된 리더가 고정적으로 블록을 생성하고 나머지 노드는 통상 투표 방식으로 검증하는 BFT-기반 방식[10]으로 나눈다.

Memo

지분증명 방식은 소수의 검증 집단에만 권한이 부여된다는 점에서 누구나 검증에 참여할 수 있는 익명의 블록체인 환경과는 거리가 멀다. 이 때문에 지분증명 방식을 도입하는 순간 더 이상 블록체인이라고 보기 힘들다. 지분증명 방식은 신뢰받는 '제삼자가 필요 없는' 익명 시스템이 아니라 사전에 정의된 소수의 집단이 제삼자가 되고 이들을 '신뢰해야만' 작동하는 기형적 시스템이다. 이는 "중앙정부는 믿지 못하겠으니 (정체를 알 수 없는) 우리를 믿으라" 하고 주장하는 것과 같다. 이런 비상식적인 아키텍처가 도대체 왜 필요한지는 아무도 답하지 못하고 있다.

---

9   이 방식에도 동시에 블록이 생성될 수 있으며 그런 경우에는 비트코인의 탈중앙화 합의 방식을 그대로 사용한다.

10   Byzantine Fault Tolerant의 약자다. 5.4절을 참고하라.

5.3.1.1 지분증명의 허구

신뢰는 돈이다. 신뢰가 사라지면 이를 보충하기 위한 막대한 비용이 소모된다. 작업증명은 신뢰가 없는 네트워크에서 합의를 이루기 위해 치러야 하는 대가다. 지분증명에 에너지가 들지 않는 이유는 지분증명에 의해 선출된 노드를 '신뢰'해야만 작동하기 때문이다. 그러나 신뢰를 바탕으로 한 네트워크를 구성하려면 굳이 중앙화 시스템을 버리고 블록체인을 사용할 이유가 없다. 이 때문에 지분증명 블록체인은 그 목적이 불분명한 모호한 시스템일 수밖에 없다.

지분증명이 마치 작업증명을 대체할 수 있는 획기적인 개선인 것처럼 호도하는 사람들이 있다. 그들은 지분증명이 에너지를 절감할 수 있고, 위임 지분증명을 통해 속도도 획기적으로 증가시킨다고 주장한다. 그러나 에너지 절감과 속도 향상은 중앙화 서버를 쓰면 극대화된다. 지분증명같이 탈중앙화도 아니며, 중앙화 시스템보다 더 비효율적이고, 안전성도 담보할 수 없는 시스템을 사용할 이유가 없다. 지분증명은 작업증명과는 완전히 다른 방식이며, 탈중앙화와도 거리가 멀다.

Memo

지분증명의 좀 더 극단적인 방식은 위임 지분증명(DPOS, Delegated POS)이다. 이 방식은 지분증명에 의한 리더 선출에만 그치지 않고, 생성된 블록의 검증에도 오직 선택된 소수만 참여시키는 배타적 방식이다. EOS의 경우 BP(Block Producer)라고 부르는 21개의 선출된 노드가 배타적으로 모든 블록의 생성과 검증을 도맡아 한다. 이들의 투명성과 안정성을 담보할 수 있는 유일한 장치는 이들을 '신뢰'하는 것이다. DPOS는 선출된 노드를 절대적으로 신뢰해야만 작동하는 것이다. 스스로는 다수결이라는 투명한 방법을 사용한다고 주장하지만, 다수결 자체가 투표에 참여한 사람들의 공정성을 '신뢰해야만' 작동하는 시스템이다. EOS는 자신들을 BFT 기반의 DPOS 지분증명이라고 거창하게 소개하지만, EOS를 한마디로 요약하면 '정체가 불분명한 21개의 노드를 신뢰해야 하는 중앙화된 시스템'이다. 한편 21개의 노드 선출 시 중국 중개소 후오비가 매수를 통해 투표를 조작했다는 의혹과 함께 그 증거도 제기된 상태다. 2017년 말 대한민국에서는 EOS의 하루 거래량이 비트코인의 10배인 2조 원에 육박했고, 이는 전 세계 거래량

5.3.2 그 밖의 변형

여러 변형이 있지만, 작업증명이 가지고 있는 탈중앙화 성질을 구현한 것은 단 하나도 없다. 현재까지 탈중앙화에 가장 근접한 방식은 작업증명뿐이며 나머지는 모두 통제 서버가 개입된다. 리플과 페이스북의 리브라 등 수많은 아류들이 만들어지고 있지만 모두 블록체인이란 용어만 사용하고 있을 뿐, 블록체인이 아니다. 페이스북의 리브라에 관해서는 2부에서 좀 더 알아보자.

5.4 비잔틴 장군 문제

화학공장을 생각해보자. 공장에서는 정해진 온도에 맞춰 여러 혼합물을 섞어 제품을 생산한다. 이때 온도 측정이 잘못되면 전체 혼합물을 못쓰게 돼 엄청난 손실을 초래하게 된다. 이런 경우 온도계를 하나만 쓰는 것은 매우 위험한 발상이다. 온도계가 고장 날 수 있기 때문이다. 따라서 온도계를 여러 개 설치해 두고 중복해서 측정할 필요가 있다.

만약 n개의 온도계를 설치한 후 측정한 온도 값이 서로 상이하다면 과연 어느 온도계의 값을 따라야 할까? 만약 5개의 온도계 중 4개는 모두 같은 값인데, 나머지 하나만 다른 값이라면 당신은 어떤 값을 따르겠는가? 일치된 4개의 값을 따르는게 상식에 부합할 것이다. 물론 4개가 모두 고장 나고 정작 값이 다른 나머지 한 개가 정확한 값일 가능성도 있다. 그러나 확률적으로 4개가 모두 고장 나고 또 같은 값을 가리킬 가능성은 희박하므로 4개의 값을 따르는 게 더 이성적일 것이다. 한편 이런 경우는 온도계를 중복 구매한 것이 정당화될 수 있다. 여러 개의 온도계를 중복 구매한 낭비보다 안정성을 높이는 것이 더 중요하기 때문이다.

합의(agreement)는 정답을 의미하는 것이 아니라 단지 같은 값으로 통일할 수 있다는 것만을 의미한다. 온도계의 예처럼 같은 값을 가진 4개 온도계의 값으로 결정(합의)한다고 해서 항상 그 값이 옳다는 보장은 없다. 다만 확률적으로 거의 대부분 옳을 것이라 기대할 수는 있을 것이다.

네트워크 역시 수많은 오류가 발생한다. 네트워크를 구성하는 각 컴퓨터 자체가 오류를 일으킬 수도 있지만, 데이터 전송 매체(무선, 유선, 등)도 전송 오류를 일으킬 수 있다. '비잔틴 장군 문제byzantine general problem'란 1982년 레슬리 램포트Leslie Lamport 등이 네트워크를 구성하는 n개의 노드 중 (고장 등으로 인해) 상이한 값을 가진 노드가 m개 있을 때, 네트워크 내에서 합의를 이룰 수 있는 최대 허용치 m은 무엇일까에 대한 연구이다. 이 40년이나 묵은 논문이 블록체인과 함께 최근 다시 소환되기 시작했다. 논문에서는 n개의 노드로 이뤄진 네트워크에서 합의를 하기 위해서는 최대 m = $\lfloor(n-1)/3\rfloor$[11]개의 고장 노드까지 허용할 수 있다는 것을 증명했다. 달리 말하면 네트워크에서 m개의 고장까지 허용하려면 네트워크의 노드는 최소 3m+1개가 있어야 한다고 표현할 수도 있다.

다시 온도계의 예로 돌아가보면, 5개의 온도계가 합의를 이루기 위해서는 $\lfloor(5-1)/3\rfloor$ = $\lfloor4/3\rfloor$, 즉 최대 1개까지의 오류만 허용된다. 또는 온도계의 오류를 2개까지 허용하고 싶다면 최소한 3×2 +1 = 7개의 온도계를 갖춰야 한다는 의미이기도 하다.

---

11 $\lfloor\rfloor$ 기호는 내림 연산을 의미한다.

이 논문은 블록체인의 '중복'에 의한 비효율을 정당화하기 위한 논리적 배경으로도 사용되는데 실제로 IBM의 패브릭은 1982년도의 알고리즘을 조금 개선해 1999년 발표된 pBFT 알고리즘[12]을 그대로 구현하고 있다. IBM이 20년도 더 넘은 알고리즘을 현대에 구현한 이유는 1999년도에 발표된 논문이 마지막이고 이후 이 분야를 연구한 사람이 거의 없기 때문이다. 원래 레슬리 램포트의 논문이 발표된 시점부터 논문에서 제시한 과제 자체는 흥미로우나 응용할 분야가 많지 않다는 점 때문에 사실상 지금까지 외면받아 온 것이다.

따라서 패브릭 또한 마땅한 응용 분야가 없기는 마찬가지이다. 오늘날 컴퓨터 연산에서 프로그램 수행 결과를 믿지 못해 여러 번 반복한 다음 그 결과를 확인해야만 하는 응용 분야가 어디 있을까? 여러분 중 그런 사례를 찾을 수 있다면 패브릭의 적절한 효용을 드디어 찾아낸 최초의 사람이 될 수도 있다. 그러나 그런 분야를 찾기는 쉽지 않을 것이다. 1982년 처음 논문이 나온 이후로 앞서의 온도계, 혹은 비행기의 착륙을 위한 고도 측정 등 물리적 측정치의 안정성을 위한 중복 확인이라는 분야 이외에 소프트웨어에서의 응용 분야는 사실상 찾은 것이 없다.

Memo

비잔틴 장군이라는 명칭은 레슬리 램포트가 과제를 쉽게 설명하기 위해 고립된 비잔틴 장군들에 비유했기 때문에 생긴 말이다. 적군 때문에 산재된 아군들이 서로 연락해서 '동시에' 적군을 공격하든 후퇴하든 해야 승산이 있다. 이때 아군들 끼리 공격이나 후퇴 중 하나의 값으로 '합의'를 이룰 수 있느냐의 문제로 비유했다. 유일한 통신수단인 전령은 적에게 잡힐 수 있으며 심지어 아군에는 스파이도 있다는 비유를 통해 네트워크에서 발생할 수 있는 가장 복잡한 오류 상황을 쉽게 설명하고자 했다.

---

12 이 알고리즘의 이름은 practical Byzantine Fault Tolerant라고 부르고, 줄여서 pBFT 방식이라 부른다.

2

암호화폐와 금융 그리고 블록체인의 미래

지금까지 블록체인의 개념과 함께 비트코인의 기반 기술, 작동 원리 등을 알아봤다. 1부에서 다섯 개의 장을 할애해 기술 측면을 비교적 상세히 알아본 이유는 블록체인의 기술적 실체를 더욱 정확히 이해해 2부 내용에 관한 올바른 견해를 돕기 위함이다.

2부는 금융 측면에서 비트코인과 블록체인을 설명하는 이 책의 핵심 부분이다.

6장에서는 화폐에 관한 정의를 통해 화폐로서의 비트코인을 조명해본다. 또 투기와 투자의 차이를 살펴봄으로 비트코인은 투자 대상이 될 수 없음을 설명한다. 7장에서는 블록체인을 둘러싼 잘못된 미신을 알아본다. 8장에서는 가상자산이라는 법적 정의와 함께 암호화폐의 자금세탁과 시세조종에 관해 알아본다.

9장에서는 디지털 자산과 디지털화 자산을 알아보고 CBDC, 자산 유동화 토큰 등 최근 이슈를 살펴보며, 블록체인과 가상자산의 미래를 전망해본다.

6

화폐와 비트코인

비트코인은 과연 화폐인가? 단지 비트코인으로 물건을 살 수 있다고 해서 비트코인이 화폐가 되진 않는다. 당사자들끼리 합의만 한다면 길거리 돌멩이를 주고도 물건을 살 수도 있기 때문이다. 교환 행위가 일부 집단이 아닌 보편적 상식이 될 때 비로소 화폐로의 기능이 가능하다. 또한 화폐는 주관적 가치가 아니라 객관적 가치를 지녀야 하며 이를 통해 다른 물건의 가치를 측정할 수 있는 가치 척도 역할도 수행할 수 있어야 한다. 가치 척도 기능이란 마르크스의 『자본론』에서 제시한 화폐가 가져야 할 조건 가운데 하나다.

6장에서는 여러 종류의 화폐에 대해 자세히 알아보며 과연 비트코인을 화폐라 할 수 있을지 판단해보자. 일반적으로 화폐가 가져야 할 서너 가지 속성을 제시하면서 그 기준을 정의하기도 하지만, 사실 화폐의 개념은 생각보다 더 복잡하다.

6.1 금과 달러

6.1.1 금

화폐의 역사를 논할 때 금을 빼고 이야기하기는 어렵다. 금은 구약성서의 창세기에도 등장할 정도로 오랜 역사를 갖는다. 원자 번호 79번인 금은 '빛나는 새벽'이란 어원에서 알 수 있듯 노란색을 띠는 반짝이는 광물로 공기나 물에 의해 부식되지 않는다.

그림 6-1 금

런던대학교 화학과 교수 안드레아 셀라^{Andrea Sella}는 2013년 BBC와의 인터뷰에서 지구상에서 알려진 모든 원자 구조 중 금이 화폐로 가장 이상적이라고 주장하며 다음과 같이 분석했다. 우선 주기율표상의 원소 중 상온에서 액체나 기체인 것을 모두 제외한 후 금속 중 물에 닿으면 용해하거나 폭발하는 것을 제외한다. 그 뒤 우라늄, 플루토늄, 토륨 같은 방사성 물질은 제외한다. 또 구리나 철, 납 등 녹슬거나 부식되는 금속은 제외한다. 알루미늄은 너무 약해 동전으로 부적합하고 티타늄은 너무 단단해 고대에는 제련이 불가능했다. 이렇게 제외하면 최종 여덟 개의 금속만 남는다. 이리듐, 오스뮴, 루테늄, 백금, 팔라듐, 로듐, 은 그리고 금이다. 이중 금과 은을 제외하고는 모두 극희귀 원소라 구하기도 힘들어 화폐의 수요를 맞추기 쉽지 않을 뿐만 아니라 비등점도 너무 높아 추출하기도 어렵다. 이제 최종적으로 금과 은만 남는다. 금과 은은 대부분 성질에서 화폐에 적합하지만 은은 공기 중에 있는 극소량의 황을 만나도 변색되는 상대적인 단점이 있다. 따라서 지구상에 금보다 더 화폐로 적합한 물질은 없다.[K]

물론 원소의 특성보다는 금은의 매장량과 채굴량이 더 주요한 요소겠지만 원소의 특성상 금이 화폐에 가장 적합하다는 분석이 흥미로운 것은 사실이다. 2013년 기준 세계의 전체 금 공급량은 매장량을 포함해 약 16만 3천톤이고 각국 정부에서 보유하고 있는 양은 3만 1,868.8톤이다. 각국 보유량을 1온스당 1,500달러로 환산하면 각국 정부는 현재 총 1조 7천억 달러어치의 금을 보유한 셈이다.[l]

6.1.2 세계 최초의 지폐 – 은 보관증

세계 최초의 지폐[1]는 존 로$^{John Law}$가 1716년 프랑스에 세운 뱅크 제너럴$^{Banque Generale}$에서 발행됐다. 로는 사람들이 은행에 맡긴 은을 담보로 은행권을 발행했다. 일종의 은 보관증이자 은본위 지폐인 셈이다. 존은 사람들이 한꺼번에 은을 찾지 않는다는 사실을 파악하고 보관된 은 이상으로 마구잡이로 은행권을 발행했다. 이후 그는 식민지 개척 사업을 펼치며 서인도 회사라는 주식회사를 설립한다. 그 사이 프랑스 재무장관까지 오른 존 로는 자신의 은행과 서인도 회사를 병합하고 해당 은행이 국가 채무를 관리하게 했다. 그 결과 은행권을 국가가 발행하는 화폐처럼 둔갑시키는 데 성공했다. 사람들은 서인도 회사 주식을 사려고 아우성쳤고 주가는 끝을 모르고 상승했다. 한편 식민지 사업이 연일 실패로 돌아가 약속한 배당금을 줄 수 없던 로는 은행권을 더 많이 발행해 배당금을 지급했다. 약

---

1   고대 중국에도 훨씬 이전에 어음 등 비슷한 형태의 지폐가 있었지만, 물품 보관증을 초과 발행한 편법을 동원하는 현대의 지폐 개념은 존 로가 처음이다.

속된 배당금이 지급되자 사람들은 더 환호했고 속사정을 모르는 사람들이 앞다퉈 주식을 더 사자, 주가는 더 급등했다. 우스운 것은 사람들이 산 주식 구매 대금은 이때 마구 발행한 지폐를 대출받은 것이었다. 거품은 오래가지 않았다. 결국 연 26%의 살인적 인플레이션과 함께 1720년 10월 은행권은 곧 휴지가 된다.ᴸ

존 로가 비축된 은보다 더 많은 은행권을 발행한 수법은 여전히 금융 및 화폐 체계의 근간을 이루고 있다. 지금은 준비금 제도라는 이름으로 합법화됐고 현재 전 세계 은행들은 법에 근거해 10% 정도의 준비금만 비축하면 고객이 저축한 금액의 10배나 되는 돈을 더 대출해줄 수 있다. 금융권은 이를 '신용 창조'라는 근사한 용어로 포장했다.

TIP

준비금은 자기자본 비율이라고도 한다. 실제로 적용되는 비율은 법적 자기자본 비율과 감독 규정상으로 운영하는 비율이 다를 수 있고 그 필요 비율은 국가별로 상황에 따라 탄력적으로 변동된다. 국제결제은행(BIS, Bank for International Settlements)은 세계적으로 기준으로 삼을 비율을 권고하기도 하는데, 이를 보통 'BIS 비율'이라고도 부른다.

6.1.3 금본위 달러 – 금 보관증

존 로의 은 보관증은 19세기까지 영국을 시작으로 대부분 국가에서 금본위제의 모델이 됐다. 금본위제란 화폐의 단위와 일정량의 금을 항상 일치시켜 두는 제도다. 따라서 국가가 화폐를 발행하기 위해서는 동등한 양만큼의 금을 실제로 비축해 둬야 했고 화폐는 언제든 금으로 바꾸는 것이 보장됐다. 이후 세계대전을 겪으면서 불안전한 화폐 대신 실물 금을 비축하려는 사람들의 수요가 급증하고 지폐 대신 금을 선호하면서 화폐 발행을 위한 실물 금의 조달이 용이하지 않게 되자 금본위제는 위기를 맞는다. 그러나 제2차 세계대전을 거치며 미국이 세계 패권을 장악하면서 금은 다시 부상하기 시작한다. 이 시기에는 사실상 금이 전 세계의 공식적인 단일 통화 역할을 했다고 볼 수 있다. 물론 미국 달러라는 매개체를 통한 것이기는 했지만, 근본을 따져보면 금이 전 세계의 단일 통화 역할을 한 셈이다.

1941년 12월 7일 새벽, 일본은 하와이 진주만에 주둔해 있던 미 태평양 함대를 공격했다. 이로써 미국은 뒤늦게 제2차 세계대전에 참전했고, 이후 전쟁의 판세를 완전히 뒤바꿨다. 엄청난 전쟁 물자를 공급하며 주로 병참 기지 역할을 수행했던 미국은 전후에 참전의 대가로 막대한 이익을 얻게 됐다. 1944년 미국 뉴햄프셔주 브레튼 우즈Bretton Woods에서 전 세계 44개국이 모여 맺은 브레튼 우즈 협정이 결정적이었다.

그림 6-2 1941년 12월 7일 이뤄진 일본의 진주만 공습(출처: 위키미디어)

브레튼 우즈 협정의 주요 내용은 오직 미국 달러화를 기축통화key currency로 설정하는 금본위제를 실시하고 금 1온스당 35달러에 고정시킨다는 것이었다. 그 외 다른 나라의 통화는 모두 미국 달러에 고정시키되 1% 범위에서 조정할 수 있는 재량을 부여했다. 또 이 제도를 지원하기 위해 국가 간 거래 시 달러에 관한 유동성을 공급하고 국제통화제도를 관장하기 위해 국제통화기금IMF, International Monetary Fund과 국제부흥개발은행IBRD, International

Bank for Reconstruction and Development이 설립됐다.ᴹ IBRD는 이후 세계 은행World Bank으로 이름
이 바뀐다. 이 협정을 통해 사실상 기축통화인 달러는 35달러에 1온스가 보장된 금 보관
증인 셈이 됐고, 전 세계는 달러 모으기에 열을 올렸다. 달러를 모으는 것은 곧 간편한 방
법으로 금을 모으는 것과 같았기 때문이다. 달러를 전면에 내세우기는 했지만 사실상 금
이 전 세계의 단일 통화가 되는 순간이었다. 그러나 화폐 발행과 금 보유량을 항상 묶어 두
기란 쉬운 일이 아니었고 미국 정부가 비축한 금을 초과해 임의로 달러를 발행하고 있다는
것은 공공연한 비밀이었다. 이 때문에 불안정해진 정세 속에서 모두가 실물 금을 달러 대
신 비축하려 하면서 금값은 폭등한다. 1온스당 35달러라는 헐값에 금을 판매하려는 바보
는 세상에 없었고 미국 정부에 달러를 제시하고 금으로 교환해줄 것을 요구하는 사람들이
넘쳐나게 됐다. 이에 닉슨 대통령은 1971년 브레튼 우즈 협정을 파기하고 금본위제를 없
애버리면서 달러는 금의 구속으로부터 완전히 벗어난다. 닉슨은 발표 당시 사정상 달러와
금과의 태환을 잠시 중지한다고 말했지만, 그 후 달러와 금과의 태환은 영원히 끝이 난 것

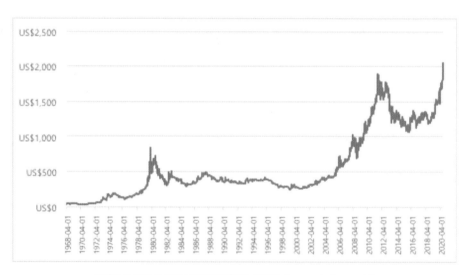

그림 6-3 런던 금 거래 시장의 변화(출처: FRED, Economic Research)

이다. 적어도 1971년까지는 달러를 모으는 것이 곧 금을 모으는 것이었고 덕분에 미국 달

러는 기축통화의 역할을 잘 이어왔다. 물론 그 이후로도 전 세계 석유 대금 결제를 달러로 제한[2]하도록 하는 등 기축통화 지위를 유지하기 위한 일련의 노력이 계속 이어져왔지만 달러의 위력은 예전만 못하다.

그림 6-3은 런던 금 거래 시장의 1트로이 온스(31.1034768g)당 미국 달러 시세를 직접 그래프로 그려본 것이다. 1971년까지 38달러에 머무르던 금값이 이후 가파르게 오르기 시작하다 한두 번 주춤했지만 2020년 8월 10일 기점으로 2,030달러까지 치솟았다. 이는 1972년의 43달러에서 47.2배 상승한 것이며, 이를 금리로 환산해보면 연복리 8.3%로 불어난 셈이다.

TIP

금 거래에 사용하는 단위인 온스는 일반적 온스(28.349523g)와는 다른 트로이 온스(31.1034678g)다. 트로이 온스(troy ounce)는 일반 온스(oz)보다 대략 10% 정도 더 무겁다. 누가 언제부터 이 무게를 사용했는지는 확실치 않다. 우리가 채소와 고기에 쓰는 한 근의 무게가 다르듯이 금의 1온스는 일반적인 1온스와 다르므로 트로이 온스라고 부른다. '트로이'라는 표현은 프랑스의 거래 시장 '트로이(Troyes)'에서 유래했다는 설이 가장 유력하다.

1997년 국제적 투기꾼 조지 소로스^{George Soros}를 비롯한 투기 자본이 아시아를 돌아 한국을 '외환 위기(IMF 위기)'로 몰아넣었던 것을 아직도 기억한다. 당시 외환 보유고가 300억 달러여서 안정적이라던 정부 이야기와 달리 한국은 12월 24일 크리스마스 이브에 IMF로부터 100억 달러의 조기 구제 금융을 받았었다. 이때 눈부신 기적이 일어난다. 그 유명한 '금 모으기' 운동을 한 것이다. 전 세계에서 통용되는 암묵적 기축통화인 금을 통해 달러를 충분히 대체할 수 있었던 것이다. 한국이 외환 위기를 극복한 진정한 이유에 관해서는 여러 의견이 있을 수 있으나 금을 통해 달러를 대체한 한국민의 지혜와 단결이야말로 전 세

---

2   미국 카터 정부 시절 키신저 국무장관이 사우디아라비아를 설득한 것이 계기라고 알려져 있다.

계가 놀랄 만큼 빠르게 외환 위기를 극복하게 해준 원동력임은 부인할 수 없다. 이는 세계사에 유례를 찾아보기 힘든 우리의 자랑이라 할 수 있다.

통화제도 분석가이자 30년 이상 위기 관리자로 활동해온 제임스 리카즈^{James Rickards}는 금은 최고의 보험이라고 평가하면서 다음과 같이 이야기했다.

> "금의 매력은 인플레이션과 디플레이션 상황 모두에서 재산을 보호할 수 있다는 데 있다. 인플레이션 상황이 오면 금값은 1970년대와 마찬가지로 상승할 것이다. 디플레이션 상황에서도 1930년대와 마찬가지로 저절로가 아닌 정부의 명령에 의해 금값은 상승한다. 금은 모든 투자자의 포트폴리오에서 한자리를 차지하고 있다. 인플레이션과 디플레이션이라는 상황 모두에서 제 역할을 수행하는 몇 안 되는 자산이기 때문이다. 금은 최고의 보험이다."[N]

Memo

금은 왜 '금값'이 된 것일까? 사실 얼핏 생각하기에는 금은 딱히 쓸 데가 없는 광물이다. 공업용으로 사용하기에는 생산량이 너무 적다. 반짝인다는 특성 때문에 장신구 역할을 할 수 있는 점을 제외하고는 실용적인 용도로는 쓸데를 찾기가 쉽지 않다.[3] 그러나 금은 수천 년에 걸쳐 사람들의 신뢰를 쌓았다. 금도 비트코인처럼 내재가치가 없다고 오해하는 사람은 인류가 가장 적절한 '교환의 매개체'를 찾기 위해 거쳐왔던 과정과 금이 최후의 승자가 돼 스스로 가치 척도의 기능을 수행한 것의 의미를 이해하지 못한 것이다.

최초로 금이 돈으로 공식 선언된 역사적 기록은 기원전 500여 년경으로 금을 돈으로 사용한 것은 2500년이나 됐고 금을 발견한 시기인 기원전 5000여 년 전까지 거슬러가면 금의 역사는 무려 7000여 년이나 된다. 금은 발견 초기부터 장신구로 줄곧 애용돼 왔다. 결국 금은 수천 년 동안 귀한 대접을 받아 온 것이다. 이러한 유구한 역사가 시사하는 바가 어떤 의미인지는 화폐에 대해 조금 더 알아본 다음 결론을 내리는 시점에서 다시 생각해보자.

TIP

사실 세상이 은 대신 금본위가 된 것은 필연과 우연의 합작이다. 17세기를 주름잡던 중국은 은본위를, 산업혁명의 영국은 금본위를 사용했다. 이 대결은 금본위로 끝나는데, 그 결과는 뉴턴의 실수(?), 동서양의 무역 불균형 등이 겹친 결과다.

---

3   아마도 금니가 가장 유용한 활용도로 보인다.

6.1.4 종이 달러 – 명목화폐의 시작

1971년 금으로부터 완전히 해방된 달러는 그 발행에서 가장 큰 걸림돌이던 금 비축이라는 족쇄를 벗어던지게 된다. 이때부터 지금까지 전 세계는 50여 년에 걸쳐 이른바 부채화폐의 시대를 본격적으로 맞이한다. 금에 기반한 금본위 화폐가 아닌 빚을 기반으로 한 화폐의 시대가 열린 것이다. 그 빚은 기본적으로 국민의 노동력을 통한 세금을 담보로 사용하고 있다.

대한민국의 화폐 발행권은 한국은행법 제47조에 의해 한국은행이 독점적으로 갖고 있고 동법 제48조에 의해 한국은행이 발행한 한국은행권은 법화(법정통화)로서 모든 거래에 무제한 통용된다. 한국은행은 무자본 특수 법인인 정부기관인 셈이다. 그러나 미국의 사정은 많이 다르다. 미국의 화폐 발행권은 연방준비은행이 갖고 있다. 연방준비은행은 민간 은행이며 정부기관이 아니다. 우습게도 미국은 세계 기축통화 역할을 하고 있는 달러의 나라지만, 정작 미국 정부에는 화폐 발행권이 없다. 정부가 돈이 필요할 때는 국채를 발행한다. 즉 빚을 지는 것이다. 발행한 국채는 경매를 통해 어느 정도 민간에도 판매하지만 대부분의 물량은 연방준비은행이 구입한다. 연방준비은행이 미 국채를 구입하는 방법은 새로 찍어 낸 달러를 통해서다. 민간 은행인 연방준비은행은 원하는 만큼 달러를 찍은 다음 미 국채를 산다. 연방준비은행 입장에서는 말 그대로 종이에 달러 그림을 찍어 국채를 산 것이므로 실로 무에서 유를 창출하는 마법을 부린 것이라 할 수 있다.[o] 결국 국가 부채는 늘어나고 종이에 달러를 찍어 낸 연방준비은행의 주주들은 꼬박꼬박 이자를 받아간다. 새로운 달러를 많이 발행할수록 연방준비은행의 이자 수입은 더욱 늘어난다. 이렇게 생긴 연방준비은행의 이익은 매년 6%씩 배당금의 형태로 주주들에게 돌아간다.[p] 정부가 화폐를 직접 발행하지 않고 군이 이자를 주면서 민간 은행이 화폐를 발행하고 있는 제도는 믿기 어렵겠지만 현재 미국이 취하고 있는 전 세계적으로도 독특한 화폐 발행 방법이다.

6.1.5 현대통화이론

현재 전 세계적으로 종이돈에 관한 극한의 실험이 진행 중이다. 이 실험이 실패한다면 인류는 극심한 경제 파탄에 직면하게 될 것이다. 이 실험의 이론(사실 이론이라기보다는 가설이라고 하는 편이 더 적절하다)적 배경이 바로 현대통화이론MMT, Modern Monetary Theory이다. 한마디로 요약하자면 (물론 몇 가지 조건은 있지만) 정부는 세수를 넘어서 지출해서는 안 된다는 전통적 경제학 논리를 무시하고 경기 부양을 위해서 정부는 화폐를 계속 발행해야 한다는 주장이다. 재정 적자의 확대가 급격한 물가 상승을 불러올 수 있다는 여러 학자들의 비판에도 이 이론은 미국 민주당과 월가의 지지를 받고 있다.

MMT가 기존 경제학과 가장 다른 점은 화폐 발행 목적을 조세 징수로 본다는 것에 있다. 과도한 통화량 증가도 세금 징수를 통해 얼마든지 조절할 수 있다는 것이다. 이를 위해 세금을 내는 수단을 반드시 정부가 발행한 화폐로 국한해야 한다.

MMT를 지지하는 자들은 2013년부터 거의 무한정 엔화를 찍어 낸 일본 아베 정부의 인플레이션이 겨우 2%대에 머물러 있다는 점을 MMT 이론 작동 근거라고 주장한다. 그 와중에 일본의 GDP 대비 국가 부채비율은 250%를 훌쩍 넘어섰다.

MMT를 적용할 수 있는 국가는 한정된다. 돈 찍어 대기는 사실 기축통화를 가진 국가만이 가능하기 때문이다. 화폐는 정부의 강제력에 기반하므로 정부가 얼마든지 발행할 수 있다는 주장이 MMT인데, 화폐에 관한 정부의 강제력은 국력에 비례할 수밖에 없다. 결국 전 세계적으로 꾸준하고 안정된 수요가 보장된 것이나 다름없는 미국 달러나 유로화, 일본의 엔화는 찍어 댄 돈이 야기하는 인플레이션이 주변국으로 전이돼 희석되는 구조가 된다. 이는 MMT란 기축통화를 가진 국가가 통화 팽창의 부작용을 주변국으로 희석시켜 자국의 인플레이션을 다수의 타국가에 전가시키는 꼼수에 불과하다고 해석할 수도 있다.

그러나 영원한 기축통화라는 것은 없다. 미국 달러도 그 수요가 점점 줄어들고 있다. 대표적인 것이 석유 결제에 관한 달러의 대안으로 급부상하고 있는 중국의 위엔화를 들 수 있다. 노벨 경제학상을 수상한 폴 크루그먼^{Paul Krugman} 같은 주류 경제학자들은 MMT란 대중을 호도하기 위한 포퓰리즘 정치 이론에 경제학적 용어라는 가면을 씌운 것뿐이라고 비난하기도 했다.

MMT는 어떠한 실물과도 태환되지 않는 종이돈이 탄생시킨 괴물이다. 태환되는 돈은 정치적 목적으로 마구 찍어 댈 수가 없다. 화폐 발행에 금과 같은 자연환경의 견제와 제약이 빠진다면 먼 훗날에 어떠한 결과를 초래하게 될지는 미지수다.

6.1.6 돌 화폐의 섬

미국의 인류학자 윌리엄 헨리 퍼니스^{William Henry Furness}가 1910년 출간한 『The Island of Stone Money(돌 화폐 섬)』의 7장을 보면 재미있는 내용이 나온다. 호주 북동쪽에 위치한 미크로네시아 연방공화국 얍^{Yap} 섬의 원주민들은 커다란 돌에 구멍을 뚫어 돈으로 사용한다. 돌의 크기는 지름이 30cm부터 3.6m까지 다양한데, 돌의 가운데에 구멍을 뚫어 운반이 용이하게끔 만들었다. 이 돌은 모두 얍 섬에서 500km나 떨어진 팔라우^{Palau} 섬까지 뗏목을 타고 가서 운반해온 것이다. 화폐의 가치는 일반적으로 돌의 크기에 비례하나 석

회암이 희고 입자가 고울수록 크기와 상관없이 부가적 가치를 인정받았다. 큰 돌의 경우 몇 년을 팔라우 섬에 머물며 문지르고 깎아 얍 섬까지 운반하기도 했다. 큰 돌을 화폐로 이용한 점도 흥미롭지만 이 돌의 거래 방식은 더 재미있다. 작은 돌의 경우는 소유권을 옮기면서 그 물리적 위치를 옮기기도 했지만 대형 돌의 경우는 운반이 힘들어 실제로는 그 물리적 위치를 옮기지 않았다. 심지어 소유권이 이전되더라도 돌에 별도로 어떠한 표식도 하지 않았다. 그러나 돌의 소유권에 관한 분쟁은 없었다고 한다. 구두로 한 약속으로 상호간에 계약이 성립됐고 신뢰 기반의 이 약속은 철저히 지켜졌다고 한다.

그림 6-4 얍 섬의 돌 화폐(출처: 위키미디어)

더 황당한 이야기도 있다. 원주민 중 하나가 소유한 거대한 돌은 그 누구도 본 적이 없지만 수백 년 동안 잘 사용되고 있다고 한다. 그 돌은 전설의 돌이다. 아주 예전 그의 조상이 팔라우 섬에서 대형 돌을 운반하던 중 풍랑을 만나 그 돌을 바다에 빠트리고 말았다. 그때 동행했던 사람들이 그 사실을 모두 증언해줬고 그때부터 지금까지 그 전설의 돌은 바닷

속에 빠져 있음에도 아무 문제없이 잘 통용되고 있다.[0]

돌이 화폐로 사용될 수 있는 이유는 무엇일까? 가치는 '믿음Trust'에서 시작된다. 모두가 그렇게 믿으면 가치가 생기는 것이다. 그 대상이 무엇이든 공동의 믿음만 형성되면 가치는 생성된다. 특히 얍 섬 사람들은 돌 화폐는 팔라우라는 머나먼 섬에서 긴 세월에 걸쳐 목숨을 걸고 노동을 집약해야 생산한 것이라는 사실을 알고 있으므로 그 노고를 가치로 승화시킨 것일 수도 있다.[4]

한편 신뢰를 바탕으로 한 얍족은 이 돌을 움직이지 않아도 됐으니 불편이 없었는지 몰라도, 현대에서 화폐로 사용하기에는 부적절하다. 돌 화폐는 나름대로 교환이나 가치 저장의 수단으로 역할을 잘 수행했지만 편의성 측면은 0점에 가깝다. 물론 화폐 자체의 정의상 편의성이 필수 요건은 아니지만 화폐의 발달이 꾸준히 사용의 편의성을 지향해온 것은 사실이므로, 화폐의 기능 중 교환상의 편의성을 무시할 수는 없다. 따라서 진정한 화폐는 반드시 교환에 있어서 편의성도 갖춰야 한다.

6.1.7 종이돈의 위험 – 초인플레이션

짐바브웨는 1980년 영국으로부터 완전히 독립한 아프리카 중남부 국가다. 우리에게는 영화로 잘 알려진 부시맨의 후손들로 추정된다. 독립 초창기 로버트 무가베는 독립 영웅으로 칭송받았고, 짐바브웨는 나름 경제적으로 안정된 국가였다. 그러나 무가베의 오랜 독재와 함께 경제는 파탄에 이르고 물가는 살인적으로 폭등해 인플레이션에 의한 화폐 가치는 끝을 모르고 떨어졌다. 2008년의 인플레이션은 무려 231,000,000%에 달했고 2009년에는 급기야 역대 가장 큰 금액인 100조 달러 지폐를 발행하기에 이른다. 당시 짐바브웨 100조 달러는 거의 달걀 세 개를 살 수 있는 가치였고, 말 그대로 돈보다 종이가 더 값

---

4   생산에 투입된 노력과 그 가치의 상관성에 대해서는 디지털 자산을 논할 때 다시 살펴보자.

어치 있는 수준이었다.

그림 6-5 짐바브웨 100조 달러 지폐(출처: 위키미디어)

인류 역사상 최대의 초인플레이션은 1946년 7월 헝가리에서 있었다. 무려 4×10^{29}%였다. 0이 무려 29개나 들어가므로 읽기조차 어렵다. 숫자가 너무 커서 감이 오지 않는다면 물가가 15시간마다 두 배로 올랐다고 생각하면 된다. 하루에 207%의 인플레이션이 발생한 것이다. 이에 비하면 2007년 나이지리아의 월 인플레이션율 79,600,000,000%는 그리 커 보이지도 않는다.[ㄴ]

화폐는 기본적으로 안정성이 담보돼야 한다. 미국 달러가 기축통화로 오랫동안 그 지위를 유지하고 있는 것은 그 가치의 안정성이 큰 역할을 하고 있다. 짐바브웨에서 발생했던 것 같은 살인적인 인플레이션의 경우 화폐는 그 기능을 하지 못한다. 따라서 화폐의 요건 중 하나로 가치의 안정성이 꼽힌다.

6.2 화폐의 조건

지금까지 금, 달러, 돌 화폐, 현대통화이론과 초인플레이션 화폐까지 살펴봤다. 모든 가치의 기반은 바로 '신뢰'다. 앞서 '금은 왜 금값일까'라는 질문에 관한 대답은 간단하다. 바로 신뢰, 즉 사람들이 믿기 때문이다. 근본 원인은 다양할 것이나 적어도 금은 수천 년 동안

서서히 신뢰를 쌓으면서 가치를 형성했기 때문에 '금값'을 유지할 수 있는 것이다. 금은 수천 년간 그 가치를 배신하지 않았다. 따라서 비트코인도 폭넓고 광범위한 지지를 통해 신뢰를 얻을 수만 있다면 나름의 가치를 가질 수 있음은 자명하다. 과연 그럴 수 있을까?

화폐의 속성을 결정짓는 여러 요소가 있지만, 대체로 최소한 다음의 속성을 모두 가져야 화폐라 할 수 있을 것이다.

- 교환의 기능
- 가치 척도의 기능
- 가치 저장의 기능
- 사용의 편의성

6.2.1 교환의 기능

비트코인이 화폐가 되려면 교환 기능을 갖춰야 한다. 즉 재화와 용역을 교환할 수 있어야 한다. 그러나 이러한 교환의 매개체로서의 역할은 단순히 '가능하다'가 아닌 범용성을 갖춰야만 한다. 예컨대 한국은행법 제48조에서 규정하고 있는 것과 같은 '모든 거래에 무제한 통용'돼야 한다. 어느 상점을 가든 어느 용역을 구매하든 비트코인을 통한 상거래가 가능해야 한다는 의미이다. 그러나 비트코인을 비롯한 어떤 암호화폐도 이런 범용적 교환성은 갖추지 못하고 있다. 가장 큰 원인은 가치의 불안정성과 내재 가치의 부재, 신뢰의 부재, 사용상의 불편을 들 수 있다. 종이 조각인 달러가 가치를 갖는 것은 법정통화이자 명목화폐이기 때문이다. 달러의 경우 정부가 '법적으로' 내재 가치를 지정한 것으로 볼 수 있다. 미국 정부를 믿을 수^{trust} 있다면 미 정부가 법적으로 부여한 가치 또한 믿을 수 있는 것이다. 그러나 암호화폐는 아무런 내재 가치가 없다. 오로지 법화를 통한 교환 가치만 가지고 있다.

종잇조각인 포켓몬 카드는 어린이들 사이에 천 원에 거래되고 있다. 누군가 그 가치가 천

원이라고 주장할 수도 있지만 포켓몬 카드로는 상점에서 물건을 살 수 없다. 상점 주인은 어린이가 아니므로 포켓몬 카드에 가치를 두지 않을 것이기 때문이다. 따라서 포켓몬 카드에는 교환의 범용성이 없다. 여전히 어린이들끼리는 포켓몬 카드를 사기 위해 천 원의 법정통화를 서로 주고받으며 거래하겠지만 이는 그들 간의 거래일 뿐이다.

마찬가지로 법정통화를 이용한 암호화폐의 거래는 어느 정도 이뤄지고 있지만, 이는 그들만의 거래일 뿐이며 현실 세계의 상거래에서는 암호화폐가 인정되지 않는다. 혹시 암호화폐의 법정통화로의 환금성이 획기적으로 개선돼 시중 은행 ATM 기기를 통해서도 손쉽게 법화로 교환할 수 있는 날이 온다면 현실 세계에서도 그 통용성이 동일하게 증대될 것이다. 즉 암호화폐의 범용성과 법화로의 환금성은 밀접한 관계가 있다고 볼 수 있다. 현재 시중에 나와 있는 암호화폐 중 화폐의 교환 기능과 관련해 법화를 대신해야 할 가치나 개념을 가진 것은 아직 없다. 암호화폐 중에는 나름대로 시중 은행과 연계함으로써 절차의 간소화 등을 통한 새로운 기술 가치를 추구하려는 시도가 많이 있긴 하지만, 아직은 좀 더 두고 볼 일이다.

한편 다시 비트코인으로 시각을 국한시켜보면 교환의 가치는 찾아보기 힘들다. 특히 국가 간 환전 및 수수료가 필요 없는(혹은 최소화된) 거래라는 주장은 한마디로 순진한 바람이다. 오히려 그 반대다. 외국에 나가 비트코인으로 물건을 사려면 상점에서 그 나라 법정통화에 연동된 비트코인 시세로 환산된 물건 값을 요구할 것이다. 환율은 물론 그 나라 비트코인 매매 시세까지 같이 고려해야 하는 상황이 벌어지는 것이다. 게다가 법정통화 시세차에 의한 가치 불안정은 심각한 수준이다. 일례로 2018년 한국의 비트코인 시세는 미국보다 무려 20~30% 정도나 비싸게 형성돼 있었다. 따라서 당시 한국에서 13만 원에 구매한 비트코인을 미국에서 사용하려면 10만 원의 효용밖에 없다는 의미가 된다. 여기에 당시의 트랜잭션 수수료 약 3만 원까지 고려하면 13만 원의 실제 효용은 그 반값 정도인 7만 원으로 떨어진다. 따라서 법정통화나 신용카드를 이용한 거래 대신 암호화폐를 사용해야 할 아무런 이유가 없다. 암호화폐가 법화로 거래되고 그 시세가 나라별로 다르게 형성되는 한, 암호화폐는 교환의 가치를 갖기 쉽지 않다. 암호화폐는 존재하는 한 영원히 법화로 거래

될 것이며, 그 시세는 나라별로 다르게 형성될 것이므로 비트코인이 지금은 물론 단시간 내에 범용적 교환의 가치를 가질 가능성은 거의 없다고 볼 수 있다.

6.2.2 가치 척도의 기능

화폐의 또 다른 주요 기능 중 하나는 가치 척도다. 가치 척도의 기능은 마르크스가 『자본론』을 통해 설명한 화폐의 핵심 기능 중 하나이며 화폐 자체가 가진 내재 가치와 연계된다. 즉, 화폐가 그 자체의 내재 가치로 다른 모든 상품을 구매할 수 있는 힘을 가지면, 모든 상품은 자신의 가치를 화폐의 일정한 양으로 표현할 수 있게 되는 화폐 경제가 성립된다는 것이다. 만약 금으로 화폐를 만들었다면 화폐는 금이 가지는 내재 가치를 그대로 물려받으므로 다른 사물의 상대적 가치를 측정해줄 수 있다. 금화 하나로 소 한 마리를 살 수 있다면 금화를 통해 소 한 마리의 가치를 짐작할 수 있게 되는 셈이다.

따라서 가치 척도의 기능을 하기 위해서는 그 가치가 변동돼서는 안 된다. 척도란 말 그대로 측정의 잣대 역할인데, 길이가 계속 변동되는 잣대는 쓸모가 없다. 이 때문에 인플레이션이 극심한 국가의 법화나 변동성이 심한 재화는 가치 척도의 기능을 하지 못하는 것이다. 비트코인도 마찬가지이다. 무형인 비트코인은 내재 가치가 없고 명목화폐처럼 법적으로 부여된 가치도 없기 때문이다. 유일하게 가치가 형성되는 방법인 명목화폐와의 시세는 그 변동성이 커질 경우 가치 척도의 기능을 전혀 수행하지 못한다.

6.2.3 가치 저장의 기능

사람들은 비트코인에 가치 저장 기능이 있다고 믿는다. 그러나 화폐가 가진 가치 저장 기능은 단순히 가치를 쌓아 둔다는 의미가 아니다. 언제든 일정한 구매력을 발휘할 수 있는 가치를 저장한다는 의미이다. 이는 환금성과 함께 일정한 구매력도 동반돼야 한다는 뜻이기도 하다. 따라서 현재의 비트코인은 변동성으로 인해 가치 저장 기능을 수행하지 못한다. 구매력이 일정하지 못하기 때문이다. 화폐라고 불렸던 짐바브웨 달러가 가치 저장의 기능을 수행하지 못하고 퇴출된 것과 같은 이치다.

한편 금은 (도난당하지 않는다면) 항상 존재하므로 그 가치를 저장할 수 있지만, 비트코인은 익명으로 참여한 자들의 네트워크 프로그램에 불과하다. 네트워크를 형성하고 있는 자들은 철저히 경제적 이익만을 위해 구성된 사익집단으로, 언제까지 그 네트워크를 계속 유지할지 아무도 모른다. 예컨대 채굴이 멈춘다면 당장 비트코인은 영원히 멈추게 된다. 한때 국민 소셜미디어로 인기를 끌던 싸이월드가 한순간 사라져 버린 것처럼 비트코인 역시 언제 사라져도 이상하지 않을 만큼 한계 상황에 가까워지고 있다. 기술적 관점에서 비트코인 같은 암호화폐는 신뢰도를 알 수 없는 사기업이 운영하고 있으며, 또 그 운영의 지속성을 담보할 수 없다는 사실을 알게 된다면 가치 저장이라는 기능을 논할 사람은 그리 많지 않을 것이다.

6.2.4 사용의 편의성

사용의 편의성 측면에 있어 비트코인은 최악이다. 비트코인은 트랜잭션이 블록에 기록돼야 거래가 성사된다. 비트코인의 거래를 위해서는 최소한 10분, 경우에 따라서는 몇 시간을 기다려야 비로소 거래에 대해 어느 정도 안심할 수 있다. 일상생활에서 화폐 교환을 위해 항상 10분 이상 걸린다면 정상적인 상거래 활동은 거의 불가능하다. 소액 거래의 경우 10분을 기다리지 않고 서로를 믿고 즉시 거래를 종료한다면 상습적으로 이중사용을 시도하는 악의적인 사용자가 넘쳐날 것이다. 앞서 살펴본 것처럼 이중사용을 시도했을 때 정상 거래가 먼저 기록될지, 거짓 거래가 먼저 기록될지는 알 수 없다. 이는 순전히 그 순간 비트코인 시스템의 사정에 달려 있기 때문이다. 또한 비트코인 트랜잭션의 평균 수수료는 2018년을 기점으로 무려 3만 원을 넘었다. 결국 비트코인으로 물건 값을 지불하게 되면 모든 물가가 3만 원씩 오른 셈이 된다. 심지어 3천 원에 커피를 사려 해도 3만

3천 원을 지불해야 한다. 수수료가 10배 더 비싼 셈이다. 사실상 소액 지출은 불가능하다. 모두 수수료로 증발해 버리기 때문이다. 디지털 금융을 통한 편리하고 안정적인 법화를 두고 비트코인을 사용할 이유가 전혀 없다. 이러한 수수료를 줄이려면 평균 트랜잭션 수수료보다 적게 지불하면 되지만 그 경우 트랜잭션이 언제 처리될지 알 수 없다. 한마디로 현재의 비트코인 시스템은 일상생활에서 화폐로 사용하기에는 조금 불편한 정도가 아니라 아예 불가능한 정도라고 할 수 있다.

6.2.5 화폐로서의 비트코인

지금까지 화폐의 정의와 비교해 비트코인을 살펴봤다. 네 가지 측면에서 살펴본 비트코인은 모든 측면에서 화폐로서의 요건을 갖추지 못했다. 특히 편의성에서는 단순히 불편한 정도가 아니라 화폐 기능을 수행하지 못할 정도의 심각한 불편함을 갖고 있었다. 가장 큰 원인은 비트코인이 원래 화폐라는 기능적 요소를 염두에 두고 설계된 것이 아니기 때문이다. 비트코인은 화폐의 기능적 요소가 아닌 추적이 불가능한 거래 시스템이 그 주 목적이다. 또한 기능 개선을 하고 싶어도 앞서 하드포크와 소프트포크에서 본 것처럼 기능을 쉽게 수정할 수 있는 것도 아니다.

비트코인이 법화를 통해 거래되고 그 시세가 각 나라별로 다르게 형성되는 한 비트코인이 가질 수 있는 모든 가치는 법화를 통한 간접 가치일 뿐이다. 이는 간접적으로 생긴 가치가 아닌 스스로의 내재 가치로 척도 역할을 해야 하는 화폐의 기본 요건과 맞지 않는다. 화폐가 척도 역할을 하지 못하면 초인플레이션에 버금가는 경제 비상 사태와 동일한 상황을 스스로 초래하게 되는 모순이 생긴다. 결국 비트코인은 앞으로도 화폐로 사용될 가능성은 없다고 볼 수 있다. 법화를 통한 간접적 가치 변화가 지속될 것이기 때문이다. 또 비트코인 자체가 법화가 될 가능성은 논할 필요조차 없다. 자국의 화폐 주권을 버리고 비트코인을 법화로 채택하려는 나라는 있을 수 없기 때문이다.

6.3 투자와 투기

투자와 투기를 구별하는 것은 쉽지 않다. 가장 큰 이유는 투자와 투기를 구분할 수 있는 것은 그 목적물이 아니라 그 목적물을 대하는 사람의 태도에 달려 있기 때문이다. 예컨대 동일한 상장 주식 종목에 대해서도 어떤 사람은 투자를 하지만 또 다른 사람은 투기를 할 수 있으며 비트코인 또한 대다수는 투기를 하더라도 그중에는 완벽한 분석을 통해 투자하는 사람도 있을 수 있기 때문이다.[5]

이는 투기와 투자의 구분이 목적 대상물에 따라 정해지는 것이 아니라 대상물을 대하는 사람의 주관적인 태도에 따라 달라지기 때문이다.

워런 버핏의 스승으로 더 유명한 벤저민 그레이엄은 『Security Analysis(증권 분석)』를 통해 투자와 투기에 관한 명쾌한 정의를 내렸다. 그레이엄이 투자에 대해 정의한 것은 1934년이다. 그 사이 투자의 의미에 관한 해석을 달리하려는 시도도 많았지만 이미 90년 가까이나 된 이 정의는 여전히 투자에 관한 가장 명쾌한 기준을 제시해주는 것으로 인식되고 있다.

> "투자란 철저한 분석을 통해 원금의 안전성을 보장하면서 만족할 만한 수익을 얻는 것이다. 이 조건을 충족하지 못하는 모든 행위는 투기라 할 수 있다."[R]

이제 암호화폐를 둘러싼 광풍을 벤저민 그레이엄의 정의에 따라 분석해보자. 이제 각 요소를 하나씩 살펴보자.

6.3.1 철저한 분석

인텔 코어 8세대 i5-8250U 1.6G, 인텔 UHD 620 8G DDR4 메모리, 15인치 LED 백라이

---

5   아쉽게도 그런 사람은 아직 단 한 명도 못 만나 봤다.

트 Full HD 1920×1080을 장착한 노트북이 88만 원에 판매되고 있다. 이 제품을 사겠는가? 무슨 암호 같은 소리냐고 하는 독자도 있을 것이고, 쉽게 제품 가격의 적절성을 파악할 수 있는 독자도 있겠지만 큰 문제는 없다. 몇 번의 인터넷 검색을 통해 저 노트북 가격이 적정한지 쉽게 파악할 수 있기 때문이다. 그렇다면 누군가 Mixin이라는 암호화폐가 있고 1Xin이 220만 원에 판매되고 있다고 알려준다면 이 암호화폐를 사겠는가? 열심히 검색해봐도 정보를 찾기 어려울 것이다. 아마 동명의 프로그래밍 언어 관련 결과만 잔뜩 나올 뿐 아무런 정보도 찾지 못할 것이다. 저 가격이 적정한지 알 수 있는 방법도 없다. 정보가 아예 없기 때문이다.

대상물의 가격이 적절한지 판단하려면 정보가 필요하다. 정보가 있어야 분석하고 가치를 판단할 수 있다. 일반적으로 회사의 주가 적절성을 판단하기 위해서는 그 회사의 청산 가치, 장부가 등 직접적 요소와 업종 내의 상대적 가치, 미래 가치 등을 종합적으로 판단해 그 가치를 추정한다. 또 상장 기업의 경우 재무제표를 포함한 기업 전반의 재정 상황을 투명하게 공개할 의무가 부과된다. 따라서 정확성을 떠나 현 주가의 적절성을 판단할 객관적 근거와 방법론이 존재한다. 비트코인 역시 그 정확성을 떠나 정확한 정보에 기반한 모델링을 통해 가치를 판단할 수만 있다면 투기가 아니라 투자의 대상이 될 수 있다. 그러나 비트코인은 크게 세 가지 이유로 인해 분석이 불가능하기 때문에 투자가 될 수 없다. 첫째, 인위성이 너무 크게 존재한다. 세력에 의한 시세 조작에 무방비 상태이며 이를 통제할 수 있는 방법이 없다. 이른바 게임 참가자들이 '이성적 투자가'로 구성돼 있다는 기본 가정도 불가능하므로 통계적 기법 등의 수학적 방법은 불가능하다. 둘째, 내재 가치가 없다. 최악의 경우 그 가치는 항상 0이다. 따라서 회사의 청산 가치와 같은 개념이 존재하지 않으므로 가치 산정의 기본 근거가 없다. 마지막으로 정보가 극히 부족하고, 지속적이며 합리적인 예측이 불가능하다. 시세가 3만여 개에 가까운 중개소별로 천차만별이며 나라별로는 더 크게 차이가 난다. 또 암호화폐에 관한 각 나라의 규정도 제각각이므로 각국 정부의 규정이 하나씩 바뀔 때마다 모든 가정이 완전히 뒤집히기도 하면서 시세는 요동친다. 도저히 지속적이며 합리적인 예측을 할 수 없다.

암호화폐 투기판을 보면 조지 소로스의 반사 이론을 그대로 보는 듯하다. 조지 소로스는 '이성적 인간'을 부정한다. 벤저민 그레이엄이 말한 '자산에 관한 충분한 이해를 바탕으로 한 결정'을 정면으로 부정한다. 이른바 반사 이론reflexivity으로 칭한 그의 투자(?) 이론[6]은 '양떼 효과'를 통한 군중 심리에 기초하고 있다. 이를 위해 그는 기본적으로 항상 선동과 조장을 통해 시장을 조작하는 방법을 동원했다.[M] 1992년 영국의 파운드화를 공격했을 때와 1997년 태국의 바트화를 공격하고 우리나라까지 공격해 외환 위기를 촉발시켰을 때도 동일한 수법을 사용했다. 그의 악의적 투기법은 국경을 가리지 않고 각국의 금융 시스템을 교란시켰다. 그의 투기를 전혀 규제하지 못하는 것이 미국식 자유주의 정신 때문인지, 금융가의 검은 커넥션 때문인지 명확하지는 않지만 이들의 다음 목표가 암호화폐를 통한 금융 시스템의 교란일 가능성도 배제할 수 없다. 현재 암호화폐 거래 시장은 그레이엄이 말한 분석이 아니라 소로스가 말한 반사 이론이 지배하는 것만은 분명해 보인다.

Memo

주가 예측 기법으로 비트코인 시세를 예측하려는 사람들도 있다. 그들은 단순히 가격 변동을 그린 그래프와 평균 거래량 데이터에 의존한 그래프 분석법으로 비트코인 시세를 예측하려 시도한다. 또한 시중에 넘쳐나는 '나는 얼마를 벌었다' 류의 투기를 부추기는 책도 마치 어떤 분석 기법에 의해 수익을 얻은 것처럼 대중을 호도한다. 통계량 몇 가지로 작전주와 같은 암호화폐의 가격을 분석하려 한다면 미국의 소설가 마크 트웨인이 남긴 다음의 명언을 반드시 곱씹어 볼 필요가 있다.

"세상에는 세 가지 거짓말이 있다. 그냥 거짓말, 지독한 거짓말 그리고 마지막은 통계다."

---

6   그의 반사 이론은 대다수 경제학자로부터 인정받지 못했다. 소로스의 반사 이론이란 매점매석과 시세조종을 동원해 직감과 운에 기댄 것과 크게 다르지 않다.

6.3.2 원금의 안전성 보장

원금의 보장은 여러 측면과 연계돼 있지만 특히 장기적 투자와 상관관계가 크다. 주식 투자와 파생상품에 관한 투자를 비교해보자. 주식 투자는 장기 투자가 가능하지만 파생상품은 장기 투자가 사실상 불가능하다. 주식은 만기라는 것이 없지만 파생상품은 만기가 있기 때문이다. 만기 때 원하던 조건이 실현되지 않으면 파생상품은 휴지 조각이 되거나 회복할 수 없는 손실을 유발한다. 이에 비해 주식은 특정 시점에 원하는 가격대가 형성되지 않더라도 분석에 따라 더 장기 보유함으로써 가격이 반등해 원금을 회복할 때까지 기다리는 선택이 가능하다. 따라서 장기 투자할 수 있는 대상인지 여부는 원금의 안전성 보장과 직결되는 중요한 요소다.

또 주식의 가격을 해당 회사의 장부가에 기초해 산정한 후 적절성을 검토한 다음 매입했다면 최악의 경우 회사가 청산되더라도 그 손실이 최소화된다. 시장에는 오히려 장부가보다 낮은 가격에 형성된 주식도 꽤 있고 장부가 대비 시장가의 유격이 그리 크지 않은 종목도 여럿 있다. 이렇게 가격을 뒷받침할 수 있는 자산에 근거한 투자는 내재 가치를 산정해 원금의 안전성을 보장하기 위한 최소 장치다. 현재의 행위가 투자인지 투기인지 판단하려면 원금이 보장될 수 있는 장치로 어떤 것이 있는지 확인해보라. 그것이 무엇인지 판단되지 않을 때는 하지 않는 것이 맞다. 금융가의 괴물 파생상품은 그레이엄의 기준으로 볼 때 투자의 영역으로 생각하기 어렵다. 마찬가지로 암호화폐는 그 내재 가치가 없다. 법정통화와의 시세를 통한 간접 가치가 유일하다. 따라서 원금의 보장성에 관한 주요한 안전장치인 장기 투자의 가능성과 내재 가치가 존재하지 않으므로 암호화폐는 투자 대상으로 적절하지 않다.

6.3.3 만족할 만한 수익

만족할 만한 수익이란 비단 비트코인에만 국한된 내용은 아니다. 이는 모든 투자에 원칙이 돼야 할 부분이자 기본 자세에 관한 것이다. 아무리 우량 주식에 투자하더라도 수익을 대하는 태도에 따라 투자가 투기로 둔갑할 수 있기 때문이다. 만족할 만한 수익이란 지극히 주관적인 잣대이며 절대적으로 만족할 수 있는 수익이란 존재하지 않는다. 행복이 그렇듯 이는 순전히 개인적인 판단이다. 주식 투자에 실패하는 가장 큰 원인은 만족하지 못하기 때문이다. 아무리 돈이 많아도 돈 욕심이 더 나듯 아무리 수익을 내도 더 큰 수익이 탐나기 때문이다. 만족할 만한 수익이란 목표로 삼는 수익을 정한 다음 그 수익을 성취했다면 어떤 경우든 만족해야 한다는 것이다. 감성적으로는 만족하지 않더라도 최소한 이성적으로는 만족하는 척할 수 있어야 비로소 투자 활동이라 할 수 있다.

만유인력법칙의 발견으로 우리가 아주 잘 알고 있는 천재 과학자 아이작 뉴턴^{Isaac Newton}은 대영제국의 식민지 침략이 한창이던 1720년 남미 지역의 무역 독점권을 가지고 있던 사우스씨^{SouthSea}라는 회사에 투자해 단기간에 100%라는 경이로운 수익률을 기록하며 7천 파운드의 이익을 기록했다. 그러나 주식을 팔아 치운 이후에도 주가는 끝을 모르고 치솟아 올랐고 심지어 그 사이에 자신의 친구가 더 큰 이익을 얻는 것을 보고 조바심이 났다. 결국 뉴턴은 더 큰 투자를 하기로 결심하고 대부분의 재산을 투자해 사우스씨 주식을 고가에 다시 매입하게 된다. 그 후 주가는 갑자기 곤두박질치기 시작했고 뉴턴은 얼마 가지 못해 주가 폭락으로 총 2만 파운드(오늘날 시세로 약 40억 원)에 달하는 손실을 입고 파산하고 말았다. 이 사건 이후 뉴턴 앞에서 사우스씨 이야기를 꺼내는 것은 금기시됐고 그 누구도 다시는 사우스씨라는 단어를 그의 앞에서 떠올리지 않았다. 이 사건 때 그가 남긴 유명한 말이 있다.

"천체의 운동은 계산할 수 있지만 사람들의 광기는 도저히 계산 불가능하다."

천재 과학자 뉴턴도 자신의 욕심은 어떻게 하지 못했다. 이 일화는 만족할 만한 수익이란 기준이 얼마나 달성하기 힘든 것인지 잘 보여준다. 많은 사람들이 투자에 실패하는 이유는 싼 값에 투자를 시작했지만 팔지 못하기 때문이다. 조금만 더 올라가길 기다리다 혹시 가격이 하락하면 다시 반등할 것이란 생각에 계속 보유하고 있다가 결국 모든 투자금을 날리기도 한다. 또는 단기간에 높은 수익을 얻고 나면 뉴턴과 같이 곧바로 더 많은 투자금을 사용하다 결국 전부 손실을 보곤 한다. 결국 자신만의 적절한 수익률을 설정하고 이를 지키지 못하는 순간 투자가 투기로 바뀌게 되는 것이다.

TIP

폭등하는 비트코인을 보고 "투자할 걸"이라고 생각했다면 큰 오산이다. 오르는 종목을 사는 것과 수익을 얻는 것의 상관관계는 의외로 낮다. 예컨대 2020년 S제약을 샀다면 이론적으로 최대 16배 가까이 벌 수 있었지만, 반대로 −70%의 손실을 볼 수도 있었다. 워렌 버핏은 "주식이 오른다고 사는 것은 매우 바보 같은 짓이다."라는 말을 남겼다.

비트코인의 현 가격이 '적절한가?'에 대한 확실한 분석을 할 수 없다면 쳐다보지 않는 것이 현명하다. 모든 비트코인 주소 중 단 2%가 전체 물량의 95%이상을 가지고 있다는 점을 항상 명심하라. 당신이 보고 있는 비트코인 가격은 시장 가격이 아니라 누군가 조작한 것이라고 보는 것이 더 합리적이다.

Memo

2020년 페이팔(Paypal)은 자사 고객을 상대로 암호화폐 중개 서비스를 개시한다고 밝혔다. 비슷한 시기에 싱가포르 최대 상업은행인 DBS도 암호화폐 거래 관련 서비스를 개시한다고 발표했다. 페이팔은 한발 더 나아가 암호화폐를 물품 구매에 즉시 활용할 수 있게 서비스하겠다고 선언했다. 이 때문에 암호화폐에 대한 중대 전환점이 생긴 것처럼 떠드는 언론도 등장했다.

삼성전자가 카지노를 운영하면 포커가 도박이 아닌 기술로 바뀌는가? 결제 분야 세계 최고 기업과 거대 상업은행이 암호화폐를 중개한다고 해서 비트코인의 투기 속성과 자금세탁 위험이 사라지지는 않는다. 이 두 기업은 단지 중개 수수료가 돈이 되리라 판단한 것뿐이다.

한편, 페이팔은 물품 구매에 암호화폐를 쓸 수 있게 한다고 주장하지만, 정작 물품 판매자는 법화를 절대적으로 더 선호한다. 이 때문에 페이팔은 매번 중간 환전이라는 비정상적인 절차로 비용을 낭비하며 변동성 큰 구매자의 암호화폐를 법화로 바꾼 뒤 판매자에게 지급해야 할 것이다.

원래 기업이란 돈이 되면 뭐든 하려고 한다. 이 때문에 영리 추구만을 목적으로 하지 않는 사회적 기업에 대한 갈망이 더 커지고 있다. 암호화폐 중개 수수료 시장은 분명히 크다. 그러나 모두가 그 시장에 뛰어들지 않는 이유는 '사회적 기여'에 대한 기업들의 판단 기준이 다르기 때문일 뿐이다. 기업의 존재 이유를 '주주 이익의 극대화'로 주장하는 미국식 주주 자본주의는 돈만 되면 대량해고를 비롯해 뭐든 다하는 몰염치한 기업들을 양산했다. 최근 테슬라의 일론 머스크는 비트코인을 사면서 다른 사람들도 사라고 부추겼다. 카지노의 승자는 주인뿐이다. 코인 시장이 활성화되면 유일한 승자는 중개소일 뿐, 참여자 대다수는 돈을 잃고 극소수만 돈을 딴다. 이는 아무런 사회적 가치가 없다. 일론 머스크도 결국 남의 돈을 땄거나 잃었겠지만 그 과정에 아무런 사회적 기여를 못할 것은 분명하다.

7

블록체인과 미신

블록체인에 관한 책 상당수는 전문 지식이 없는 자들이 인터넷에 떠도는 잡다한 글들을 짜깁기해 나열하거나 암호화폐의 직간접적 당사자들이 자신들의 입장에서 부풀리고 지어낸 정보를 담고 있다. 이로 인해 블록체인 관련 도서가 많아질수록 오히려 왜곡된 정보가 더 퍼져 나가는 기현상이 생겼다. 특히 일부 교수나 유명 저널리스트, 법률가까지 가세해 잘못된 가정이나 사실에 기반해 자의적 해석을 덧붙여 또 다른 '소설'을 생산, 대중에게 블록체인에 관한 미신을 더욱 고착화시키는 결과를 초래했다. 특히 국내에서 가장 많이 팔린 블록체인 번역서 가운데 하나는 책에 기술된 블록체인의 효용성 대부분이 엉터리임에도 불구하고 많은 사람들이 인용하며 왜곡된 정보를 재생산하고 있다.

그 결과 블록체인에 대한 여러 미신이 퍼져 있다. 7장에서는 그 가운데 대표적인 몇 가지를 살펴보고 이를 바로잡아 보고자 한다.

7.1 목적과 수단 - 탈중앙화의 비용

인류는 인위적으로 금을 만들기 위해 연금술에 수천 년을 투자했다. 그 과정 속에서 화학을 중심으로 관련 학문이 눈부시게 발전했지만, 수많은 사람이 연금술에 그토록 매달린 이유는 학문적 호기심 때문이 아니라 돈 때문이었다. 과연 인류는 끝내 연금술에 실패한 것일까?

미국의 화학자 글렌 시보그Glenn Seaborg는 원자 폭탄 계획에 깊이 관여한 사람이다. 시보그는 원자번호 95에서 103에 이르는 초우라늄 원소를 만들어냈으며, 그 공로로 1951년 노벨 화학상을 받기도 했다. 1980년에는 입자 가속기를 동원해 83개의 양성자를 가진 원자번호 83번 비스무트Bismuth에서 4개의 양성자를 제거하는 데 성공한다.

글렌 시보그

그림 7-1 비스무트를 금으로 바꾸는 과정(출처: 위키미디어)

이는 인류가 비스무트를 변형해 원자번호 79번인 금을 만들어내는 데 성공한 것이며, 마침내 연금술 역사에서 쾌거를 이룬 것처럼 보이는 순간이었다. 그러나 입자 가속기까지 동원해 천문학적인 비용을 들인 그의 연금술로 제조된 금은 측정하기조차 어려울 정도의 소량인 데다 방사능 범벅이었다. 당시 실험을 위해 사용한 입자 가속기의 시간당 사용료는 5천 달러에 육박했고, 극소량의 금을 만들기 위해 소요된 입자 가속기의 사용료만 해도 6만 달러를 넘어섰다. 훗날 시보그는 인터뷰에서 "이 방법으로 1온스의 금을 만들려면 아마 1천조 달러 정도 소요될 것이다"라며 회고하기도 했다. 당시 금 1온스의 시세는 560 달러였다. 이 실험은 학문적 호기심 관점에서는 연금술의 성공이라 주장할 수 있지만, 결코 연금술의 성공으로 평가할 수는 없다. 연금술의 목적은 단순히 '금을 만드는 것'이 아니라 '금보다 싼 비용으로 금을 만드는 것'이기 때문이다.

'탈중앙화'는 목적이 아니라 수단이다. 어떤 비용을 치르더라도 탈중앙화를 성취하려는 것이 아니라 '탈중앙화'라는 수단을 통해 여러 가지 목적을 달성하고자 함이다. 그 가운데 블록체인으로 '제삼자를 배제하고 수수료를 없애는 유통의 혁명'을 얻을 수 있다는 주장도 탈중앙화라는 수단을 통해 이루고자 하는 목적 중 하나다. 많은 사람들이 블록체인을 이용한 탈중앙화가 저절로 이뤄진다고 착각하지만 사실 탈중앙화를 위해서는 엄청난 비용이 소모된다. 2017년을 예로 들어보자. 그해 1년 동안 비트코인 채굴업자들은 약 1억 건의 트랜잭션을 처리하고, 당시 시세로 한화 약 17조 원 정도의 보상금을 받았다. 최고 시세로 환산하면 22조 원에 육박한다. 채굴업자가 1년 동안 처리한 1억 건은 우리나라 금융결제원의 연간 처리량 가운데 0.9%, 즉 사흘치 처리량에 불과하다. 2017년 국내 모든 은행의 총수익은 12조 8천억 원에 불과했으며, 그중 모든 종류의 수수료를 합친 금액은 4조 원이다. 한편 같은 기간 중개소들은 약 10조 원이 넘는 수익을 올린 것으로 추정된다. 우리나라 금융결제원의 0.9%에 해당하는 거래를 처리하기 위한 탈중앙화를 위해 최소 26조 원 정도의 비용을 지출한 셈이다.

Memo

26조 원은 직접 비용에 불과하다. 전 세계에서 채굴했지만 보상을 얻지 못한 사람들이 사용한 에너지와 완전 노드가 돼 검증에 참여한 수만 개의 노드가 사용한 에너지 비용을 계산하면 전체 금액은 천문학적으로 올라간다. 2017년, 우리나라 금융결제원을 비트코인 블록체인으로 대체했다고 가정하면, 한 해 운영비에 최소 3천조 원 이상 소요됐을 것으로 예상한다. 우리나라 GDP의 두 배 가까이 되는 어마어마한 액수다. 물론 정교하지 않은 어림셈으로 비교한 것이지만 탈중앙화라는 것이 어느 정도 비용을 소모하는지 짐작하기엔 충분하다.

소프트웨어는 저절로 생겨나는 것이 아니다. 누군가 제작하고, 끊임없이 유지보수하며 오류를 수정하고, 애초에 생각하지 못했던 기능도 꾸준히 추가해야 한다. 이를 위해 사람의 에너지가 필요하다. 또한 소프트웨어를 구동하기 위해서는 막대한 기계의 에너지가 소모되며, 이를 유지할 수 있는 비용이 어디선가 끊임없이 공급돼야 한다. 그 비용은 수수료를 대신하는 비용이며, 탈중앙화를 유지하기 위해 치러야 할 대가다.

제삼자를 배제시켜 블록체인으로 수수료를 낮춘다는 주장은 마치 글렌 시보그의 실험을 연금술의 완성으로 둔갑시키는 오류에 비유할 수 있다. 이제 블록체인으로 수수료를 낮춘다는 주장이 왜 허황된 것인지 하나하나 살펴보자.

7.2 블록체인으로는 절대 수수료를 낮출 수 없다

비트코인 원 논문에는 "중재^{mediation}가 거래 수수료를 높여서 특히 소액 거래를 방해한다"는 설명이 나온다. 이 문장은 여러 곳에서 블록체인이 거래 수수료를 절감하기 위해 만들어졌다는 주장의 근거로 활용된다. '불필요'한 비용을 줄일 수 있다면 당연히 비용이 절감될 것이다. 블록체인은 과연 불필요한 비용을 줄일 수 있는 마법의 소프트웨어일까? 결론부터 얘기하자면 사토시 나카모토의 순진한 바람은 중재와 중계를 구분하지 못한 무지에서 비롯된 허상일 뿐이다.

7.2.1 중재와 중계

거래에 있어 제삼자의 역할은 크게 중개$^{仲介, mediation}$ 또는 중재$^{仲裁, mediation}$와 중계$^{中繼, relay}$로 나눌 수 있다. 중개 또는 중재란 제삼자가 적극적으로 개입하는 형태를 의미하며, 중계는 단순히 수동적 가교 역할을 의미한다. 블록체인에서 제삼자가 필요 없다는 주장은 잘못된 것이다. 브로드캐스팅에서 설명한 것처럼 블록체인은 각 노드가 제삼자로서 중계 역할을 해줘야만 시스템이 작동한다. 결국 제삼자의 역할만 달라졌을 뿐 제삼자를 배제할 수 있다는 주장은 잘못이다. 중요한 것은 블록체인의 중계에는 천문학적 비용이 소요된다는 것과 대부분의 금융 수수료는 중재가 아닌 중계에서 발생한다는 점이다. 우리가 은행에서 계좌 이체할 때 은행과 금융결제원의 역할은 중재가 아니라 중계다. 앞서 설명한 대로 블록체인은 중복에 의한 시스템이며 동시에 신뢰받는 제삼자를 없애기 위해 작업증명이라는 비효율적인 방법을 사용하고 있다. 따라서 중계 비용은 항상 더 올라갈 수밖에 없다. 항상 더 많은 에너지를 사용하기 때문이다.

7.2.1.1 블록체인은 중재를 없앤 것이 아니라 중재가 불가능하다

그렇다면 불필요한 중재는 어떨까? 불필요한 중재를 없앨 수 있다면 비용을 더 낮출 수 있는 것은 당연한 것처럼 보인다. 그런데 불필요하면 블록체인이든 아니든 그냥 없애면 된다. 기저 아키텍처와는 상관없다. 블록체인은 (불필요한) 중재를 없앤 것이 아니라 중재가 불가능하다. 이 때문에 꼭 필요한 중재 기능, 예컨대 자금세탁 방지 등의 기능도 구현 불가능하다.

제삼자의 중재는 통상 소비자의 필요에 의해 발생한다. 때문에 필요시 기꺼이 수수료를 지불하면서 그 서비스를 이용하는 것이다. 부동산 중개 수수료를 지불하는 이유는 직거래 위험성을 줄이기 위한 보험적 성격 때문이다. 한편 금융에는 꼭 필요한 중재가 많다. 계좌번호 입력 오류로 송금을 잘못한 경우, 계좌 비밀번호를 분실한 경우, 보이스 피싱 등 범죄로부터 추가 피해를 방지해야 할 경우, 신용카드 도난 등 금융기관의 적극적 개입이 필요한 꼭 필요한 중재가 수도 없이 많다. 블록체인은 이런 중재 자체가 불가능하다. 암호화 키를 분실하거나 비트코인을 잘못된 주소로 보내면 그것으로 끝이다. 다시는 회복할수 없다.

블록체인이 수수료를 낮출 수 있다는 잘못된 정보는 '제삼자를 배제'한다는 것을 잘못 이해한 것과 블록체인의 중계에 천문학적인 자원이 소모된다는 사실을 이해하지 못한 무지에서 비롯된 것이다. 블록체인은 제삼자의 중계에 의해 유지되며, 제삼자에 의한 중복과 반복에 기반한 시스템이므로 항상 더 많은 자원을 소모할 수밖에 없다. 누군가 손해를 보지 않는다면 항상 비용이 더 들 수밖에 없는 구조다. 1+1이 1보다 작을 수는 없다.

7.2.2 블록체인과 직거래

직거래에 대한 오해도 적지 않다. 다음 그림을 보자.

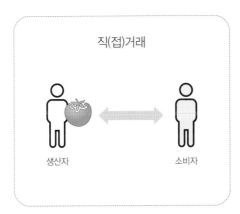
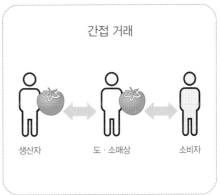

그림 7-2 직(접)거래와 간접 거래

그림 7-2는 직(접)거래와 간접 거래의 차이를 보여주고 있다. 왼쪽에 보이는 직(접)거래에서는 생산자가 만든 물건을 소비자가 바로 구매하는 프로세스인 반면, 오른쪽의 간접 거래에서는 중간 상인이 생산자로부터 1차로 구매한 물품을 소비자가 간접적으로 거래하는 모습을 보여준다. 우리가 대형마트나 전통시장에서 물품을 구매할 때는 이러한 간접 거래를 하고 있으며, 상거래 행위의 거의 대부분을 차지하는 형태다.

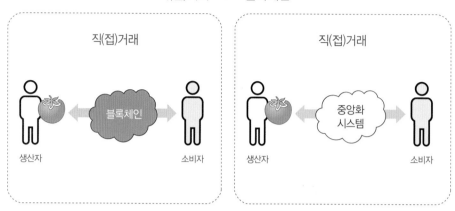

직(접)거래 ≠ 블록체인

직(접)거래

블록체인

생산자　　　　　소비자

직(접)거래

중앙화
시스템

생산자　　　　　소비자

그림 7-3 직(접)거래를 구현하는 여러 형태

한편 그림 7-3은 직(접)거래를 구현할 수 있는 여러 방법을 보여주고 있다. 중간 상인이 사라진 직(접)거래는 생산자의 물건을 소비자가 직접 사는 형태로 이베이나 아마존, 네이버, 홈쇼핑 등을 통해 물품을 거래하는 것을 생각하면 된다. 이 경우 아마존이나 홈쇼핑 등은 '중계인' 역할을 하고 있지만 형태는 여전히 직(접)거래에 해당한다. 중계인은 단지 직(접)거래를 위한 플랫폼을 제공하고 있을 뿐, 중간 상인과는 완전히 다르다. 그러므로 직(접)거래를 위해 반드시 블록체인 시스템이 필요한 것은 아니다. 너무나 당연한 이 사실은 매우 중요하다. 상당수 사람들이 직(접)거래라는 단어와 블록체인을 무의식 중에 동일시하고 있기 때문이다. 블록체인은 직(접)거래를 구현할 수 있는 수많은 방법 중 하나에 불과하며, 직(접)거래를 위한 필수 조건이 아니다. 이 관점에서는 '중계인이 있는 직거래'와 '중계인이 없는 직거래'로 분류할 수 있으며 아마존이나 블록체인을 이용한 거래는 모두 중계인이 '있는' 직거래에 해당된다.

TIP

재미있는 점은 기술적 측면에서 보면 블록체인 거래는 P2P 직거래가 아니라는 것이다! 모든 트랜잭션은 브로드캐스팅을 취하므로 거래 당사자 간의 직접 트랜잭션은 절대 일어나지 않는다.

7.2.2.1 블록체인을 사용한 전력 직거래의 허구

블록체인을 사용한 전력 직거래를 통해 수수료 비용을 획기적으로 줄였다고 주장하는 업체들이 있다. 일부는 자국 정부로부터 기술 기업으로 인정받아 투자까지 받았으며, 국내 언론에도 여러 번 보도된 적이 있다. 그런데 블록체인을 사용해 수수료를 낮췄다고 선전하는 이런 기업들은 정작 어떤 원리로 수수료를 낮출 수 있었는지에 대해 몇 년이 지난 지금까지 명쾌한 설명이 없었으며 대부분은 여전히 '시범' 사업 중이다. 앞서 말한 것처럼 블록체인으로는 절대 수수료를 낮출 수 없다. 그렇다면 과연 어떻게 수수료를 낮췄다는 것일까?

일부 비뚤어진 기업의 전형적인 수법은 겉으로는 (손해를 보면서) 수수료를 획기적으로 낮추고 뒤로는 코인을 내다 팔아 손해 이상의 수익을 얻는 편법을 동원하는 것이다. 표면적으로는 블록체인을 내세워 기술 기업으로 포장하고 마치 기술 혁신을 통해 수수료를 절감한 것처럼 호도하지만, 실제로는 코드 몇 줄로 ERC-20 토큰을 발행한 것이 그들이 말하는 블록체인 기술의 전부다. 이렇게 발행된 의미 없는 코인은 전 세계 중개소를 통해 판매돼 이들의 배를 불린다.

전력 직거래는 블록체인이라는 소프트웨어가 아니라 마이크로 그리드^{micro-grid}라는 물리적 구성 덕분이다. 과거에는 개별적 축전^{蓄電}이 힘들어 지역적으로 생산된 모든 전력을 중앙 전력회사로 송전한 다음 위탁 판매했으나 최근에 ESS^{Energy Storage System}라는 개별 축전 장치가 보급되면서 점-대-점 간의 직접 전력 전송이 가능해진 것이다. 이 때문에 직거래를 위한 인프라가 가능해진 것이다. 이러한 전력 직거래를 위한 소프트웨어는 비효율적인 블록체인이 아니라 효율적인 중앙화 서버 시스템이 훨씬 더 유리할 수 있다. 응용 분야가 무엇이든 블록체인으로는 수수료를 낮출 수 없다. 전력이든 무역이든 상거래든 그 어떤 분야도 블록체인으로 수수료를 더 낮춘다는 주장은 완전한 엉터리이다. 수수료를 낮출 수 있는 유일한 방법은 디지털화를 통해 업무 효율이나 제도, 절차를 개선해 비용을 절감하는 것뿐이다.

7.3 블록체인은 데이터베이스가 아니다

블록체인을 둘러싼 또 다른 오해 가운데 하나는 블록체인을 안전한 저장 장치로 착각하는 것이다. 많은 사람들이 블록체인에는 무엇을 저장하든 가장 안전하게 보관된다는 잘못된 지식을 갖고 있다. 특히 '일단 저장하면 다시는 변경할 수 없는 장치'라는 과장된 표현은 '안전'이라는 단어로 왜곡된 듯하다.

이 잘못된 믿음에는 두 가지 오류가 있다. 첫째, 블록체인에 보관한 정보는 절대 '안전'하게 보호되지 않는다. 그와 반대로 저장하는 즉시 바로 '노출'된다. 정보보호는 변경되지 않는 것을 의미하는 것이 아니라 허가받지 않은 자가 정보에 접근하는 것을 통제하는 것을 의미한다. 비밀이 만천하에 다 드러나는데 변경하기 힘든 장치라는 것이 무슨 의미가 있는가?

둘째, 블록체인은 정보를 저장하거나 조회하는 것이 극도로 힘들며, 이를 위해서는 엄청난 에너지가 소비되는, 현존하는 가장 비싸며 비효율적인 저장 장치다. 이는 방대한 데이터를 효율적으로 저장하고 손쉽게 조회, '변경'하는 것을 그 목적으로 하는 데이터베이스와 완전히 상충되는 속성이다.

데이터베이스는 단순히 데이터를 저장하는 장치가 아니다. 검색과 읽기, 쓰기, 안전한 보안 등에 모두 효율적인 장치여야 한다. 앞서 MP3 한 곡을 저장하는데 수억 원이 필요했던 적을 떠올려보면 블록체인을 데이터베이스로 사용하려는 것이 얼마나 허황된 발상인지 잘 알 것이다.

7.3.1 진실의 무게

2018년 4월 23일 이더리움의 5,492,770번 블록에 중국으로부터 트랜잭션 하나가 기록된다. 이 트랜잭션은 자기 자신에게 0이더리움을 전송하면서 다음과 같은 숫자를 같이 남겼다.

"0x4469736170706f696e74656420627920746865206f6666696369616c20
73746174656d656e74206f662050656b696e6720556e697665727369747
2c20686f706520504b552077696c6c206e6f74207374616e64206f6e2074686
652077726f6e672073696465206f662074686973206973737565e204b656
570207374726f6e6721202d2d416e6f6e796d6f75732c20696e205473696e
6768756120556e697665727369747479"

알쏭달쏭한 이 16진수를 UTF-8이라는 컴퓨터의 언어 표현 형식으로 변환해보면 다음과 같은 영문으로 바뀐다.

"Disappointed by the official statement of Peking University, hope PKU will not stand on the wrong side of this issue. Keep strong! --Anonymous, in Tsinghua University(북경대학교의 공식 발표는 실망스럽다. 북경대학교가 이번 문제에 관해 진실의 편에 서기를 바란다. 힘을 냅시다! - 칭화대학교에서 익명의 지지자)"

이 글은 북경대학교의 여학생 유에신Yue Xin이 20년 전에 있었던 성폭력 사건에 대해 조사해 달라는 청원을 낸 후 학교로부터 받은 비합리적인 처사에 항의하는 메시지였다. 유에신을 비롯한 학생들은 북경대학교 교수 센 양Shen Yang을 1998년 성폭행을 당한 여성이 자살했던 사건의 범인으로 지목하고 학교에 철저한 조사를 요구하는 청원을 냈지만 묵살당하자 이더리움에 메시지를 남겨 전 세계에 진실을 알리고자 한 것이다. 이더리움에 적힌 이 메모를 전 세계 사람들이 열람하게 되면서 중국 내에서도 큰 반향을 불러일으켰고 해당 사건의 철저한 조사를 요청하는 타 대학 학생들의 지지도 이어졌다.

한편 이더리움의 이 메시지는 또 다른 측면에서도 논란을 일으킨다.

긍정적인 측면을 부각하는 측은, 이 사건은 블록체인이 진실을 영원히 기록할 수 있는 검열 받지 않는 모두의 플랫폼이라는 사실을 증명했다면서 한껏 목청을 높였지만 또 다른 사람들은 블록체인에 거짓이 적힌다면 어떻게 될 것인가라는 점과 사실 여부를 떠나 개인정보를 함부로 노출할 수 있는 위험과 함께 '잊혀질 권리'가 박탈당하는 것을 누가 정당화할 수 있는가에 대해 의문을 제기했다.

블록체인은 진실을 기록하는 장치가 아니다. 진실이든 거짓이든 그저 기록하면 그대로 남는 장치에 불과하다. 블록체인에 기록되는 것이 진실인지 아닌지 가려낼 수 있는 방법은 당연히 없다. 앞서 여러 번 설명한 것처럼 블록체인에 기록된 것은 (사실 여부에 관계없이) 모든 사람에게 완전히 노출되므로 누군가 이곳에 민감한 개인정보를 고의적으로 기록하거나 악의적 거짓을 기록한다면 이를 삭제할 수 있는 방법은 (막강한 해시파워를 가진 전문 채굴꾼이 아니면) 없다. 이 기록 장치가 악용될 경우에는 돌이킬 수 없는 부작용을 낳을 수 있다는 사실을 많은 사람이 인지하게 된 것이다.

TIP

참이든 거짓이든 일단 기록하면 그 변경에 천문학적인 비용이 드는 장치? 여러분 주변에는 과연 그런 장치가 필요한 곳이 있는가? 이러한 장치는 '안전'한 장치와는 완전히 다른 개념이다.

Memo

〈마인크래프트(MineCraft)〉는 전 세계에서 가장 많이 팔린 게임이다. 가상의 공간에 다양한 건축물을 만들 수 있고, 전 세계 어디에서나 접속할 수 있다. 최근 〈마인크래프트〉가 주목받은 이유가 있다. 바로 '검열 받지 않는 도서관' 때문이다.

'국경 없는 기자회'는 1985년 프랑스 기자가 만든 단체로, 전 세계의 언론 자유를 감시하는 활동을 한다. 최근 이 단체는 〈마인크래프트〉 게임 속에 가상의 도서관을 생성한 다음, 전 세계에서 검열당한 기사 등을 게재하고 있다. 여기 게재된 검열 기사들은 국경 없는 기자회가 피땀을 흘려 이해 당사자들에게 일일이 허가를 받은 것들이다. 최근 사우디아라비아 왕세자에 의해 살해된 것으로 추정되는 자말 카슈끄지(Jamal Khashoggi)에 관한 기사 역시 유족들의 허락을 받고 전재했다. 〈마인크래프트〉는 북한을 제외한 전 세계 모든 나라에서 접속해 게임할 수 있다. 이 가상의 도서관은 진실의 플랫폼을 구성하는 것은 소프트웨어 플랫폼이 아니라 진실된 콘텐츠를 지키려는 사람의 의지가 핵심임을 잘 보여주고 있다.

〈마인크래프트〉의 검열 없는 도서관(출처: 국경 없는 기자회)

7.4 블록체인은 보안 도구가 아니다

블록체인은 기록의 불변성을 돕기 위해 해시함수를 '사용'하고 있다. 바로 이 점 때문에 많은 사람이 블록체인을 보안 도구로 오해하고 있다. 해시함수를 이용하는 모든 프로그램이 보안 도구가 되는 것이 아니듯 블록체인 역시 해시함수의 이용자일 뿐, 그 자체가 보안 도구는 아니다. 해시함수를 통해 기록의 변경을 탐지하는 것은 보편적으로 사용되는 기술이다. 또한 해시함수는 해킹을 방어하는 것이 아니라 주로 해킹으로 피해를 입었을 때 사후에 이를 쉽게 인지하도록 도와주는 기술과 연계돼 있다.

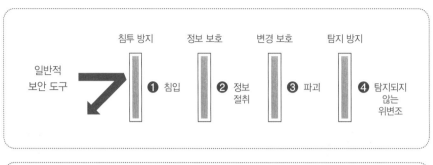

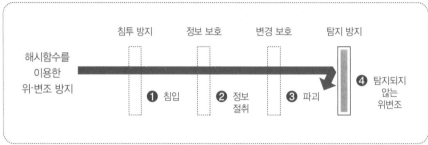

그림 7-4 해킹의 단계

그림 7-4는 해킹의 단계를 세분화해 보여주고 있다. 해킹의 첫 단계는 먼저 시스템에 대한 침입(❶)이다. 일단 침입에 성공하면 어떤 권한을 획득해 침입했는지에 따라 서로 다른 수준의 읽기 권한을 사용해 정보의 절취(❷)가 가능하다. 해커가 시스템에 대한 변경 권한인 '쓰기 권한'은 획득하지 못해도 정보 절취만으로도 만족할 수준의 이득을 얻을 수 있다. 그 다음 단계는 '쓰기 권한'까지 획득한 후 시스템을 변경(❸)하는 것이다. 시스템 변경은 파괴를 수반하기도 한다. 정교하게 값을 위변조하는 대신 시스템을 복구 불능의 파괴 상태로 만드는 공격을 감행할 수도 있다. 마지막 단계는 탐지되지 않는 위변조(❹)이다. 모든 권한을 동원해 시스템 내 내용을 변경하고도 들키지 않는 궁극적인 단계다.

보안 도구는 이 모든 단계를 효과적으로 방어하는 기능이 필요하지만, 블록체인에서 사용된 해시함수는 ❹와만 연계돼 있고 이는 사후 탐지 기능이며, 방어가 아니다. 한편 블록체인은 모든 데이터가 전체 노드에 공유되므로 ❶, ❷단계는 공격 자체가 불필요하다. 따라서 현재 해시함수를 사용해 ❹의 방어를 구축 중에 있다면, 그것은 블록체인을 이용하는 것이 아니라 해시함수를 '이용'하고 있는 것이며, 새로울 것이 없는 고전적 방법을 사용하는 것일 뿐이다. 비트코인이나 이더리움 등의 블록체인이 사용하는 머클트리 해시 방식은 1979년에 개발된 것이다.

블록체인은 '서비스 중단(Denial Of Service)' 공격을 효과적으로 방어한다. 모든 노드가 동등한 역할을 하므로 서비스 중단을 위해서는 전체 노드를 공격해야 한다. 이는 중앙 서버만 공격하면 서비스를 중단시킬 수 있는 중앙화 시스템과는 극명한 차이가 난다. 그러나 이러한 장점을 위해 모든 시스템을 블록체인처럼 구성하려는 것은 어리석은 생각이다. 블록체인이 모든 노드를 동등하게 구성할 수 있는 가장 큰 비결은 지극히 단순한 작업만 반복하기 때문이다. 작업의 난이도가 조금만 올라가도 블록체인으로 구성하는 것이 비용 구조상 불가능해진다. 복잡한 중앙화 시스템은 블록체인으로 구성할 수도 없고, 구성해서도 안 된다.

7.5 탈중앙화의 실체

비트코인 소스는 bitcoin.org라는 도메인을 소유한 집단이, 이더리움 소스는 이더리움 재단에서 독점적, 배타적으로 관리한다. 이들은 스스로 민주적 회의체를 통해 프로그램의 변경을 수행한다며 자신들을 '믿으라고' 강변한다. 하지만 중앙정부는 못 믿으니 자신들을 믿으라는 말은 그 자체로 모순이다. 이제 블록체인은 탈중앙화를 통해 독립적으로 투명하게 운영된다는 거짓이 적나라하게 드러난 The DAO 사건을 살펴보자.

7.5.1 The DAO 사건

DAO는 Decentralized Autonomous Organization의 줄임말로, 번역하자면 '탈중앙화 자율 기구' 정도로 할 수 있겠다. 이 단어는 블록체인을 통한 독립성, 투명성을 상징하는 단어처럼 암호화폐 커뮤니티를 중심으로 빠르게 퍼져 나갔다.

2016년, 이더리움 진영은 DAO의 모범적 사례를 통해 스마트 컨트랙트의 진정한 효용을 보여주고 싶었다. 비탈릭 부테린을 중심으로 한 이들은 The DAO라는 조직을 결성한 후 흥미로운 실험을 구상한다.

The DAO가 진행했던 실험의 아이디어를 정리하면 다음과 같다.

1. 신생 기업 투자를 위해 이더리움을 가진 사람들을 대상으로 투자를 유치한다.
2. 이더리움을 투자한 사람들에게는 자체 발행한 토큰을 1대 100의 비율로 지급한다.
3. 펀딩이 완료된 후 투자가 필요한 신생 기업으로부터 사업 계획서를 접수받는다.
4. The DAO에 투자한 사람들은 투표권 행사를 통해 어느 업체에 투자할 것인지 결정한다.
5. 선택된 업체는 이더리움으로 투자를 받고, 여기서 이익이 생기면 투자자들끼리 나눈다.

평범한 펀딩과 투자 활동으로 보이는 이 아이디어에는 기존의 방법과는 다른 핵심적인 차이가 있었다. 다름아닌 탈중앙화된 관리였다. 그들은 이 실험의 전 과정에 걸쳐 이사회를 비롯한 어떠한 조직도 구성하지 않기로 정하고, 오로지 이더리움 블록에 저장된 스마트 컨트랙트만을 사용해 전체 프로세스를 진행하기로 했다. 그야말로 DAO의 정신에 걸맞은 발상인 것처럼 보였다. 이들은 자신들의 아이디어를 이더리움의 스마트 컨트랙트로 프로그램한 후 자신 있게 소스 코드를 공개하기도 했다. 그리고 곧바로 실행에 옮겼다. 반응은 폭발적이었다.

모금은 성공적이었다. 무려 1,270만이더가 모금됐다. 전체 발행량의 14%에 이르는 막대한 양이었고, 당시 시세로는 대략 1억 5천만 달러(한화 1,650억 원)에 육박하는 것이며, 이더리움의 역대 최고 시세[1]로 환산하면 한화 20조 원에 육박하는 어마어마한 액수였다.

그런데 이 스마트 컨트랙트에는 엄청난 버그가 하나 숨어 있었다. 환불에 관련된 오류였다. 프로그램은 투자 모집 기간에 고객이 환불을 요청해오면 바로 환불해주도록 코딩돼 있었다. 문제는 환불 요청이 들어오면 환불 완료 플래그를 설정한 후 대금을 지불하지 않고, 먼저 대금을 환불하는 함수부터 호출하고 나서 환불 완료 플래그를 설정하도록 만들어진 데 있었다. 블록체인에서는 이런 값의 변경에 많은 시간이 소요된다.

```
function splitDAO(
        uint _proposalID,
        address _newCurator
) noEther onlyTokenholders returns (bool _success) {

        …

        Transfer( msg.sender, 0 , balances[msg.sender] ) ;
☞       withdrawRewardFor(msg.sender) ; //환불 집행

        totalSupply -= balances[msg.sender] ; // 환불 처리
        balances[msg.sender] = 0;
        paidOut[msg.sender] = 0;
        return true;
}
```

그림 7-5 스크립트의 실제 버그 부분

그림 7-5는 The DAO가 실제 사용했던 코드의 실제 부분을 보여주고 있다. 손가락 부분에 있는 것처럼 프로그램은 먼저 환불을 집행하는 함수(withdrawRewardFor)를 호출한 후 환불 완료를 그다음에 처리하도록 코딩돼 있다. 이 때문에 환불 처리 완료 전 동일한 요청이 또 들어오면 환불을 집행하는 함수가 반복적으로 호출될 수 있는 문제점을 안고 있

---

1 이더리움의 역대 최고 시세는 1이더당 약 1,420.87달러였다. 2016년 당시 시세는 10달러 정도였고, 2020년 9월 초 기준으로는 약 400달러 수준이다.

었다. The DAO는 자신들의 소스 코드를 모두에게 공개해 둔 터라 이 취약점은 해커의 눈에 바로 포착된다.

2016년 6월 17일, 해커는 투자금 환불을 반복적으로 요청하는 공격을 감행한다. 환불 플래그가 설정되기도 전에 또 다른 환불 요청이 들어오자 프로그램은 대금을 반복적으로 환불해줬다. 그 결과, 무려 360만이더리움, 전체 모금액의 28%나 되는 거액을 도난당하게 된다. 당시 시세로 5,400만 달러(약 6백억 원)에 육박했고 이더리움의 역대 최고 시세로 환산하면 우리돈 5조 6천억 원에 해당하는 천문학적인 금액이다. 그러나 한 가닥 희망이라면 아직 도난당한 금액이 완전히 인출된 상태는 아니라는 점이었다. 펀딩에 관여된 모든 계정은 28일 동안 인출이 묶이도록 프로그램이 설정돼 있어서 다행히 피해를 입은 금액은 아직 해커의 계정으로 인출되지 않은 상태였다. 그러나 시간이 지나면 고스란히 해커의 은닉된 계정으로 돈이 옮겨 가 다시는 찾지 못할 운명이었다. The DAO는 발칵 뒤집혔다. 이 해킹 시도 사건 후 이들은 상반된 두 의견으로 극렬히 대립한다. 비탈릭 부테린이 주축이 된 쪽은 하드포크를 통해 해커에게 도난당한 투자금을 되찾으려 했다. 그러나 이는 한 번 기록한 것은 변경되지 않아야 한다는 블록체인의 기본 정신을 해치는 것은 물론, 어떠한 조직도 인위적으로 개입해서는 안 된다는 DAO의 근본 취지에도 정면으로 반하는 것이었다. 이사회도 조직하지 않고 독립성을 강조하던 The DAO가 오히려 앞장서서 인위적인 개입을 하는 모양새가 될 수 있었다.

한편 반대파는 블록체인과 The DAO의 원래 취지에 따른 독립성을 강조했다. 해킹 피해는 블록체인의 문제가 아닌 프로그램 실수인 점을 인정하며 모든 손실을 감수하더라도 기록을 변경해서는 안 된다고 격렬히 맞섰다. 그러나 이러한 대립은 싱겁게 결말이 났다. 비탈릭 부테린은 시스템 전체 해시 파워의 무려 90%가 넘는 채굴업자 집단의 지지를 등에 업고 1,920,000번 블록부터 주저 없이 하드포크를 감행해 도난당한 계정에 있던 이더리움을 원래 주인에게 돌려줬다. 그러나 이 하드포크의 결과로 이더리움은 서로 다른 두 블록체인으로 갈라서게 된다.

어이없게도 격렬히 반대해 원래의 이더리움을 지켰던 사람들은 더 이상 이더리움이라는 단어를 사용하지 못하게 됐다. 하드포크로 갈라져 나간 비탈릭 부테린이 이더리움 재단을 이끌고 있으므로 당연히 이더리움이라는 이름은 새로 갈라져 나간 부테린의 몫이었기 때문이다. 원래의 이더리움은 그 명칭을 빼앗기고 지금은 '이더리움 클래식'이라는 다른 이름으로 남아 있다.[2] 엄밀히 말하면 이더리움 클래식이 진정한 이더리움이며 지금의 이더리움은 가짜 이더리움이라고 주장할 수도 있다. 이 사건은 The DAO의 시작이자 마지막이 됐다.

한편 하드포크에는 중개소의 도움도 절실하다. 이더리움을 거래하는 중개소도 하드포크에 맞춰 지갑 프로그램을 수정해야 하기 때문이다. 당시 이더리움 거래량의 50% 이상을 차지하던 폴로닉스^{Poloniex}와 크라켄^{Kraken}도 적극 협조했으며, 덕분에 하드포크는 성공할 수 있었다.

이 사건은 많은 사람에게 블록체인에 대한 회의를 불러일으켰고, 누구의 간섭도 받지 않는 독립적인 환경이란 불가능하다는 것을 잘 보여줬다. 작업증명 기반의 블록체인조차 채굴업자들만 규합하면 소수의 지배 권력이 언제든 자신들이 원하는 방향으로 내용을 바꾸고 영향을 미칠 수 있음을 적나라하게 보여준 것이다. 소프트웨어는 반드시 누군가 관리해야 하며, 이에 참여한 사람들은 늘 자신들에게 유리하도록 영향력을 행사하려 든다. 이들은 그 누구의 간섭도 받지 않는 통제 불능의 조직이다. The DAO가 이더리움을 받으면서 1대 100으로 지급했던 토큰은 원래 폴로닉스와 크라켄 등의 중개소에서 거래되고 있었지만, 하드포크 직후 모든 중개소에서 퇴출당했다. 블록체인은 채굴(혹은 기록)을 장악한 소수 집단이 언제든지 자신들의 이익을 위해 변경하고 조작할 수 있는 시스템인 것이다.

---

2   2020년 9월초 기준으로 이더리움 클래식의 시세는 5달러에 불과하다.

The DAO가 기획한 아이디어는 중앙 집중 서버에서 구현하는 것이 오히려 더 효과적일 수 있다. 그들이 탈중앙화를 위해 이사회 등을 구성하지 않는 것은 소프트웨어가 아니라 자신들이 정한 규칙이며, 블록체인과는 무관하다. The DAO의 실험을 위해 블록체인이 도움을 준 것은 거의 없다. 그들은 오히려 더 느리고 더 비효율적이며, 더 불안정한 이더리움을 사용함으로써 불필요한 문제를 스스로 초래하며 예기치 않은 사고를 당한 것이다. 이 프로젝트에서 굳이 이더리움 블록체인을 사용해야 하는 유일한 이유는 투자자들의 익명성 보장뿐이었다.

7.5.2 그 누구도 '개입'되지 않는 시스템이란 존재할 수 없다

소프트웨어는 '사람'이 제작하고 '사람'이 운영한다. 블록체인 재단은 그저 사익 집단일 뿐이다. 특히 '비탈릭 부테린'이 주도하는 이더리움은 수많은 인위적인 변경을 가했고 구매자들은 이를 수용할 수밖에 없다. 암호화폐의 생산과 구매를 하나의 계약으로 본다면 생산자 측이 일방적으로 계약 내용을 변경하더라도 구매자 측은 대응할 방법이 없다고 볼 수 있다. 이더리움 재단은 자신들의 사익을 위해 프로그램 내용과 계약 내용을 수시로 변경하지만 이를 구매한 측은 급락하는 시세에 아무런 대항을 못하고 그저 지켜봐야만 한다. 은행 같은 금융기관은 관련 법령으로 견제되지만 블록체인은 배타적 지배권을 행사하고 있는 소수의 전횡에 휘둘리더라도 막을 수 있는 방법이 없다.

7.5.3 탈중앙화와 통제 불능

'탈중앙화'의 동의어는 '투명'이나 '정직', 또는 '자유'가 아니다. '탈중앙화'는 권력을 배제시킨다고 떠들지만, 권력을 배제시킬 수 있는 소프트웨어라는 것은 망상에 불과하다. 권력은 소프트웨어로 통제되는 것이 아니라 그를 사용하는 사람에 의해 통제되는 것이다. 어떤 기교로 '현재의 권력'을 일시적으로 따돌릴 수는 있겠지만, 모든 권력을 영원히 배제할 수는 없다. 현재의 권력이 사라지면 그 자리에는 또 다른 권력이 등장하며, 이권이 많이 걸릴수록 그 속도는 빨라진다. 한편 새로 등장한 권력이 이전보다 나을 가능성은 없다.

정부는 투표라는 수단에 의해 국민이 선출한 최고 권력 기구다. 정부는 권력으로 국민을 지배하지만, 국민은 투표라는 권력으로 정부를 견제한다. 정부의 큰 역할 중 하나는 잡다한 다른 권력들을 적절히 통제하는 것이다. 국가 권력이 배제되면, 그 자리는 통제받지 않는 권력이 차지한다. 인간이 이기적인 동물이라는 가정하에서는 '통제받지 않는' 권력이 선할 가능성은 없다. 그러므로 '탈중앙화'에 가장 근접한 동의어는 '통제 불능'이다.

블록체인은 사토시 나카모토의 순진한 이상처럼 권력 기관의 개입을 막아 더 투명해지는 세상을 구축하는 기반이 아니라 선출된 권력을 배제시키고 '통제 불가능'의 혼란을 구축하는 플랫폼으로 악용될 수 있으며, 이 우려는 이미 암호화폐를 통해 현실화됐다. 암호화폐 광풍의 이면에는 절대 익명이라는 통제 불능의 보호막 뒤에 숨어 시세를 조종, 선동하는 신흥 세력이 있다. 이들은 이미 암호화폐 시장을 장악하고 통제하며, 사람들을 마음껏 유린하고 있지만 '블록체인'과 '디지털 자산'이라는 단어 뒤에 숨어 아무런 제재 없이 마음껏 부를 늘리고 있다. 거대한 부를 손에 쥔 이들은 이제 권력과 법조계까지 움직이고 있다. 이들은 250년이 된 애덤 스미스의 '보이지 않는 손'을 전면에 내세우며 규제 철폐를 외친다. 그러나 '보이지 않는 손'을 가장 잘 실현해줄 수 있는 것은 권력을 가진 '보이는 손'이다. '보이는 손'이 투명하게 개입할 때 '보이지 않는 손'이 제 역할을 한다.

TIP

블록체인으로 형성된 세상은 프로그램이 아니라 그것을 '사용하는' 사람들이 만든 것이다. 통제가 불가능해지면 그 결과는 자명하다. '국가 기관으로부터 독립된 화폐'는 '깨끗하고 독립된 화폐'라는 의미가 아니라 '통제 불가능을 통해 부의 불균형을 극대화하는 화폐'와 동의어인 셈이다.

이더리움과 비트코인은 비영리 단체가 독립적으로 운영한다고 주장한다. 그러나 이 집단은 주로 암호화폐 개발자나 채굴업자, 중개소로 구성되며 프로그램의 개발과 유지보수를 지배한다. 정부나 공공 기관과 달리, 이들을 감시할 수 있는 기구가 없으며 통제할 수 있는 수단도 없다. 이들은 다수결이라는 형식을 취하지만, 중개소에 돈을 넣고 암호화폐를 사고 파는 모두의 이익을 대변해 투표하는 것이 아닌, 오로지 자신들의 이익만을 위해 투표한다. 블록체인이라는 프로그램으로 탈중앙화가 저절로 성취되는 것으로 착각하고 있었다면 한시바삐 깨어나는 것이 좋다. 비트코인이 탄생하고 11년이 흐르면서 얼마나 많은 불필요한 새로운 권력이 생겨났는지 생각해보면 쉽게 이해가 될 것이다.

7.6 시중의 블록체인 프로젝트 사례

7.6.1 뱅크 사인

뱅크사인은 블록체인을 기반으로 은행권 공동 인증 서비스 구축을 표방하면서 2018년 8월 27일 공식 출범한 서비스다. 이 프로젝트의 핵심은 기존의 공인인증서를 대신해 범 은행권에서 사용할 수 있는 새로운 공용 인증 서비스였고 18개 시중 은행 가운데 15개 은행이 참여했다. 카카오뱅크, 시티뱅크, 산업은행은 참여하지 않았다.

아키텍처의 형태는 소위 컨소시엄 블록체인으로, 패브릭에 기반한 삼성의 넥스레저^{Nexledger}를 사용한 것으로 알려졌다. 이 프로젝트는 은행권이 컨소시엄을 이뤄 공동으로 사용할 인증서를 관리하자는 데 합의했다는 점에서 그 의의를 찾을 수 있다. 그러나 금융결제원이 지원하는 생체 인증을 통한 공동 인증 서비스 또는 오픈 API를 통한 컨소시엄 형태의 공동 인증 등 다양한 대체 수단이 존재한다는 점에서는 공동 인증 서비스 플랫폼을 왜 굳이 비효율적인 패브릭으로 구성했는지 이 프로젝트의 상대적 장점이 무엇인지 서로 비교해보는 것이 필요해 보인다. 또한 블록체인 프로젝트라는 명칭보다는 오히려 컨소시엄 네트워크 프로젝트라는 것이 기술적으로 더 적절한 용어로 보인다는 지적도 있다. 뱅크사인은 매년 갱신해야 하는 공인인증서와는 달리 3년마다 갱신한다는 등 나름대로의 강점을 내세우며 대대적으로 마케팅을 펼쳤지만, 시장에서의 반응은 전무하다시피 하다.

7.6.2 K생명의 소액 보험금 지급 시스템

K생명은 2017년 말 소액 보험금을 간편 지급하기 위해 블록체인을 사용한다고 홍보했다. 이 프로젝트의 의의는 그동안 보험사가 소극적으로 꺼리던 보험금 지급을 자발적으로 간소화하는 시도를 했다는 측면이다. 그러나 소액 보험금 지급의 핵심은 진료 데이터라는 개인정보를 보험사로 즉시 전송할 수 있느냐와 그 데이터를 보험사가 신뢰할 것인가에 관한 것이며, 이는 디지털 기술보다는 법이나 보험금 지급 규정과 깊은 관련이 있다. 사실 소액 보험금 간편 지급을 가로막고 있는 것은 기술이 아니라 법 개정을 하지 못하고 있기 때문이며, 특히 의사들은 '개인정보보호'라는 표면적 이유를 앞세워 10년이 넘도록 반대하고 있다. 이 때문에 국회에서는 법안 발의와 폐기가 반복되고 있다. 21대 국회에서 민주당의 전재수, 고용진 의원은 또 다시 이 법안을 발의한 상태다.

따라서 기술이 아닌 법령 개정과 밀접히 연계된 소액 보험금 지급을 블록체인으로 어떻게 개선했다는 것인지 모호해 보인다. K생명은 간편 인증 기술을 위해 블록체인과 IoT를 활용했다고 설명했는데, 그것만으로는 보편적이고 안전한 기존 방식과의 차이가 무엇인지 알기 쉽지 않다.

여하튼 그 기저 아키텍처와 상관없이 금융권에서 먼저 소비자를 위해 디지털 기술을 이용해 각종 절차를 간소화하려는 적극적이고 다양한 시도가 더욱 많이 나와야 할 것으로 보인다.

7.6.3 호주의 전력 직거래

호주의 P사는 블록체인을 활용해 전력 직거래 비용을 획기적으로 낮췄다고 주장한다.

P사가 발행한 백서를 살펴보면 자신들의 시스템을 하이브리드 블록체인으로 설명하고 있는데 퍼블릭 블록체인은 이더리움의 ERC-20 토큰을 발행한 부분이고, 나머지는 프라이빗/컨소시엄 블록체인으로 구성됐다고 설명하고 있다. 그러나 이 회사가 직거래 비용을 낮출 수 있게 된 이유를 백서나 회사 홈페이지에서는 찾아보기 힘들다.

이 회사는 POWR이라는 코인을 10억 개 발행해 중개소에서 판매 중이며 홈페이지를 통해서는 코인을 할인 판매하고 있다. 이 토큰의 상당수는 한국에서 거래되고 있다. 호주의 전력 직거래 수수료를 낮추기 위해 블록체인 기술로 발행했다는 코인이 왜 한국 중개소에서 대량으로 판매되고 있으며, 한국인들은 왜 호주 전력 직거래용이라는 코인을 그렇게 열심히 매매하고 있는지 생각해보면 전력 직거래의 실체에 대한 다양한 추정이 가능해 보인다.

7.6.4 사례를 통해 본 프로젝트의 핵심

앞의 사례를 보고 왜 좀 더 실증적이고 구체적인 사례를 설명해주지 않는지 의문을 품는 독자도 있을 것이다. 그러나 아쉽게도 보편적으로 인정받을 수 있는 블록체인 실효용 사례가 등장할 때까지는 더 많은 시간이 필요해 보인다. 월마트의 이력 추적 시스템이나 국제 무역 간편화 시스템 등을 들어 봤겠지만 그들 모두 단순히 디지털화의 효용에 '블록체인'이라는 마케팅 용어를 붙인 것에 더 가깝다는 지적이 많다.

다양한 블록체인 프로젝트가 시중에 등장하고 있지만 새롭게 제안된 시스템이 기존 방식보다 왜 더 우수한 것인가라는 본질에 대한 설명을 명확히 보여주는 사례는 찾아보기 힘들다.

또한 규정과 제도의 개선을 통해 문제를 해결한 것을 마치 블록체인이라는 소프트웨어로 해결한 것처럼 호도하는 경우도 적지 않다. 일부 사례집은 시범사업자들의 일방적 주장을 여과 없이 그대로 옮겨 싣는 수준에 그치는 경우도 있다. 그러한 나열은 도움이 아니라 오히려 혼란만 가중시킬 수 있다. 새로운 기술이 등장하고 발전하기 위해서는 건전한 비판과 토론을 통해 단점이 보완되고 장점을 살려야 한다. 가장 먼저 무엇을 위한 기술인지 그 '목적성'을 뚜렷이 해야 한다. 블록체인은 지금까지 그러하지 못했다.

8

암호화폐와 시세조종

주식시장은 정해진 거래 시간과 규칙이 있으며, 하루 등락폭의 제한[1] 등 과열 방지를 위한 다양한 제도가 있다. 한편 주가지수가 급락할 경우, 예컨대 전일 대비 8% 이상 폭락한 상태가 1분 이상 지속되면 1단계[2] 서킷 브레이커 circuit breaker가 발동돼 20분 동안 모든 거래가 중단된다.

주식시장에서 거래되는 모든 종목은 회계감리를 통한 적정성을 검사하는 것은 물론 법령이 정한 바에 따라 상장위원회 심의를 거쳐 엄격한 심사를 통과해야만 한다. 전체 법인 중 거래소에 상장되는 법인이 극소수에 불과한 이유도 엄격한 선별 기준을 통과한 주식만을 상장시켜 주식 투자자들을 보호하기 위해서다. 특히 상장법인에게 부과되는 공시의무는 회사 운영에 관련된 거의 대부분의 정보를 투명하게 공개하도록 강제해 시장에 가격이 투명하게 반영되도록 관리하고 있다.

한번 상상해보자. 상장심사나 관련 규정 따위는 존재하지도 않고 사익집단이 임의로 선정한 증표를 365일, 24시간 중개하는 시장이 있다고 하자. 전문성을 담보할 수 없는 중

---

1   현재는 상하 30%의 제한을 두고 있다. 미국이나 영국의 경우는 가격 제한폭이 없다.
2   2단계는 15%, 3단계는 20%이다.

개소가 (뒷돈을 받았을 수도 있는) 종목을 고르고 이를 거래한다. 각 종목에 대한 정보라고는 중개소에 있는 몇 줄 소개글 이외에는 거의 없는 상태를 생각해보라. 이런 시장을 '투자'라고 할 수 있겠는가? 바로 암호화폐 중개소 이야기다. 수십 개의 코인이 등록 및 취소를 거듭하고 코인의 거래가 중지되는 데 따른 모든 피해는 고스란히 구매자에게 돌아간다. 가격의 투명성을 담보할 만한 어떠한 법적 안전망도 없다. 중개소들은 그저 매매 수수료만 챙기면 그만이다. 이러한 혼탁한 시장에서 시세조종 등의 행위가 일어나지 않는다면 그것이 오히려 부자연스러워 보인다.

8장에서는 암호화폐 중개소와 함께 암호화폐를 둘러싼 시세조종 등 각종 금융 일탈에 대해 집중적으로 알아본다. 이와 함께 가상자산$^{Virtual\ Asset}$이라는 새로운 법률용어를 소개하고 암호화폐가 가진 익명성으로 인한 자금세탁의 위험에 대해서도 알아본다.

8.1 암호화폐 중개소

암호화폐 중개소는 암호화폐 거래를 알선하고 그 대가로 수수료를 취하는 것을 업으로 하는 자들을 말한다. 스스로는 거래소^{Exchange}라는 명칭을 사용해 주식 거래소를 흉내 내지만, 법률이 정한 바에 따라 거래 주문을 단일가로 통일해 제공하는 거래소와 달리 중개소는 각기 다른 사자와 팔자 주문을 매치하는 개별 브로커로서 당연히 거래 가격도 중개소별로 천차만별이다. 비트코인 광풍이 몰아치던 2018년 초 우리나라의 비트코인 가격은 미국 중개소보다 무려 30%나 더 비싸게 거래돼 '김치 프리미엄'이라는 비아냥도 받았다. 따라서 거래소라는 명칭은 옳지 않다. 브로커나 중개소가 적절한 명칭이다.[3]

암호화폐 초기에는 주로 메신저나 게시판을 이용한 직거래가 유일한 거래 방법이었다. 대개 구매자가 법화 등을 먼저 송금하면, 판매자는 구매자가 지정한 비트코인 주소로 암

---

3 책에서는 '중개소'라는 용어를 사용한다.

호화폐를 이전하는 방식이었다. 2010년 3월 최초의 비트코인 중개 사이트로 알려진 BitCoinMarket.com이 출범했고, 이후 스스로 거래소라는 명칭을 사용한 중개소가 우후죽순처럼 등장했다. 2020년 8월 16일 CoinMarketCap 기준으로는 무려 26,349개나 된다. 등록되지 않은 중소업체까지 포함하면 최소 수십 배 이상 될 것으로 추정되며 정확한 수는 알 수도 없다. 특히 국내의 경우 이들은 통신판매업자로 분류돼 정확히 파악할 방법도 없지만 최소 100개 이상으로 알려져 있으며, 단순 구매대행업체까지 포함하면 훨씬 더 많다.

Memo

BitCoinMarket.com보다 훨씬 이전에 이미 '디지털 화폐(Digital Currency)'라는 명칭을 사용하며 이를 중개하던 업체가 있었다. 이들이 디지털 화폐라 칭한 것은 '인터넷에 개설된 특별 계좌'를 의미했다. 이들은 여러 나라에 각국 법화가 들어 있는 은행 계좌를 열고, 법화나 선불카드의 교환과 매매를 온라인과 오프라인으로 주선했다. 이는 외환관리법, 자금세탁법 등의 위반 소지가 컸고, 대부분 정부 규제를 피해 주로 제삼 지역에서 활동했다. 2004년 호주의 중개소 하나가 호주증권투자관리위원회(ASIC, Australian Securities and Investments Commission)의 권고를 따라 자진 폐업한 것을 시작으로, 2006년에는 미국의 GoldAge가 미 비밀경호국(US Secret Service)에 의해 폐쇄됐고, 2007년에는 미 정부가 Gold & Silver Reserve, Inc.가 운영하던 E-gold의 운영을 금지하고 곧 기소했다.[5] 이들이 주장한 '금융 혁신을 통한 거래 비용 절감'은 실제로는 익명 거래를 통한 탈법적 돈세탁에 불과했다.

거래를 알선하고 있는 코인의 종류와 개수도 중개소마다 제각각이어서 수백 개를 취급하는 업소부터 단 몇 개만 취급하는 곳도 있다. 중개소에서 취급할 코인의 선택은 중개소가 '임의로' 선정하며 코인 개발의 궁극적 목적은 중개소를 통한 판매다. 이 때문에 대형 중개소가 코인을 선정할 때 그 선정에 있어 코인 개발자와 중개소 사이에 검은돈이 흘러들어 간다는 의혹이 끊임없이 제기된다.

8.1.1 중개소의 숫자 놀음 – 오프체인 거래

판매자와 구매자를 단순 알선하는 브로커형 중개소는 없다. 돈이 안 되기 때문이다. 앞서 설명한 대로 암호화폐 이전에는 수십 분에서 수십 시간이 소요된다. 따라서 매번 실제로 이전하면 거래의 연속성이 깨지는 것은 물론 채굴업자 등에 별도로 수수료도 지불해야 한다. 따라서 중개소들은 예외 없이 고객의 법화를 수탁한 다음 마치 암호화폐의 거래가 실제로 일어난 것처럼 조작해 보여준다. 거래 내역은 모두 자신들의 중앙화 서버의 장부에만 기록될 뿐이다. 이를 흔히 '오프체인off-chain' 거래라고 한다. 즉, 오프체인 거래란 블록체인상에서의 실제 트랜잭션은 일어나지도 않고 블록체인 외부에서 마치 트랜잭션이 일어나 이전이 완료된 것처럼 꾸미기만 한 것을 지칭하는 용어다. 이와 반대로 실제로 블록체인에서 트랜잭션이 일어나는 경우는 '온체인on-chain'이라고 구분해 부른다.

고객이 구매한 암호화폐는 별도의 주소를 지정하고 인출을 요청해야 비로소 중개소들은 자신들이 일괄적으로 관리하는 암호화폐 중 일부를 온체인 거래를 통해 실제로 이전해준다. 이때도 고객에게 고액의 인출 수수료를 별도로 부과하므로 대다수 고객은 인출을 시도조차 하지 않는다. 어차피 대다수는 되파는 것이 목적이므로 굳이 높은 수수료를 내고 인출할 이유가 많지 않은 데다가 이러한 개념을 구분할 수 있는 사람도 그리 많지 않다. 결국 중개소를 통한 암호화폐의 거래란 중개소 중앙화 서버 속 장부의 숫자 놀음에 불과한 셈이다.

8.1.1.1 기형적 숫자 놀음의 끝판왕 – 비트코인 골드

한편 비트코인 골드는 이러한 기형적 숫자 놀음의 끝판왕으로, 암호화폐의 허상을 여실히 보여준다. 비트코인 골드는 2017년 10월 24일 비트코인의 491,407번 블록으로부터 하드포크를 통해 파생된 알트코인이다. 그런데 비트코인 골드의 중개소별 시세를 들여다보면 상당히 이상하다. 통상 중개소별로 시세 차이가 나는 것은 자연스러운 현상이지만 비트코인 골드의 경우 그 차이가 사뭇 다르다. 예컨대 2020년 8월 29일 오후 9시 36분 기준으로, 빗썸의 비트코인 골드는 11,610원에 거래되고 있고 그 등락폭은 0%이다. 그렇지만 같은 시각 코인원의 비트코인 골드는 무려 16,510원에 거래되고 있고 당일 등락폭은 무려 -11.71%를 기록하고 있다. 둘의 시세차가 무려 42%에 육박하고 있는 데다 같은 날 거래 등락폭도 확연히 다르다. 같은 코인이 맞는지 도저히 믿기지 않을 정도다. 이는 같은 시각 비트코인의 경우 빗썸은 13,451,000원이고 코인원은 13,466,000원으로 비록 가격은 다르지만 차이가 0.11%밖에 나지 않는 것과는 극명하게 대조된다.

이런 차이가 나는 이유는 비트코인 골드가 그 기술적 결함으로 인해 중개소 밖으로의 이전이 불가능하기 때문이다! 즉, 중개소별로 시세가 완전히 다르게 형성된 이유는 비트코인 골드는 중개소별로 완전히 고립돼 외부로 나갈 수가 없으므로 아예 다른 코인처럼 시세가 형성됐기 때문이다. 비트코인 골드는 암호화폐의 여러 허구를 그대로 드러내주는 좋은 예다. 미래의 화폐는 고사하고, 이전도 불가능한 비트코인 골드는 고립된 중개소의 중앙 서버에 매매한 것처럼 숫자만 조작되는 놀음에 불과하고 사람들은 이곳에 베팅을 하는 것이다. 2020년 3월 기준으로 이런 거래가 빗썸에서만 하루 500억가량 일어나며, 거래 때마다 0.2%가량의 수수료는 고스란히 중개소로 흘러간다. 한편, 비트코인 골드의 여러 결함을 노린 다양한 공격이 있었고 2018년 5월에는 388,000개의 비트코인 골드가 도난당하는 사고도 발생한다. 비트렉스^{bittrex} 중개소는 2018년 9월 비트코인 골드를 퇴출시키기도 했다.

Memo

2018년 12월 빗썸이 해킹을 당해 4억 7천만 원을 도난당한 박모 씨가 빗썸을 상대로 낸 손해배상 청구소송에서 국내 법원은 빗썸의 배상 책임이 없다는 판결을 내렸다. 재판부는 가상화폐는 전자금융거래법을 적용할 수 없다고 판시했다.[4] 그러나 이 판결은 문제의

---

4   서울중앙지법 2018. 12. 20. 선고 2017가합585293 판결

소지가 있다. 고객은 법화를 빗썸에 송금하고 코인을 구매했지만 실제로는 자신의 명의로 된 코인을 단 한 번도 가진 적이 없기 때문이다. 앞서 설명한 대로 실제 온체인 거래는 유보된 채 빗썸의 중앙화 장부에만 '외상' 기록하듯이 적어 둔 것이 전부다. 해킹당한 것은 고객 명의의 코인이 아니라 빗썸의 중앙화 장부이며, 이를 통해 사라진 것은 빗썸 명의로 일괄 관리되는 코인 중 일부가 해커가 지정한 주소로 이전된 것이다. 중개소들은 고객의 법화를 수조 원 수탁받아 실제 온체인 거래 없이 자신들의 장부에만 거래를 기록하므로 이용자들은 코인이 아니라 은행의 '가상계좌'끼리 법화만 주고받는 거래를 반복하는 셈이다. 이런 관점에서는 중개소는 전자금융거래법 제2조 5항에서 규정한 '전자금융거래보조업자'와 다를 바 없고 그에 따른 책임을 져야 한다고 볼 소지도 있는 것이다.

TIP

중개소들은 자신들이 블록체인과 관련된 기술 기업인 것처럼 선전하지만, 실제로는 암호화폐 중개는 블록체인과는 무관하며 단지 증권사의 홈트레이딩 시스템을 흉내 낸 중앙화 시스템과 암호화폐 지갑 소프트웨어를 이용해 매매를 알선하고 있다.

8.1.2 중개소와 시세조종

중개소가 난립하면서 암호화폐의 값은 천정부지로 치솟기 시작한다. 매매의 편의성에 따른 가격 상승의 영향도 어느 정도 있겠지만 중개소 내에서 시세조종을 통해 가격을 인위적으로 부풀려 시세를 조종한 정황은 곳곳에서 드러나고 있다. 한편 전 세계적으로 하루 100조 원 이상 암호화폐가 거래되고 있지만 이 가운데 86% 이상은 실제 거래가 아닌 시세를 조작하기 위한 가장 거래라는 분석도 있다.[T]

8.1.2.1 마켓 메이커와 펌프 앤 덤프

2017년 말 「비즈니스 인사이더(Business Insider)」는 텔레그램^{Telegram}에 존재하는 상위 5개의 펌프 앤 덤프^{pump & dump} 채팅 그룹을 발표한 바 있다. 이들은 100여 명부터 많게는 1만 4천여 명까지 세력을 구축한 후 희생양을 조직적으로 유인하기 위해 SNS와 블로그, 게시판을 적극 활용해 시세를 부풀렸다. 이들은 각종 허위 소식 등을 퍼뜨리며 동시에 가격 축을 상방향으로 흔든 후 희생양이 몰려들면 시세 정점에서 한꺼번에 털어낸다. '펌프 앤 덤프'는 이렇게 시세조종을 하는 그들의 행동을 묘사한 것이다. 암호화폐의 시세조종이 용이한 이유는 익명성과 중개소의 불투명성에서 기인한다. 신원을 특정할 수 없는 암호화폐 주소로만 거래가 이루어지는 점과 규제와 관리 감독의 사각지대에 있는 중개소 내에서 허수거래, 통정거래, 자기거래 등을 통해 시세를 조종하더라도 무방비 상태이며, 중개소가 직접 시세조종을 한 사례도 적지 않게 나타나고 있다.

국내의 경우를 살펴보자. 2018년 4월 12일 오후 6시, 빗썸에 '미스릴^{Mithril}'이라는 생소한 이름의 암호화폐가 250원에 새로 등록[5]된다. 그림 8-1을 보자. 가로축은 분 단위로 표시된 시간이며, 세로축은 가격이다. 그림에서 보는 것처럼 미스릴은 등록과 동시에 단 30분 만에 112배 급등한 2만 8천 원까지 치솟았지만 이를 정점으로 단 5분만에 다시 740원으로 폭락했다. 그 후 미스릴은 지속적인 가격 하락을 겪어 2020년 1월 9일자로 빗썸에서 거래 정지됐으며, 당시 최종 가격은 단돈 8원이었다. 미스릴의 공식 홈페이지[6]에는 이 대만 회사의 정체를 확인할 수 있는 정보조차 거의 없다. 2020년 3월 24일 기준 미스릴은 0.0036 달러 즉, 4원 남짓하며 아직도 하루에 한화로 50억 원 정도 다양한 국가에서 버젓이 거래되고 있다.

---

5 중개소들은 거래소를 흉내 내 등록을 '상장'이라 지칭한다.

6 https://mith.io/ko

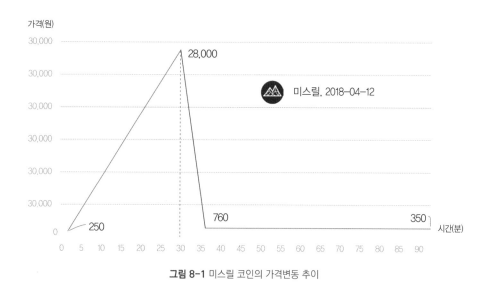

그림 8-1 미스릴 코인의 가격변동 추이

한편 2019년 12월 단 한 달 사이 빗썸에서 등록 폐지된 코인은 솔트(SALT), 큐브(AUTO), 디에이씨씨(DACC), 롬(ROM), 프리마스(PST) 등 무려 7종에 이른다. 그 피해는 고스란히 고객이 떠안을 수밖에 없다.

Memo

한국에는 전문 시세 조작꾼이 있다. 보통 신규상장하는 업체에 돈 몇 푼 받고 10~20배 시세조종은 기본이고, 경우에 따라 몇백 배도 부풀린다. 이들은 단독으로도 움직이지만 적지 않은 경우 중개소와 결탁해서 움직인다. 이 때문에 전 세계 알트코인 개발자들에게 한국은 천국이다. 조잡한 코드 몇 줄로 코인을 발행하고 전문 시세 조작꾼들과 결탁해 한국에 상장 후 한탕하고 튀면 끝이다. 아무런 법적 책임이 없다. 이름만 바꿔 또 상장하고 이를 무한 반복한다. 돈 몇 푼 쥐여주면 코인 개발과 백서 그리고 등록까지 대행해 주는 꾼들도 넘쳐난다. 한국은 연간 500~600개 신규 알트코인이 상장되고, 그중 100~150개가 폐지된다. 중개소들은 수수료만 챙기면 그만이므로 아무런 리스크가 없이 일단 상장하고 본다.

8.1.2.2 국내 시세조종 의심 사례

국내에서 중개소가 시세조종에 직접 개입한 것으로 의심받는 사례를 살펴보자.

2018년 12월 검찰은 업비트의 전 대표이사를 포함한 임직원 3명을 시세 조작 등의 혐의로 기소했다. 검찰은 이들이 시세 조작을 통해 1천 5백억 원을 빼돌린 것으로 보고 있다. 허수 주문과 관련된 이들의 혐의는 그 규모가 무려 254조 원에 이른다. 이에 대해 피의자들은 시장 조성자^{MarketMaker} 역할을 했을 뿐이라고 강변하고 있는 것으로 전해진다.

시장 조성자 제도는 자본 시장법에 근거해 2016년 1월부터 도입한 합법적 제도다. 한국거래소는 시장 조성자 제도를 통해 유동성을 공급해 거래 활성화를 꾀하고 있다. 대부분의 증권사가 시장 조성자로 등록한 다음 지정된 특정 종목에 한해서 유동성 공급을 하고 있다. 그러나 시장 조성자의 자격 조건과 시장 개입 조건(종목 및 개입 조건)은 규정으로 엄격히 통제하고 있다.

그러나 이들의 강변은 다소 옹색하다. 규제를 받지 않는 시장 조성자는 바로 시세조종자와 다름없기 때문이다. 한국거래소 내의 합법적 시장 조성자조차 자전거래[7] 등을 통한 간접적 시세조종의 가능성을 내포하고 있다. 규제를 받지 않은 자칭 시장 조성자가 시세조종을 하지 않을 것이라 믿는 것이 오히려 더 비합리적이다. 그러나 최종적으로 이들 행위가 기망 사기죄로 성립할지는 알 수 없다. 규제 공백에서 발생한 상황이기 때문이다. 업비트는 스스로 거래에 참여하며 1) 가짜 계정을 만들어 자산을 예치한 것으로 조작 2) 254조 5,348억 규모의 허수주문 3) 4조 2,670억 규모의 가장매매 4) 비트코인 거짓 거래를 통해 회원 2만 6천 명에게 총 1,491억 원을 갈취한 혐의로 현재 재판 중이다. 이 밖에도 코인빗이라는 중개소 역시 통정거래와 시세조종의 혐의를 받고 있으며 검찰에서는 압수수색을 통해 조사 중이다.

---

7   자전거래는 가장거래나 통정거래와는 다른 합법 거래다. 이 절 마지막 부분 '팁'을 참고하라.

TIP

자전거래(cross trading)는 증권사 간의 합법적인 행위로 가장거래 또는 통정거래와 구분된다. 자전거래는 증권 거래소에 미리 신고하고 두 증권사 사이에 동일 가격, 수량에 대한 약속을 미리 정해 둔 채 대량 거래하는 합법적 거래 방식이다. 가격을 고정해 뒀으므로 이론적으로는 시세에 영향을 미치지 않지만 늘어난 거래량에 따른 착시 현상으로 엄밀히 말하면 시세에 영향을 미친다. 반면 가장거래나 통정거래는 해당 주식의 거래가 활성화되는 것처럼 보이도록 조작하는 불법 행위다. 통정거래는 기본 형태 측면에서 자전거래와 유사하지만, 대체로 동일 가격이 아니라 시세를 조정하면서 매수와 매도를 반복하고 대개 허위나 과장된 공시를 동반한다.

Memo

증권 거래에도 주가 조작 사례는 많다. 여러 조작 사례가 있지만 대표적으로 2009년 '다이아몬드 게이트'를 꼽을 수 있다. 2009년 3월 오모 회장은 코스닥 업체인 코코 엔터프라이즈(현재 CNK인터내셔널)라는 유통 회사를 인수하고 공시 자료를 통해 다이아몬드 유통 시스템을 갖췄다고 광고했다. 이에 따라 주가는 6백 원대에서 3천 원대로 급상승했다. 이후의 상황은 말 그대로 복마전이었다. 2010년 12월 우리나라 외교부는 CNK가 카메룬 정부로부터 4.2억 캐럿 – 전 세계 연간 생산량이 채 2억 캐럿도 안 된다 – 에 달하는 다이아몬드 광산 개발권을 획득했다는 보도 자료를 배포한다. 물론 허위였다. 실제로는 매장량도 거의 없고 그나마 품질도 떨어져 개발 가치 자체가 없을 정도였다. 정부가 발표한 자료를 거짓으로 의심할 사람은 없었고 CNK 주가는 천정부지로 상승하기 시작해 18,500원까지 올라갔다. 초반 6백 원 대비 31배까지 오른 것이다. 이후 개미투자자들이 본 피해는 이루 말할 수 없다. 이는 MB 정부가 자원 외교를 주도하던 시절 일어난 사건으로, 당시 외교부가 두 차례나 아무런 검토 없이 사기업의 주가 조작 보도를 그대로 공시해준 이유는 아직까지 의문으로 남아 있다. 민주통합당 박영선 의원은 이 사건에 대해 "단군 이래 처음으로 외교부까지 가세한 권력형 비리이며 권력 실세를 동원한 주가 조작 사건"이라고 주장하기도 했다.[8]

8　2012년 1월 27일 민주통합당 대구 최고위원회의

8.2 매매 회전율

중개소가 365일 24시간 운영되며 규정의 사각지대에 있는 것은 거래자들이 시세조종에 무방비 상태가 되는 또 다른 원인이다. 2019년 한 해 평균 우리나라 주식시장의 일 평균 거래량은 전체 자산의 0.3% 수준이지만 2020년 4월 19일 기준의 전 세계 20대 코인의 전체 자산 대비 하루 거래량을 보면 상황은 심각하다. 다음 표를 살펴보자.

표 8-1 자산 규모 20대 암호화폐 자산 대비 하루 거래 비중

	코인 이름	총자산 규모	자산 대비 하루 거래 비중(%)	주식 시장 대비(배)
1	Bitcoin	$133,078,222,993	25%	81.7
2	Ethereum	$20,676,044,539	99%	328.9
3	XRP	$8,591,733,948	22%	74
4	Tether	$6,385,932,634	719%	2396.3
5	BitcoinCash	$4,472,763,161	75%	248.8
6	BitcoinSV	$3,764,596,822	54%	180.5
7	Litecoin	$2,848,429,184	157%	521.8
8	BinanceCoin	$2,572,195,121	19%	62.8
9	EOS	$2,497,973,127	133%	443.3
10	Tezos	$1,658,487,202	14%	46.7
11	Chainlink	$1,317,699,256	40%	133.4
12	UNUSSEDLEO	$1,036,484,572	1%	3.9
13	Stellar	$1,024,692,455	52%	174
14	Monero	$1,016,719,189	11%	37.3
15	Cardano	$947,114,884	9%	31.5
16	TRON	$887,187,646	151%	502.2
17	HuobiToken	$877,281,908	34%	113

	코인 이름	총자산 규모	자산 대비 하루 거래 비중(%)	주식 시장 대비(배)
18	Dash	$757,026,086	114%	380.2
19	Crypto.com Coin	$737,529,467	1%	2.1
20	USD Coin	$727,566,588	115%	383.1

표 8-1에서 보는 것처럼 자산 규모 상위 20위권에 있는 코인들의 평균 자산 대비 하루 거래 비중은 무려 92%로 주식시장의 307배에 이른다. 이는 전체 자산의 92%를 하루만에 사고 팔고를 반복한다는 의미로, 심각한 투기 현상을 뜻한다. 그중 테더[Tether]는 전체 자산의 7배를 넘는 규모인 719%가 하루에 거래된다.

중개소들이 부과하는 거래 수수료는 대략 거래 금액의 0.1%~0.2% 수준으로 HTS의 최소 10배 이상이다. 위 표에 따른 코인의 총자산 대비 하루 거래 비중이 약 92%이므로 365일 동안 거래하면 자기 총자산의 약 33.6%~67.2%를 그저 수수료로 지불한다는 의미가 된다. 즉 연간 수익률이 60%가 나더라도 이익은커녕 오히려 손해를 본다는 의미가 된다! 중개소들의 숫자 놀음에 매년 자기 자산의 2/3를 수수료로 갖다 바치는 투기장이 방치되고 있는 셈이다.[9] 한편 이 비율에서의 분모는 중개소에 보관된 총자산이 아니라 코인의 총 '발행 자산'이다. 총 발행 자산 일부만 중개소를 통해 거래되므로 만약 분모를 '중개소 실 보관 자산'으로 정확히 파악할 수 있다면 이 수치는 훨씬 더 높아질 것이다.

8.3 중개소의 해킹

암호화폐에 대한 해킹 사건은 끊임없이 일어난다. 경찰청 자료에 따르면 2016년 7월부터

---

9   이 때문에 이 거래의 대부분은 가장거래일 것으로 추정된다.

2019년까지 3월까지 알려진 것만 해도 국내 중개소는 8번의 해킹을 당해 총 1,635억원을 도난당했으며, 이 가운데 국내 최대 규모 중개소인 B사는 3건의 해킹을 통해 무려 793억원의 손실을 입은 것으로 파악됐다.[10]

많은 사람들이 어떻게 블록체인이 해킹을 당했는지 의문을 갖는데, 사실 해킹 당한 것은 블록체인이 아니라 이의 매매를 알선한 중개소의 중앙화 시스템이다. 다음 그림을 보자.

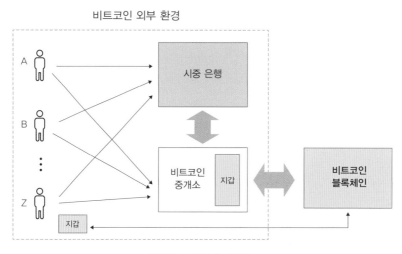

그림 8-2 중개소와 이용자

그림 8-2는 사용자들과 중개소의 관계를 보여준다. A와 B가 암호화폐를 구매하면, 중개소들은 실제 거래가 일어난 것처럼 중앙화 서버의 장부에 숫자를 조작해 표시해주므로 A, B는 자신이 구매한 암호화폐가 그들 명의로 블록체인에 보관된 것처럼 착각하지만, 앞서 설명한 것처럼 블록체인상의 거래는 일어나지도 않는다. 모든 암호화폐는 중개소 명의의 주소에 일괄 보관돼 있다.

이때 그림의 Z처럼 별도로 지갑을 설치하고 자신의 암호화폐 주소를 만든 다음 이전할

---

10 출처: 국회 행정안전부 조원진 의원 「2019 국정감사」 자료

것을 요청하면 중개소는 비로소 일괄 보관하던 것 가운데 일부를 실제 블록체인 거래를 통해 이전해준다. 각 중개소의 보안 수준은 천차만별이지만, 적절한 관리 감독은 이뤄지지 않고 있다. 해커들은 비교적 손쉽게 중개소를 해킹한 다음, 암호화폐를 절취할 수 있다. 다시 그림을 보자. 그림 중 Z를 해커라고 가정하자. Z는 이제 다음 과정을 거쳐 A의 암호화폐를 절취할 수 있다.

① Z는 중개소를 해킹한 다음, 자신의 신원이 A인 것처럼 속인다.
② Z는 해킹한 중개소에 자신이 지정한 가상자산 주소로 A가 위탁한 모든 암호화폐를 송금할 것을 요청한다.
③ 해킹을 당해 Z를 A로 오인하고 있는 중개소는 A가 위탁한 모든 암호화폐를 중개소 명의의 주소에서 Z가 지정한 주소로 이전한다.

우리나라에는 2007년 1월 1일부터 시행된 전자금융 거래법이 있다. 이 법은 금융 회사나 전자화폐의 발행, 관리 업무를 대행하는 전자금융업자들이 지켜야 할 사항을 규정하고 있다. 동법에서부터 전자금융 감독 규정에 이르기까지 전자금융 거래 방법은 물론, 전산 인력, 조직, 예산, 전산실 건물의 구조, 자료 보호, 정보 처리 시스템 보호, 해킹 방지 등 모든 사항에 대해 빠짐없이 규정하고 있다. 그러나 암호화폐 중개소는 통신판매사업자다. HTS와 동일한 기법으로 전자금융 거래가 이뤄지고 하루 5~6조 원의 현금이 오가며 수십조 원 가치의 암호화폐가 보관돼 있지만 전자금융거래법을 따를 필요가 없는 것이다.

중개소는 늘 해커의 좋은 표적이 된다. 중개소만 해킹하면 운 좋으면 수조 원 가치의 암호화폐도 모조리 탈취할 수 있기 때문이다.

8.3.1 암호화폐 지갑에는 암호화폐가 없다

암호화폐는 블록체인 내부에만 존재한다. 지갑은 단지 암호화폐 주소 및 암호화 키의 생성에만 관여한다. 2018년 대한민국 대법원은 범죄에 연루된 피고인이 소지한 비트코인의 몰수를 인정한 판결(2018. 5. 30. 선고 2018도3619 판결)을 내린 바 있다. 비트코인 몰수를 위해서는 피고인의 지갑이 아니라 블록체인에 보관된 피고인의 비트코인을 몰수해야 한다. 이를 위해서는 우선 피고인의 암호키가 보관돼 있는 지갑 소프트웨어의 비밀번호를 알아내야만 한다. 이를 알아내는 방법은 피고인 스스로 자백하거나 해킹으로 피고인 지갑의 비밀번호를 알아내는 수밖에 없다. 해킹으로 암호키를 자체를 생성하는 것은 불가능하다. 한편 지갑의 비밀번호를 알아내 암호키에 접근했다고 해서 바로 비트코인 압류가 이뤄진 것은 아니다. 암호키는 얼마든지 복제할 수 있으므로, 피고인이 자신의 암호키를 복제해 뒀거나 타인에게 알려준 상태라면 다수의 사람이 해당 비트코인에 접근할 수 있고, 또 이를 처분할 수 있다. 따라서 암호키를 알아냈다는 것은 단지 해당 비트코인에 접근할 수 있는 여러 사람 가운데 한 명이 된 것에 불과하다. 이를 완전히 몰수하려면 해당 비트코인을 피고인이 다시는 접근하지 못하는 다른 곳으로 옮겨야 한다. 예컨대, 경찰이 새로운 비트코인 주소를 생성한 다음 피고인의 비트코인 암호키를 사용해 해당 비트코인을 새로 생성한 주소로 전송하면 된다. 일단 이렇게 이전된 비트코인은 이제 경찰이 가진 암호키로만 접근 가능하므로, 피고인이 가진 암호키는 무용지물이 된다.

8.4 비트코인과 자금세탁

2013년 10월 미국 FBI는 실크로드^{Silk Road}라는 이름의 온라인 웹사이트를 폐쇄하고 '공포의 해적 로버트'라는 별명의 로스 윌리엄 울브리히트^{Ross William Ulbricht}를 전격 체포했다. 울브리히트의 잔당이 2013년 11월 실크로드 2.0을 개설했지만 이 또한 즉시 폐쇄됐다. 이후 울브리히트는 여덟 가지 죄목으로 기소됐고 가석방 없는 종신형을 선고받았다. 이 사건이 특히 주목받았던 이유는 인터넷 암시장으로 불린 실크로드가 마약 밀매 등에 법정통화 대신 비트코인을 이용한 것으로 드러났기 때문이다. 폐쇄 직전 이 사이트에는 1만여 개가 넘는 물건이 거래되고 있었으며 그중 70% 정도가 마약이었다. 연간 약 4백억 원에서 5백억 원으로 추정되는 거래는 모두 비트코인으로 이뤄졌고 실크로드는 이 비트코인에 대한 에스크로 서비스와 미국 달러로의 환금 서비스를 중개하고 수수료를 받은 것으로 알려졌다.[U]

범죄 수익을 은닉하는 것은 범죄자들의 해묵은 과제다. 구속되더라도 범죄로 획득한 수익만 적절히 감춰 두면 형을 마친 후 편하게 살 수 있다고 생각하기 때문이다. 2011년에는 인터넷 도박으로 부당 이득을 취한 범인이 110억 원에 가까운 돈을 매형의 마늘 밭에 5만 원권으로 숨겨 뒀다가 적발된 사건이 있었다. 당시 비트코인의 존재를 알았다면 범인은 마늘 밭을 파내는 따위의 일은 하지 않았을 것이다.

비트코인은 검은돈을 숨겨 두기에는 완벽한 장소다. 범죄자들이 자신의 수익을 비트코인에 몽땅 넣어 두면 회수할 수 있는 방법이 없다. 비트코인에 묻어 둔 범죄 수익은 범인 스스로 자기 지갑의 비밀번호를 털어놓기 전까지는 회수할 수 없고 얼마 들어 있는지도 알 수 없다. 범죄자들은 5만 원권을 땅에 묻은 채 경찰의 수색을 피하는 것보다 자산의 안정성은 다소 떨어지더라도 외부의 어떤 힘으로부터도 완벽히 보호되는 비트코인에 범죄 수익을 묻어두는 것이 더 나을 수 있다. 비트코인 자체가 외부의 간섭과 통제를 완벽히 차단하는 자유로운 수단이고, 적어도 비트코인을 비롯한 블록체인 기반의 암호화폐는 그 취지에 충실하게 구현돼 있다. 이 때문에 시중에는 다시 5만 원권이 활기차게 유통될 수도 있겠다. 이제 검은 자금이나 비자금을 숨기기 위해 굳이 5만 원권을 동원할 필요가 없기 때문이다.

비트코인의 광풍이 시작된 단초가 실크로드를 포함한 범죄자들의 검은돈이라는 분석이 설득력을 얻는 이유도 바로 여기서 비롯된다. 검은돈의 암호화폐 사랑은 끝나지 않을 것이다.

TIP

FBI는 실크로드의 범인 로스에게서 3백억 원 상당의 비트코인을 모두 압수했다. 그러나 앞서 설명한 것처럼 비트코인 시스템은 일반 은행과 다르므로 FBI와 같은 정부기관이라도 쉽게 압수할 수는 없다. 따라서 실제 압수했다면 범인이 비밀번호를 말했거나―그럴 가능성은 없다고 본다―지갑 프로그램을 해킹했을 것으로 추정된다. 지갑 소프트웨어는 상대적으로 해킹이 용이할 수 있다. 따라서 지갑 소프트웨어의 해킹을 통해 비밀번호 등을 알아냈을 가능성이 가장 높아 보인다.

8.4.1 비트코인과 세금 회피

1900년대 이전에 미국의 재단 개수는 불과 18개였지만 1950년대까지 2,839개로 늘어나더니 2002년에는 모두 6만 2천 개로 집계될 만큼 가파르게 그 수가 늘어났다. 미국은 헌법에 50%에 달하는 상속세를 명시하고 있지만, 재단은 모두 면세인 데다 재단의 수익금도 자본 이득세를 납부할 필요가 없다.[ㅇ]

미국의 부자들은 거의 예외 없이 자선 재단을 만든다. 빌 게이츠가 그랬고 마크 저커버그가 그랬다. 헤지펀드의 조지 소로스도 오픈 소사이어티라는 재단을 갖고 있다. 또한 전 세계 부호들은 모두 미술품 애호가다. 한국도 예외는 아니다. 수십억, 심지어 수백억 원에 달하는 미술품을 거래한다. 최근 낙찰된 레오나르도 다빈치의 그림은 거의 5천억 원에 육박한다. 스위스 제네바 공항 옆에는 미술품 거래 장소가 있다. 이 건물은 공항과 바로 연결돼 있어 고가의 명화가 거래되는 즉시 비행기에 실려 안전하게 운송된다. 물론 순진하게 세계의 부호들이 모두 예술을 사랑한다고 믿는 사람은 없다. 재단과 미술품은 모두 세금과 관련 있다. 재단을 이용하면 50% 가까운 상속세는 물론 소득세, 증여세로부터 해방된다. 그림도 세금을 피하기에는 안성맞춤이다.

비트코인은 각종 세금을 피할 수 있는 완벽한 여건을 갖추고 있다. 비트코인 거래는 비트코인 주소라는 암호화 해시 값에 기반한 체제를 사용하므로 거래 당사자가 누구인지 알수 없는 데다가 비트코인 주소는 매번 바꿀 수도 있다. 게다가 차익에 대한 세금도 없다. 관련 법규 자체가 존재하지 않기 때문이다. 부자 아빠가 1백억 원어치 비트코인을 사 자식에게 전해주고 자식이 그것을 시장에 내다 팔면 증여세 한푼 내지 않고 증여한 효과가 발생한다. 차명계좌식으로 비트코인을 분산해서 구매하면 현실적으로 추적할 수 있는 방법도 여의치 않다.

자산가들에게 비트코인은 신의 선물이다. 자신의 자산을 세금으로부터 완벽히 지킬 수 있기 때문이다. 경우에 따라 시세 차익도 얻을 수 있다. 그들은 계속해서 자산을 비트코인에 숨겨 둘 것이다. 굳이 조세 회피처까지 가야 하는 번거로움에서 해방될 수 있고 비자금

마련을 위한 차명계좌도 필요 없다. 금괴를 보관하거나 5만 원권 지폐를 집 안에 쌓아 두기 위해 방 한 칸을 낭비하지 않아도 된다. 도난의 위험도 없을뿐더러 사는 순간 자동으로 자금세탁까지 된다. 이들이 과거에는 법정통화에 의한 인플레이션을 통해 부를 축적해 나갔다면 지금은 암호화폐를 통한 간접 인플레이션이나 시세조종을 통한 직접 차익 등의 새로운 방법을 통해 부를 축적할 수 있는 즐거운 옵션이 생겨난 셈이다.

Memo

가난한 사람들이 인플레이션의 영향을 더 받는 메커니즘은 수입과 자산의 대부분을 현금으로 지니고 있기 때문이다. 인플레이션이란 현금의 가치 하락과 같은 말이다. 부자들은 대체로 주식, 부동산, 임야, 귀금속 등 자산을 다각화해 인플레이션을 상대적으로 잘 피해갈 수 있지만 그렇지 못한 저소득층은 인플레이션의 영향을 고스란히 받게 된다.ㄴ

8.5 다크코인 - 자금세탁의 진화

비트코인은 추적이 불가능한 절대 익명을 추구해 구현됐지만, 기술적 관점에서 보면 거래 당사자의 신원을 특정할 수 있는 몇 가지 단서를 얻을 수 있는 허점(?)이 있다.[11] 우선, 비트코인은 거래 당사자들의 비트코인 주소가 누구나 열람할 수 있도록 블록에 그대로 공개 저장돼 있다. 따라서 이 비트코인 주소가 누구 것인지만 알아내면 신원을 밝힐 수 있다.

둘째, 비트코인의 네트워크 트래픽은 암호화되지 않은 상태로 전송되므로, 특정 발신지를 지속적으로 모니터링하면 IP 추적을 통해 비트코인 주소의 소유자를 알아낼 수 있는 가

---

11 이 때문에 비트코인을 슈도니머스라고 주장하는 사람도 있다.

능성도 존재한다. 때문에 최근에는 bitcoin.org에서 IP 추적을 막기 위해 Tor를 통해 IP 은닉을 시도하는 별도의 클라이언트도 배부하고 있다.

따라서 중개소를 통한 거래를 포함해 특정 비트코인 주소가 누구의 것인지 알 수 있다면 (물론 이것이 제일 힘든 일이지만) 거래의 흐름을 추적하는 것이 이론적으로 가능하다.

한편 비트코인 이후에 나온 일부 암호화폐는 추가적인 자금세탁 장치를 내장시켜 절대 익명성을 더욱 보강함으로써 거래의 추적을 무력화하려는 시도를 했다.

모네로는 소위 링 시그니처$^{Ring\ Signature}$를 통해 코인 주소의 소유자를 특정하기 힘들게 만들었다. 비트코인은 그 거래 당사자들의 비트코인 주소만 기록돼 있지만 모네로는 당사자의 암호화폐 주소와 함께 의도적으로 다수의 제삼자를 한데 섞어 그중 누가 실제 거래 당사자인지 모르게 하는 모호성을 개입시켰다. 이와 함께 일회성 암호 자산 주소를 사용하는 스텔스^{Stealth} 주소를 지원하는 등 거래 당사자를 모호하게 하는 다양한 기능을 지원한다.

ZCash는 비트코인에 프라이버시를 보호하는 계층을 더 추가해 만든 코인이다. 이는 소위 제로-지식$^{zero\ knowledgement}$ 증명을 이용해 발신지를 드러내지 않는 전송을 구현했다고 주장하는 zk-SNARKs 방식으로 소유자의 특정을 방해한다. 제로-지식 증명을 비유를 통해 쉽게 설명하자면 비밀번호를 누르지 않고도 방문을 열 수 있게 한다는 것인데, 비밀번호를 직접 말하는 대신 비밀번호를 '알고 있다는 사실을 증명'하는 것으로 대체함으로써 비밀번호 자체가 누출되는 것을 방지한다는 기술이다.

Dash^{12}는 PrivateSend라는 기능을 사용해 거래의 직접 당사자를 특정하기 어렵게 만든다. PrivateSend는 CoinJoin이라는 기술을 이용하는 것인데, 그 기술이란 여러 발신 당사자를 한데 묶어 그 총합을 만든 다음 그 금액을 여러 갈래로 쪼개 다수의 수신자에게

---

12 Dash는 원래 2014년 Xcoin이란 이름으로 비트코인에서 하드포크됐다가 후에 DarkCoin으로 이름을 바꾼 뒤 2015년에 지금의 이름인 Dash로 또 바꿨다.

전달함으로써 실제 거래 당사자를 특정하기 힘들게 하는 것이다. 말 그대로 자금세탁을 위한 기술을 버젓이 구현해 둔 것이다. Dash는 CoinJoin을 위해 마스터 노드라 부르는 '중앙' 서버를 운영하고 있어 '탈중앙화'라는 말을 무색하게 하고 있다. Dash는 모두 5개의 유동성 공급자를 제공하고 있으며 PrivateSend로 CoinJoin을 통해 자금세탁을 하려면 이 중앙화 서버들을 유료로 이용해야 하므로 탈중앙화나 독립 등과는 거리가 멀다. Dash 홈페이지에는 자신들의 자금세탁 기능을 다음과 같이 버젓이 선전하고 있다.

> "당신의 금융 거래 정보를 보호하십시오. Dash가 가진 PrivateSend 기능은 당신의 금융 거래 이력은 물론 잔고 정보까지도 철저히 보호합니다."

일본 금융당국은 2018년에 이미 모네로, Dash, ZCash를 중개업소에서 취급하지 못하도록 금지하는 조치를 취했다.[W] 이에 반해 국내 중개소에서는 모네로, Dash 등의 다크코인류가 버젓이 거래량 최상위권을 차지하고 있는 실정이다.

8.5.1 자금세탁의 추적

범죄자들이 자금을 주고받는 주요 도구로 암호화폐를 사용하는 비율이 날로 확대돼 가는 이유는 그만큼 자금세탁과 은닉이 용이하기 때문이다. 이들은 특히 모네로와 Dash 등의 다크코인류를 선호한다. 가상자산이 기존에 갖고 있던 익명성에 더해 더 강력한 자금세탁 기능을 제공하기 때문이다. 최근에는 코인 개발자들이 수없이 많은 아류 코인 사이에서 자신들이 더 주목받기 위해 경쟁적으로 더욱 강력한 자금세탁 기능을 탑재하며 이를 선전하기도 한다. 이러한 자금세탁 기법은 크게 두 가지 방식을 사용해 거래 추적을 막으려 하고 있다. 첫째, 거래 당사자의 가상자산 주소를 숨기는 방법을 쓴다. 대표적인 방법이 여러 송신자와 수신자들을 묶으며 경우에 따라 허위 송수신자들도 섞는 방법을 사용해 실제 거래 당사자들이 누군지 특정하기 힘들게 만든다. 둘째, 가상자산 거래를 위해 접속한 IP 주소를 숨길 수 있는 방법을 동원한다. 대표적인 것이 Tor 등 IP 주소 추적을 방해하는 소프트웨어를 이용한다.

이 때문에 범죄에 가상자산이 이용되는 일은 더욱 확대될 것이고 그에 따라 범죄에 이용된 가상자산의 거래를 추적하는 기술과 이에 대한 적절한 서비스를 제공할 수 있는 업체의 필요성 또한 더욱 커지고 있다. 향후에는 가상자산 추적 기술이 더욱 필요해질 것이다.

Memo

국내에서는 모네로, ZCash, Verge, Dash 등이 모두 아무런 여과 없이 활발히 거래되고 있다. 참고로 2019년 7월 기준으로 B사에서 거래되는 코인 거래 금액의 무려 70%가 Dash이기도 했다.

2020년 4월 26일 기준, B사에는 모두 107개의 코인이 거래되고 있는데 그중 9개 종목에 '투자 유의'라는 표시를 해 두고 있다. B사는 낮은 유동성, 기준 시가총액 하락 등 투자 유의로 지정하는 기준 9가지를 홈페이지에 게시하고 있다. 그러나 이해되지 않는 항목이 몇 개 보인다. 이를테면 다음과 같은 항목이다.

'가상자산이 특별히 보안성이 취약한 블록체인에 기반하고 있는 경우'

위의 경우는 투자 여건에 따라 발생하는 것이 아닌 가상자산의 내재적인 문제이므로 애초에 등록하지 말았어야 할 사유로 보는 것이 합리적이다. 그 밖에도 '개발자 지원이 없거나 사업 진행이 미진한 경우'도 마찬가지다. 유일하게 자금세탁과 조금이라도 관련된 부분은 '가상자산이 형사상 범죄의 수단으로 이용되거나…'라는 모호한 표현인데, 이는 가상자산 자체가 가진 속성이 아닌 보유자의 의도와 행위로 판단한 것으로 자금세탁 방지에 별 도움을 주지 못한다. 예컨대 비트코인은 끊임없이 범죄의 수단으로 악용되지만 단 한 번도 투자 유의 종목에 지정된 적도 없다는 점이 이를 잘 반증해준다. 중개소들의 이러한 주먹구구식 운영 때문에 앞서 설명한 대로 2019년 12월 단 한 달 동안에만 무려 7개의 종목이 B사에서 거래 중단됐고 지금도 수많은 종목이 등록과 폐지를 되풀이하며 시세조종에 노출되고 있다.

8.6 FATF와 가상자산

FATF는 Financial Action Task Force의 약어로, G7 회의에서 자금세탁^{ML, Money Laundering}의 방지를 국제 협력을 통해 수행하자는 차원에서 1989년에 설립된 국제기구이며 프랑스 파리에 본부를 두고 있다. 2001년부터는 공중협박자금조달^{TF, Terrorist Financing} 방지로까지 업무를 확대했다. 2020년 5월 기준으로 36개국 39개 회원이 있으며 우리나라도 FATF 회원국이다.

FATF의 권고문은 각 회원국에게는 법령과도 같은 효력을 지닌다. 가상자산^{Virtual Asset}이라는 용어는 암호화폐에 있는 '화폐'라는 단어가 대중들에게 잘못된 인식을 주지 못하도록 FATF가 각국에 암호화폐 대신 사용하도록 예시한 단어다. 우리나라를 포함한 대다수의 국가는 그 예시를 따라 가상자산이라는 단어를 그대로 사용하고 있으나 일본의 경우는 암호자산^{Crypto Asset}이라는 다른 용어로 대체했다.[13]

FATF는 2018년 10월 각 회원국에 가상자산의 정의와 규제 대상 취급업소의 범위 그리고 자금세탁 방지 의무를 부과하도록 권고문을 개정했으며 같은 해 11월 아르헨티나에서 열린 G20 정상회의에서 FATF가 제정한 가상자산 자금세탁 방지 국제 기준을 각국이 이행할 것을 결의하기도 했다. FATF의 주요 권고 사항은 다음과 같이 요약할 수 있다.

> "각국은 가상자산이 갖고 있는 자금세탁(이하 ML)과 공중협박자금조달(이하 TF)의 위험성을 식별하고 이해하며 평가한 다음 파악된 위험을 완화할 수 있는 조치를 취해야 한다."

일부에서는 FATF의 권고가 드디어 암호화폐가 제도권으로 들어오게 되는 희소식이라고 호도하고 있지만 실상은 많이 다르다. FATF는 이러한 권고 사항이 결코 가상자산 사업의 안정성을 확보하거나 투자자를 보호하려는 목적이 아님을 분명히 했다. FATF의 권고문

---

13 일본은 암호자산이라는 용어로 대체하기 전에는 '가상통화'라는 용어를 사용했다.

은 암호화폐가 자금세탁과 공중협박자금조달, 즉 ML과 TF의 위험을 심각하게 내재하고 있음을 공식화한 것이며 그에 따라 해당 위험을 각국이 적절히 제거하도록 의무를 부과한 것이 핵심이다. 따라서 각국은 가상자산이 가진 ML과 TF의 위험을 없애는 법령을 만들거나 여의치 않을 경우에는 중국과 같이 그 거래를 전면 금지할 수도 있다.

현재 각국은 FATF의 권고에 따라 가상자산의 범위와 정의를 규정하고 있다. 각국의 가상자산의 정의에 기존의 암호화폐가 포함될 것은 자명하지만 나라별로 그 범위와 속성은 조금씩 다를 수 있다.

8.6.1 특정금융거래 정보의 보고 및 이용 등에 관한 법률

우리나라에는 자금세탁 방지를 위한 법인 '특정금융거래정보의 보고 및 이용 등에 관한 법률(약칭: 특정금융정보법)'이 2001년 9월 제정, 시행되고 있다. FATF의 권고 사항이 ML과 TF에 있는 만큼 우리나라는 가상자산을 위한 새로운 법을 제정하는 대신 기존의 특정금융정보법을 개정해 가상자산이라는 새로운 정의를 추가하는 방향을 선택했다.

한 가지 문제는 특정금융정보법의 전문에는 그 목적을 '금융거래를 이용한' 자금세탁행위와 공중협박자금조달행위를 규제하는 데 있다고 적시하고 있는데 가상자산 거래는 금융거래가 아니므로 이 법의 목적에 맞지 않는다는 것이었다. 그러나 이 문제는 전문에 글자 하나를 추가함으로써 간단히 해결했다. 변경 전후의 전문은 다음과 같다.

"금융거래를 이용한…" ➡ "금융거래 등을 이용한…"

전문에 "등"이라는 글자 하나를 추가해 금융거래가 아닌 가상자산 거래에 대한 ML과 TF 위험을 기존의 특정금융정보법으로 다룰 수 있게 한 것이다. 이에 따라 기존 특정금융정보법에서 '금융거래'로 규정됐던 부분은 일괄적으로 모두 '금융거래 등'으로 변경함으로써 동법의 규제 범위가 가상자산을 포함할 수 있게 했다. 특정금융정보법 개정안은 2020년 3월 5일 국회를 통과했고 이제 2021년 3월 25일부터 시행을 앞두고 있다.

가상자산은 개정된 특정금융정보법의 제2조 3호에 다음과 같이 정의됐다.

3. "가상자산"이란 경제적 가치를 지닌 것으로서 전자적으로 거래 또는 이전될 수 있는 전자적 증표(그에 관한 일체의 권리를 포함한다)를 말한다. 다만, 다음 각 목의 어느 하나에 해당하는 것은 제외한다.

가. 화폐·재화·용역 등으로 교환될 수 없는 전자적 증표 또는 그 증표에 관한 정보로서 발행인이 사용처와 그 용도를 제한한 것

나. 「게임산업진흥에 관한 법률」 제32조제1항제7호에 따른 게임물의 이용을 통하여 획득한 유·무형의 결과물

다. 「전자금융거래법」 제2조제14호에 따른 선불전자지급수단 및 같은 조 제15호에 따른 전자화폐

라. 「주식·사채 등의 전자등록에 관한 법률」 제2조제4호에 따른 전자등록주식등

마. 「전자어음의 발행 및 유통에 관한 법률」 제2조제2호에 따른 전자어음

바. 「상법」 제862조에 따른 전자선하증권

또, 제2조 1호에서는 이러한 가상자산과 관련한 업을 하는 자들을 '가상자산사업자'라 지칭하고 다음과 같이 정의했다.

하. 가상자산과 관련하여 다음 1)부터 6)까지의 어느 하나에 해당하는 행위를 영업으로 하는 자(이하 "가상자산사업자"라 한다)

1) 가상자산을 매도, 매수하는 행위

2) 가상자산을 다른 가상자산과 교환하는 행위

3) 가상자산을 이전하는 행위 중 대통령령으로 정하는 행위

4) 가상자산을 보관 또는 관리하는 행위

5) 1) 및 2)의 행위를 중개, 알선하거나 대행하는 행위

6) 그 밖에 가상자산과 관련하여 자금세탁행위와 공중협박자금조달행위에 이용될 가능성이 높은 것으로서 대통령령으로 정하는 행위

현행 특정금융법상의 가상자산의 정의는 매우 포괄적이면서도 다소 모호하다. 이 개정안은 2021년 시행 전까지 시행령을 통해 좀 더 보강되며 구체화될 것으로 보이지만 그 모호성에는 다소 문제가 있다. 당장 이 법에 보강이 필요한 부분을 몇 가지만 나열해보면 다음과 같다.

첫째, 목적물 특히 무형의 목적물의 '경제적 가치'는 주관적으로 형성되는데, 경제적 가치의 유무를 어떤 기준으로 판단할 것인가? 만약 거래 즉 유통의 유무로 판단한다면 새로 개발된 암호화폐는 가상자산에 포함되지 않는다. 아직 유통이 시작되지 않았으므로 경제적 가치가 없기 때문이다. 따라서 새로 개발된 암호화폐는 가상자산사업자가 취급할 수 없고 취급 대상은 오로지 기존에 유통되고 있는 것이어야 한다.

둘째, 비슷한 맥락으로 가상자산 발행시장은 고려되지 않고 있다. 가상자산은 발행과 유통시장으로 구분해서 규제할 필요가 있다. 가상자산을 만드는 자가 있으니 이를 유통해 경제적 이익을 꾀하려는 자가 생기는 것이다. 그러나 특정금융법상 가상자산사업자에는 유통시장과 관련된 자들로만 규정하고 있으므로 이를 개발하는 발행자에 대한 내용은 없다. 또, 유통업자가 스스로 가상자산을 유통하는 명백한 이해 상충 상황에 대한 규제 여부도 포함되지 않고 있다.

셋째, 가상자산의 범위가 너무 넓다. 디지털로 표현한 대부분의 목적물을 포함하도록 돼 있으므로, 기초자산을 디지털로 표현한 디지털화 자산과 기초자산 없이 디지털 수치로만 존재하는 디지털 자산이 구분되지 않고 정의돼 있다. 따라서 기초자산을 기준으로 기존의 법령으로 다룰 수 있는 목적물도 다 포함하게 돼 분류의 기능을 거의 하지 못하고 있다.[14] 특히 다양한 분야에서 실물 자산을 디지털화하고 있는 현 추세를 감안해보면, 현행 가상자산의 범위는 단순히 암호화폐 및 그 아류를 규제하려는 목적을 상실할 정도로 추상적이고 폭넓다.

---

14 이 부분은 9장에서 자세히 알아보자.

이 때문에 '가'부터 '바'까지의 6개 목을 적시해 기초자산이 있는 목적물을 가상자산에서 제외하고 있는데 이것만으로는 사각지대가 너무 많고, 새로운 목적물이 등장할 때마다 매번 새로이 판단해야 하는 문제가 생긴다.

가상자산의 범위는 향후 중개소들이 취급할 수 있는 대상물의 범위를 법령으로 정의하는 첫 단추이므로 대단히 중요하다. 특히 7.3절에서 설명한 자금세탁 기능을 탑재하고 있는 다크코인류의 취급은 원천적으로 봉쇄해야 하지만 현행 법령상에는 그러한 부분에 대한 고려가 없다.

8.6.2 가상자산 규제에 대한 각국 동향

미국은 가장 적극적으로 가상자산을 규제하는 국가 중 하나이며 그 발행과 관련해서는 연방법이 적용되고 증권거래 위원회SEC, U.S. Securities and Exchange Commission가 관장한다. 즉, 발행되는 자산이 증권으로 제공 또는 거래되거나 집합투자를 통해 행해지면 증권법으로 규제한다는 입장이다. 2017 ICO 형태로 진행됐던 이더리움 재단의 The DAO 사태도 증권법과 거래소법의 위반 소지가 있다고 보는 것이 SEC의 판단이다.

한편 가상자산의 거래에 관해서는 개별 주마다 다른 법령을 적용하는데 뉴욕주의 경우에는 새로운 법령을 제정한 반면, 워싱턴주는 기존의 법령을 그대로 적용한다. 전체적으로 보면 미국은 가상자산의 거래에 있어서 기존 핀센FinCen이 발효한 트래블 룰을 가상자산에도 그대로 적용한다는 원칙을 갖고 있다.

한편, 가상자산에 대해 대단히 우호적인 국가로는 스위스와 싱가포르가 있다. 페이스북의 리브라 어소시에이션을 비롯해 900여 개가 넘는 블록체인 혹은 암호화폐 관련 단체들이 모두 스위스로 몰려드는 것도 이러한 우호적인 환경 때문이다. 스위스는 일반적으로 암호화폐의 개발과 유통을 규제하지 않지만 미국과 마찬가지로 자산형 토큰이나 유틸리티 토큰 등의 경우 해당 자산이 증권에 해당하는지 별도로 판단하고 있다.프랑스 역시 가상자산이 증권발행과 유통에 관한 기존 법령에 상충하지 않는 한 토큰의 발행과 유통은 가능하다는 입장이나 2016년을 기점으로 블록체인과 암호화폐는 엄격히 분리해 취급하고 있다.

일본은 암호화폐에 대한 규제 플랫폼을 구축한 최초의 국가에 속한다. 초기부터 중개소에 대한 등록과 함께 투자자들에 대한 보호와 자금세탁 방지 대책을 수립해왔고 2018년 중개소 해킹으로 6천억 원이 도난당하는 사건을 기점으로 본격적인 규제를 제정하기 시작했다. 일본은 실질적으로 화이트 리스트를 통해 매매 가능한 코인 종류를 통제해오고 있으며 리스트에 없는 코인을 거래하려면 금융청의 심사를 받아야 한다. 이 때문에 일본은 일찍부터 대시나 z 캐시 등 자금세탁 기능이 강화된 코인을 시장에서 퇴출시켜 버렸다. 한편 일본은 암호화폐 매매로 인한 연간 시세차액에 과세하며 20만 엔을 넘을 경우부터 최소 15%에서 최대 55%까지 세금을 부과하고 있다.

홍콩은 ICO를 전면 금지한 중국과는 다른 법령을 적용하고 있으며 증권선물법(SFO)를 통해 규제하고 있다. 대체로 지급결제수단으로서의 가상자산에 대해서는 별도의 규정을 마련하고 있지 않지만 증권형 토큰의 경우 SFO의 규제를 받을 수 있으며 성격에 따라 다른 면허를 취득해야만 한다.

우리나라의 경우 중개소는 통신판매업으로 등록되므로 금융당국으로부터 어떠한 감독도 받지 않는다. 또한 금융당국은 가상자산을 거래하는 자들의 행위를 투자로 보지 않기 때문에 투자자 보호에 대한 어떠한 장치도 마련하지 않으며 단지 그들의 사적 자치에 남겨두고 있다. 그러나, 특정금융법의 시행령의 마련과 동시에 가상자산사업자에 의무를 부과해 간접적으로 소비자 보호 측면이 강화되는 효과도 생길 것이다. 이 경우 지금까지 중개소 스스로 운영하던 여러 가지, 예컨대 코인의 종류, 공시에 관한 내용, 매매 시간 등에 대한 규제가 생길 가능성이 있다. 또한, CDD와 관련해 실명 확인과 관련된 여러 부가 사항이 추가될 것으로 예상되며 이에 대한 일부 책임은 은행권이 연대해야 할 가능성도 배제할 수 없다. 특히 다크코인류에 대한 거래 금지는 법령으로 명시할 필요가 있다.

9

디지털 자산

시중에는 디지털 자산^{digital asset}과 디지털화 자산^{digitized asset}이란 용어가 구분 없이 사용되고 있다. 오랫동안 디지털 자산은 곧 디지털화 자산만을 의미했으므로 분류의 필요성 자체가 없었던 것이 사실이다. 그러나 비트코인의 등장으로 인해 이제 디지털 자산과 디지털화 자산을 구분해야 할 필요성이 커졌다. 시중에서는 이 둘을 구분하지 않고 혼용해서 사용하고 있지만, 사실 이 둘은 명백히 구분할 수 있다.

9.1 디지털화 자산

디지털화 자산^{digitized asset}이란 '이미 가치를 가진 유무형의 무엇'을 보관과 유통 등의 편의를 위해 디지털화해서 관리하는 것으로서 음악, 소설, 시, 책 등을 디지털화한 저작권 등의 무형의 자산 또는 KRX 금 거래, 부동산 유동화 증권처럼 실물 자산을 디지털화 해서 거래하고 보관한 것들이다. 디지털화 자산은 자산 기반^{asset backed}의 전자 증표라 할 수 있으며 기초가 되는 자산을 갖고 있다. 디지털화 자산은 가격의 적정성에 대해 추정할 수 있으며, 기초자산의 내재 가치를 그대로 물려받는다. 따라서 가치의 '유무'가 아닌 '적정'이 중요하다.

디지털 음원은 음악 정보를 기록한 것이므로 복제를 하면 동일한 효용을 얻을 수 있다. 정보 자체가 가치이기 때문이다. 따라서 디지털 음원은 디지털화 자산이다. 그러나 비트코인은 그 자체가 목적물로서의 가치를 갖고 있으며 그 내용은 복제해봐야 아무 가치가 없다. 그 내용 자체는 가치를 가진 정보가 아닌 특정 조건(해당 암호키)을 기술한 것에 불과하기 때문이다. 따라서 조건을 갖추지 못한 자(암호화 키가 없는 자)가 내용을 복제해도 아무런 효용도 얻지 못한다.

9.1.1 자산 유동화 증권과 자산 유동화 토큰

자산 유동화 Asset Securization 란 자산보유자로부터 유동화 자산을 1) 양도받은 유동화 전문 회사나 2) 신탁받은 자본시장법상의 신탁업자가 이를 기초로 유동화 증권 ABS, Asset Backed Securities 을 발행하고 이의 관리, 운용, 처분에 의한 수익이나 차입금 등으로 원리금이나 배당금을 지급하는 일련의 행위를 말한다. 현재는 주로 은행, 증권회사, 자산운용사가 신탁업자 역할을 하고 자본시장법 제296조에 의거 예탁결제원이 집합투자 재산의 취득, 처분 등에 관한 지시를 처리하는 업무에 관여하고 있다.

최근 블록체인을 이용해 자산을 유동화한다고 선전하는 업체들이 나타나기 시작했다. 이들은 블록체인이라는 단어를 앞세워 기술 기업인 양 포장하지만 대부분 단순히 ERC-20 토큰만을 발행한, 실상은 기술과는 거리가 먼 업체들이다.

ERC-20을 이용한 자산 토큰화 Tokenization 또는 자산 유동화 토큰은 유동화 증권 대신 토큰을 이용하는 점을 제외하면 자산 유동화 과정과 거의 동일하다. 예컨대 특정 부동산을 기초 자산으로 해 토큰을 발행해 유동화를 한다면 개념적으로 다음의 과정을 거치게 된다.

1. 새로운 토큰(예: ERC-20)을 n개 발행한다.
2. 토큰 발행 회사는 각 토큰에 대해 그 기초자산(예제의 경우는 부동산)에 대한 1/n의 권리를 보장하기로 구매자와 약속한다.
3. 발행된 토큰을 일반인에게 판매한다.

9.1.1.1 자산 유동화 토큰의 유의 사항

우리나라는 2019년 9월 16일자로 「주식·사채 등의 전자등록에 관한 법률」(약칭: 전자증권법)이 시행됐다. 이 전자증권법에 따라 주식 등 증권은 전자적으로만 발행하고 관리함으로써 그 위변조를 방지하는 등 소유자의 권리를 보호하도록 하고 있다. 이때 전자적으로 증권을 등록하고 관리할 수 있는 자격은 동법에 의해 엄격히 규정돼 있다.

증권을 발행하고 이를 전자적으로 기록할 수 있는 자의 자격을 엄격히 규정하는 이유는 해당 증권에 대한 소유권 또는 담보권을 안전하게 보장해주기 위함이다. 그러나 이러한 증권 대신 토큰을 이용하게 되면 여러 가지 문제가 파생되므로 주의할 필요가 있다.

첫째, 토큰에는 소유 권한이나 그 어떠한 권리도 기록할 수 없다. 따라서 토큰과 기초자산에 대한 권리를 매칭시키는 별도의 서버가 필요하므로 이에 따라 관리가 이원화되는 등 기존 데이터베이스 방식에 비해 안전성과 효용성이 크게 떨어질 수 있다.

둘째, 전자증권법상에는 전자등록업의 허가 조건에 관해 인적, 물적 요건, 사업 계획, 이해 상충 방지 등의 엄격한 기준을 정하고 있다. 그러나 전자등록업 허가를 받지 않은 자가 토큰을 발행해 기초자산을 관리하게 되면 이러한 기준을 따르지 않아도 되므로 투자자 보호가 크게 약화될 수 있다.

셋째, 발행된 토큰을 구매한 자가 해당 암호화 키를 분실할 경우 이를 복구할 수 있는 방법이 없고 임의로 토큰을 이전한 경우 이를 기초자산과 매칭시키는 것이 불가능할 수 있다.

넷째, 부동산 등이 그 기초자산일 경우 향후 매각을 위해 토큰을 모두 회수해야 할 필요성이 생길 때 이를 통제할 수 있는 방법이 없다. 경우에 따라 그 소유자를 특정할 수 없고 각각의 개인키로만 접근할 수 있는 토큰을 일괄 관리할 방법도 없기 때문이다.

다섯째, 발행된 토큰을 다양한 중개소에서 거래하게 되면 그 가격이 실제 가격과 심하게 괴리될 수 있고, 그마저도 중개소별로 상이해 기초자산과의 연계성 자체가 무의미해질 수 있다.

결국 기획된 자산 유동화의 초기 취지가 좋더라도 그 방법론에 있어서 토큰을 선택한다면 오히려 불필요한 다른 여러 문제점을 야기시킬 수 있으므로 유의해야 한다. 최근에는 그 기초자산의 대상으로 미술품, 저작권 등으로 확대하고 있으며 일부는 감독의 사각지대에서 무분별한 발행을 통해 구매자를 호도하고 있으므로, 반드시 토큰 발행회사의 신뢰성을 잘 따져봐야 한다. 한편 감독당국은 소비자 보호를 위해 중도 환매를 금지한 폐쇄형 펀드까지 유동화를 시도하려는 편법 등에 대해서는 철저히 대응해야 할 것이다. 유동화 토큰을 발행하는 순간 폐쇄형의 기능은 사라진다.

9.1.1.2 자산 유동화의 핵심은 신뢰이다

자산 유동화 시 토큰을 사용할 때의 이점을 찾아보기 힘들지만 일부 기업이 굳이 토큰을 선택하는 이유는 스스로를 블록체인 '기술 기업'으로 포장해 기존 법령을 우회할 당위성을 호도하려는 측면이 있다. 특히 이들은 규제 샌드박스sandbox를 통해 기존 법령을 우회할 목적으로 자산 유동화 토큰을 사용한다. 그러나 감독당국 입장에서는 관련법상 자격 조건을 갖춘 업체라도 토큰을 사용하려고 시도한다면 오히려 이를 재고할 필요가 있다.

자산 유동화의 핵심은 소프트웨어가 아니라 신뢰받는 기관의 개입이다. KRX-금 거래를 예로 들면 3개의 신뢰 기관이 개입하는데, 먼저 조폐공사가 금의 순도가 99.99%임을 보증하고, 예탁결제원이 구매한 금의 실물을 안전하게 위탁 보관하며 한국 거래소는 거래의 투명성을 보장한다. 어떠한 디지털 기술이라도 이러한 신뢰를 대신하지는 못한다.

TIP

샌드박스(Sandbox)란 새로운 제품이나 서비스 등을 출시할 때 일정 기간 동안 기존의 규제를 면제해줘 새로운 아이디어를 장려하는 제도다. 모래 놀이터처럼 '규제 프리존'에서 새로운 산업이 더 발전할 수 있다는 취지로 2016년 영국에서 핀테크 산업을 육성하면서 처음 등장했다.

9.2 디지털 자산

디지털 자산은 '이미 가치를 가진 그 무엇'을 디지털화한 것이 아니라 디지털 '기록' 그 자체가 목적물로서, 대표적인 것이 바로 비트코인이다. 비트코인은 기초자산이 없으므로 그 내재 가치는 0이다. 또한 비트코인에 기록된 데이터는 정보로서는 어떠한 가치도 없지만 그 기록 자체를 목적물로 '접근'하고 '처분'할 수 있는 권리를 획득하고자 돈을 지불하려는 사람들이 형성된 것이다.

TIP

지역화폐, 오케이캐시백, 유틸리티 토큰, 전자 채권, 전자 상품권, 스테이블 코인[1] 등은 모두 내재 가치를 가진 디지털화 자산이다. 이들은 (발행자들이 구매나 효용 범위를 제한했기 때문에) 그 구매의 범용성에서 차이가 있을 뿐 무엇을 구매할 수 있는 객관적 가치가 '사전'에 정의돼 있고, 그 가치가 기초자산을 이루고 있다. 이 경우 디지털의 역할은 관리를 위한 보조 수단이다.

게임 아이템 역시 정보가 아닌 그 자체가 목적물로 가치를 가질 수 있다. 즉, 아이템 자체는 정보로서의 가치가 없지만 법화를 지불하고서라도 아이템 자체를 목적물로 접근하고

---

1   스테이블 코인은 9장 후반부에서 테더와 리브라를 살펴볼 때 다시 논의한다.

사용할 수 있는 권리를 구매하려는 사람이 존재한다면 가치를 지닐 수 있는 것이다. 따라서 디지털 자산의 범위는 디지털 기록 중 디지털화 자산을 제외한 거의 모든 것이 그 후보가 될 수 있으며 당연히 내재 가치가 없는 암호화폐 또한 이 부류에 포함된다.

> 현재 특정금융정보법상에서는 가상자산에서 게임 아이템, 선불카드, 전자등록주식 등을 제외하도록 일일이 열거하고 있다. 이 경우 새로운 형태의 디지털화 자산 또는 디지털 자산이 등장할 때마다 가상자산에 해당하는지 여부를 매번 검토해야 하는 어려움이 따른다. 선불카드와 전자등록주식은 모두 디지털 자산이 아니라 디지털화 자산에 속한다. 따라서 간단히 디지털화 자산을 가상자산에서 제외하면 별도로 열거할 필요가 없었을 것이다.

9.2.1 디지털 자산의 가치

그렇다면 과연 아무런 기초자산이 없는 디지털 목적물이 그 자체만으로 어떤 가치를 형성한다는 것이 가능한 일인가? 앞서 스마트 컨트랙트에서 잠시 소개했던 닉 사보는 비트골드^{bitgold}라는 재미있는 개념을 구상했다.

사보는 금이 그 가치를 인정받는 이유는 그만큼 채굴하기 힘들기 때문일 것이라고 생각했다. 이에 근거해 그는 극도로 해결이 어려운 그 퍼즐이 존재한다면, 퍼즐의 정답 자체가 사람들로부터 어떤 가치를 가진 것으로 여겨질 수도 있을 것이라고 상상했다. 만약 그렇게 되면 퍼즐의 정답을 디지털화해서 자산처럼 주고받을 수도 있을 것이라고 생각한 것이다. 물론 단순히 생성에 힘이 들면 가치를 갖게 된다는 논리에는 어느 정도 비약이 있지만 닉 사보가 구상한 비트골드는 비트코인에 해시 퍼즐이라는 작업증명 방식으로 그대로 구현돼 있다. 비트코인의 원형은 이미 닉 사보가 대부분 설계해 둔 셈이었다.

닉 사보의 생각은 사실 마르크스의 『자본론』에 있는 '노동에 의한 가치 형성'과 어느 정도 닿아 있다. 『자본론』은 상품의 가치를 생산에 소비된 노동력에 비례하는 것으로 가정한다. 따라서 상품이 화폐를 매개로 교환된다는 것은 사실 인간의 노동이 교환되는 과정으로 볼 수 있다고 주장한다.

외견상으로 비트코인도 비슷한 형태를 갖고 있다. 비트코인이 만들어지려면 작업증명이라는 과정을 거쳐야 하며, 이에는 인간의 노동에 비유할 수 있는 컴퓨터의 노동이라는 막대한 자원이 소모된다. 그 절대적 가치에 대한 논의는 차치하더라도 비트코인은 일단 생산에 많은 자원이 소모되는 것은 틀림없는 사실이다. 이런 관점에서는 디지털 목적물이 그 자체로 어떤 가치를 갖기 위한 정당성과 생성에 필요한 에너지의 투입 여부를 결부시키는 가설 자체가 터무니없는 논리는 아니라고 하겠다.

사실 게임 아이템을 사고 파는 논리도 유사하다. 게임에서 사용되는 아이템은 정보가 아닌 그 자체가 목적물로서 가치를 가진다. 게임 아이템이 가치를 갖는 것은 그 아이템을 획득하기 위해 수많은 시간과 노력이 투입돼야 하기 때문이다.[2] 이 또한 마르크스의 노동에 의한 가치 형성과 닿아 있다.

9.2.1.1 이더리움과 선채굴

그렇다면 다른 암호화폐들은 어떨까? 이더리움 역시 작업증명을 도입하고 있고 비트코인과 마찬가지로 막대한 에너지를 쓰고 있다. 그러므로 앞 절에서의 맥락으로 보면 이더리움의 생산에도 일정 이상의 에너지가 투입되므로 그 가치의 정당성에 대한 최소한의 근거는 확보한 것이라 할 수 있겠다. 그러나 이더리움과 비트코인은 근본적으로 다른 점이 있으니 바로 '선先채굴pre-mining'이다.

---

2   또한 이러한 힘든 규칙은 앞으로도 게임 운영사가 반드시 지켜줄 것이라는 신뢰 또한 뒷받침돼야 한다.

선채굴이란 암호화폐 개발자가 개발 초기에 채굴 과정 없이 즉, 에너지 소모 없이 그냥 찍어 낸 것을 의미한다. 이더리움의 제네시스(0번) 블록을 살펴보면 무려 8,893개의 트랜잭션이 들어 있는데,[3] 이를 통해 7,200만 개의 이더리움을 마구 찍어 댔다. 찍어 낸 이더리움이 비탈릭 부테린을 비롯한 관계자들의 주머니로 들어간 것은 당연하다. 이더리움이 만들어지고 5년이 지난 2020년 8월까지 누적 발행된 이더리움의 총 개수가 1억 1,200만 개에 불과하니, 아직까지도 전체 물량의 64%는 선채굴로 찍어 낸 코인인 셈이며 초창기 물량의 거의 대부분은 채굴이 아닌 선채굴에 의해 찍어 댄 코인이었다.

선채굴은 불로소득을 의미한다. 아무런 에너지도 투입하지 않고 뒤늦게 모든 열매를 가로채는 파렴치한 행위라는 비난에서 자유롭지 못하다. 이는 론칭과 동시에 공정한 에너지 투입 경쟁을 통해 코인이 발행된 비트코인과는 완전히 대조된다.[4] 이때부터 코인 개발자들은 예외 없이 선채굴을 통해 자기 배를 채우는 것이 관행처럼 굳어지게 된다.

앞서 몇 번 언급됐던 루비니 교수는 2018년 10월 "이더리움은 모든 사기와 거품의 아버지 또는 엄마"라고 언급했고 같은 달 그의 트위터를 통해 "(비탈릭 부테린과 조셉 루빈[5]) 두 사람은 이더리움의 75%[6]를 훔쳐 거짓 부(fake-wealth)를 통해 순식간에 억만장자가 됐다"고 비난했다. 이에 대해 비탈릭 부테린은 그의 트위터에 "(어쩌라고?) 선채굴은 불법이 아니야!"라고 응수했다. 선채굴이 불법은 아니다. 그러나 이더리움을 구매한 대다수의 사람들은 선채굴의 개념도 모를뿐더러, 부테린이 공정한 경쟁 없이 발행량 대다수를 독점했다는 사실도 전혀 모르고 있다. 따라서 비탈릭 부테린이 전 세계를 돌아다니며 "이더리움은 그 누구도 개입할 수 없는 독립되고 깨끗한 화폐"라고 선전하고 있는 것은 명백한 기망 행위임은 분명하다.

---

3   비트코인의 제네시스(0번) 블록에는 단 하나의 트랜잭션만 있었던 사실을 기억하자.

4   비트코인 역시 초기에 낮은 난이도에서의 채굴 경쟁은 오직 개발 당사자들이었다는 점에서 선채굴의 비난에서 완전히 자유롭지는 못하다.

5   조셉 루빈은 이더리움 재단의 창립에 관여했던 사업가다.

6   선채굴한 7,200만 개 물량은 2018년 10월 기점으로는 총 발행량의 75%에 육박했다.

9.2.2 가상자산의 실체와 사적 자치

가상자산의 대다수는 ERC-20 토큰이나 사익집단이 중앙화 서버를 동원해 마구 찍어 낸 코인이다. 앞서 설명한 대로 ERC-20을 비롯한 토큰이란 단순히 이더리움 등의 플랫폼에 기록된 조잡한 프로그램 몇 줄이 전부다. 그 기능은 가상의 디지털 숫자를 생성하고 이를 암호화 키라는 매개체를 이용해 상호 이전하는 것이 전부다.

대한민국 민법의 기본 원리는 '사적 자치'이다. 이는 자신의 행동에 자신이 책임을 지는 개인 책임의 원칙과 연관돼 있고 당사자 간의 사회적 관계는 서로 간의 자율적 법률 관계로 얼마든지 창설할 수 있는 권리가 있다. 따라서 금으로 돌덩이를 사더라도 그것은 오롯이 개인의 자유다. 그렇다면 무엇이 문제인가?

9.2.2.1 가상자산의 기망 행위

가상자산을 둘러싼 가장 큰 문제는 바로 돌덩이를 금덩이인 것처럼 속이는 기망 행위다. 가상자산을 구매하는 대다수가 그 실체를 정확히 모르고 있는 것은 물론 부풀려지고 확대 생산된 거짓에 둘러싸여 있다. 상당수 가상자산의 실체가 코드 단 몇 줄로 구성된 조잡한 프로그램에 불과하며, 그 운영은 그 안전과 신뢰를 담보할 수 없는 사익집단에 의해 배타적이고 독점적으로 통제되고 있다는 사실을 과연 얼마나 알고 있을까? 또한 그 사실을 정확히 인지하고서도 몇 푼의 이익을 더 얻기 위해 이러한 투기를 선택할 수 있을까?

블록체인은 '추적이 불가능한' 익명의 거래를 위해 지극히 비효율적이고 기형적인 방법을 동원해 만들어진 것일 뿐 독립이나 투명과는 거리가 먼 불안한 플랫폼에 불과하다. 중국이나 우리나라에서 ICO[7]를 금지하고 있는 이유도 미래의 수익을 보장해주는 듯한 기망 행위를 막고자 하는 것이다. 진정한 미래의 디지털 자산이 추구해야 할 속성과 이더리움 등 기만적인 가상자산과의 비교는 후속 장에서 좀 더 살펴보자.

---

7   ICO는 바로 다음 절에서 자세히 설명한다.

9.3 ICO

ICO는 'Initial Coin Offering'의 약자로 투자를 대가로 주식을 지불하는 IPO^{Initial Public} Offering에 빗대어 만들어낸 신조어다. ICO를 간편한 자금 조달 창구라 주장하며, 그 필요성을 역설하는 사람이 있지만 ICO는 구조적으로 여러 결함을 갖고 있다. ICO를 둘러싼 논쟁의 핵심은 '투자자 보호'를 위한 장치의 유무다. ICO가 '간편한' 자금 조달 창구 역할을 할 수 있는 이유는 '투자자 보호'를 위한 모든 규정이 사라지기 때문이다. 이는 의무 조항을 피하기 위한 편법일 뿐, 기존 제도가 개선된 측면은 찾아보기 어렵다. 다음 그림을 통해 IPO와 ICO를 비교해보자.

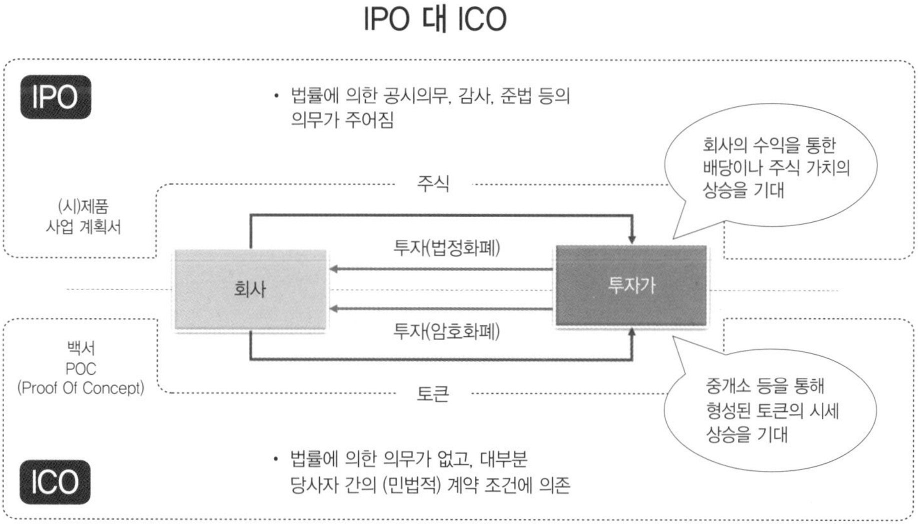

IPO 대 ICO

그림 9-1 IPO 대 ICO

그림 9-1의 상단은 IPO의 일반적 흐름도이며 하단은 ICO의 일반적 흐름도를 보여준다. IPO의 경우, 투자가들은 (시)제품 또는 사업 계획서를 검토한 후 투자를 하고, 그 대가로 약정한 주식을 교부받는다. 투자 판단의 근거는 제품이나 서비스의 사업성에 기초한다.

제품이나 서비스가 고객들에게 잘 팔릴 경우 향후 주가 상승을 통한 자본 이득은 물론 추가적인 배당 수익도 기대할 수 있기 때문이다. 또한 고객들은 서비스나 제품을 직접 구매하면서 회사와의 접점이 형성되고, 이를 통해 직·간접적으로 정보를 수집한다.

이 정보는 주가에 반영된다. 이 구조는 좀 더 나은 제품이나 서비스 개발을 모두가 바라는 선순환 고리를 형성한다. 또한 법화를 통해 투자받은 회사는 법이 정하는 바에 따른 공시 의무가 부과되고, 투자자는 법령에 따른 정보 청구권을 갖는 등 투자자 보호를 위한 다양한 장치가 제공된다. 회사 내부로는 준법 감시의 의무 등이 자동으로 발생한다.

ICO는 이와는 많이 다른 형태로 진행된다. 투자가들은 법정화폐 대신 암호화폐로 투자하고 회사는 주식 대신 새로운 토큰을 발행해 교부한다. 암호화폐로 투자했으므로 IPO처럼 법령에 의한 투자자 보호 장치는 작동하지 않는다. 법정통화가 아니기 때문이다.

공시 의무도, 정보 청구권도, 준법 감시 의무도 없다. 오직 당사자들의 민사적 협약에 따른 규칙만 존재한다. 한편 사업 계획서 같은 것이 없다. 대신 백서white paper를 작성한다. 백서에는 제품이나 서비스는 등장하지 않는다. 백서에는 대개 '사업 구상' 정도에 해당하는 추상적 아이디어가 설명된다. 흔히 '개념증명'이라는 이름으로 포장되지만, 제품을 기반으로 그 타당성을 검토하는 개념증명과는 많이 다르다. 때문에 개념증명보다는 아이디어 스케치라고 부르는 것이 더 타당하다.

TIP

개념증명(Proof-Of-Concept)은 기존에 시장에 없던 신제품 등을 도입하기 전에 그 타당성을 사전 조사하는 등의 작업을 의미한다. 개념증명은 아직 상용화되지 않았지만, 아이디어가 아니라 명백한 제품이나 서비스를 기반으로 진행된다.

투자의 성공은 오로지 회사가 발행한 토큰이 대형 중개소에 등록되는지 여부에 달려있다. ICO 투자가들의 관심은 백서에 기술된 아이디어의 실현 가능성이 아니라 아이디어가 가진 마케팅적 요소에 더 집중된다. 더욱 자극적인 소재로 중개소 등록이 용이한 것이 먼저다. 일단 등록만 되면 일반인들을 호도해 높은 가격에 토큰을 되팔면 그만이다. 때문에 통상적인 IPO에 비해 투자금 회수 시기도 훨씬 짧다. 대형 중개소와 직·간접적 이해 관계를 가진 업체가 진행하는 ICO는 투자의 최우선 순위다. 이 시장은 고객이 제품이나 서비스 구매를 통해 능동적으로 가격을 반영하는 시장이 아니라 대형 중개소가 토큰을 선택하고, 마케팅을 집중해 가격을 강요하는 수동적 시장이다. ICO는 모집자의 의도와 상관없이 구조적으로 사기를 저지르도록 내몬다. 악화가 양화를 구축하듯, 합법적인 거짓 부풀리기가 허용되며, 그것이 더 큰 돈이 되므로 기술을 추구할 이유가 없는 시장이 된 것이다.

TIP

주식 시장도 통제되지 않으면 이와 비슷한 현상이 발생한다. 허위 공시를 방치하면 입증되지 않은 기대가 반영되고, 내부 정보를 착취하면 주가는 정보를 충분히 반영하지 못하고 왜곡되며, 시장은 투기판으로 바뀐다.

아이디어 스케치가 얼마나 부풀려졌는지는 판단할 수도, 통제할 수도 없다. 이 때문에 대다수 백서는 기술보다 허황된 거짓 부풀리기에 더 매달린다. 그쪽이 훨씬 더 돈이 되기 때문이다. 게다가 위법도 아니다. 기술이 없어도 돈은 얼마든지 굴러들어온다. 역설적으로 백서에서 뜬구름을 많이 잡고 거짓을 부풀릴수록 토큰 값 띄우기는 더 쉬워진다. 거짓 부풀리기를 하면 더 많은 돈을 벌 수 있는데, 누가 힘들여 연구하면서 기술을 개발하겠는가? 제품과 상관없이 토큰을 발행해 중개소를 통해 자금을 끌어들이는 ICO 행위는 그 회사의 선의와 상관없이 구조적으로 모든 회사가 합법적으로 사기를 저지르도록 내몰고 있는 셈이다.

Memo

많은 사람이 우리나라가 ICO를 법적으로 금지했다고 알고 있지만, 이는 사실이 아니다. 2017년 9월을 기점으로 ICO가 금지된 것과 같은 효력이 발생한 것은 맞지만, 엄밀히 말하면 우리나라는 법적으로 ICO를 금지시킨 적이 없다. 우리나라의 '유사 수신 행위의 규제에 관한 법률' 제2조에서는 허가받지 않은 업체가 불특정 다수로부터 자금을 조달하면서 장래에 출자금 전액 또는 이를 초과하는 금액을 지급할 것을 약정하고 출자금을 받는 행위를 '유사 수신 행위'로 처벌하도록 정하고 있다. 또 제4조에서는 이의 영업을 위한 광고 행위를 금지하고 있다. 한국에서 ICO를 진행하면 ICO의 기본 구조상 '유사 수신 행위'로 해석할 수 있는 소지가 크며, 따라서 동법에 의해 처벌하는 것이다. 그러므로 직접적으로 ICO를 금지한 적은 없지만, 실질적으로 ICO를 통제하는 상태다. 이는 별도의 법령을 별도로 마련하지 않고도 고객 기망 행위를 규제한 적절한 사례로 볼 수 있다.

9.3.1 ICO의 진화 – IEO와 STO

ICO는 암호화폐 커뮤니티 내에서도 사기로 인식돼 사멸된 상태로 볼 수 있다. 현재는 리버스 ICO, IEO를 거쳐 STO로 그 형태를 계속 변경시키고 있으며 오히려 점차 IPO를 닮아 가려 하고 있다. ICO는 건전한 벤처 기술업체에 투자돼야 할 자금을 도박과 투기로 끌어들여 건전한 벤처 투자 환경을 망치는 독버섯과 같다. 재미있는 점은 암호화폐의 중심에 있는 이더리움의 비탈릭 부테린이나 리플의 브래드 개링하우스가 앞장서서 ICO의 사기성을 질타하며 투자자들을 일깨우고 있다는 것이다. 한편 시간이 흐르면서 ICO를 다른 형태로 바꿔 진행하려는 시도도 늘고 있다.

ICO의 첫 번째 변형은 소위 리버스 ICO이다. 리버스reverse라는 단어에서 의미하듯 이는 기존 ICO 절차를 반대로 진행하는 것에 비유할 수 있다. 사업 초기에 아이디어만으로 ICO를 진행해 모금한 자금으로 실제 비즈니스를 영위하려던 것과 달리 이미 어느 정도 사업화가 진행된 후 ICO를 추진한다는 개념이다. 이는 대부분 사업성도 갖추지 못한 상태에서 뜬구름 잡기 식의 사기극이 난무했던 문제점을 바로잡으려는 시도로 등장한 개념이다.

한편 IEO는 중개소가 개입된 ICO를 의미한다. ICO의 궁극적 목적은 발행한 코인을 중개소에서 판매하는 것이므로 ICO 단계에서 중개소가 개입되면 발행된 코인을 안정적으로 중개소에서 판매할 수 있다는 개념이다. 그러나 중개소 자체가 전문성을 갖추지 못한 사익집단이므로 이는 오히려 더 큰 규모의 사기를 공모할 수 있음은 물론 중개소 자체가 직간접적으로 ICO를 진행해 사익을 취할 수 있는 문제가 생긴다.

STO는 한 단계 더 변형된 형태로 주식의 발행을 토큰으로 대체한다는 개념을 갖고 있다. 이는 자산 유동화 증권 대신 토큰을 이용했던 것과 유사하다. 즉, 내재 가치가 없는 단순 토큰이 아닌 주식을 기초자산으로 한 토큰의 개념이다.

그러나 이 모든 변형은 ICO가 가진 근본적인 문제점을 고스란히 갖고 있는데 바로 '투자자 보호의 약화'다. 이는 근본적으로 IPO 대신 토큰을 발행하려는 의도 중 하나가 기존 법령에서 부과한 많은 의무를 피하려는 것이기 때문에 당연한 것이기도 하다. 이와 함께 발행된 토큰은 규제받지 않는 중개소를 통해 그 가격이 조작되고 부풀려질 수 있기 때문에 기업의 실제 가치와 크게 괴리되고 근본적으로 투자자들을 더 큰 위험으로 내몰게 되는 것이다. 다시 한 번 강조하지만 발행된 토큰에는 그 어떠한 권리도 기록되지 않는다!

9.4 발행시장과 유통시장의 분리

현재의 암호화폐 시장이 마치 복마전을 연상시키는 혼탁한 상황이 된 이유는 발행시장과 유통시장을 규율하는 규정은 고사하고, 이 둘 사이의 엄격한 분리조차 이뤄지지 않고 있기 때문이다. 현재는 초기 경쟁을 뚫고 몸집을 불린 거대 중개소들이 유통시장을 독점하고 있다. CoinMarketCap.com 기준으로는 2만 6천여 개나 되는 중개소가 등록돼 있지만 이중 98.8%는 거래량이 전무한 개점 휴업 상태다. 이는 일 거래량 16조 원을 넘는 바이낸스와 크게 대조된다. 등록된 중개소 중 실제 거래가 있는 곳은 1.15% 수준으로 고작 300여 개에 불과하다. 상위 10개 중개소가 전체 거래량의 37%를 차지하며, 상위 20개 중개소의 전체 거래량 비중은 무려 45.8%이다. 따라서 새로운 중개소는 계속해서 우후죽순처럼 생겨나지만 실질적인 거래는 거대 중개소를 중심으로만 일어난다.

이들 중개소는 이제 더 이상 유통에만 머물지 않고 스스로 코인을 만들어 판매하고 있다. 이들이 만든 코인은 ERC-20 혹은 작업증명이 아닌 지분증명이나 그 변형을 사용한 중앙화 시스템에서 마구 찍어 낸 코인이다. 이 중개소들이 자신들의 홈페이지에 자사의 코인을 먼저 나열하거나 가장매매 등을 동원해 시세를 최대한 부양하기 위해 온갖 편법을 동원할 개연성이 높아질 것은 자명하다. 규제받지 않는 제조와 유통, 심지어 그 둘의 겸업까지 묵인되고 있는 아수라장이 바로 암호화폐 시장인 것이다.

9.5 스테이블 코인 - 테더와 리브라

2019년 10월 24일 비트코인의 시세는 7,400달러 수준이었다. 그날 중국의 시진핑 주석은 중국 공산당 중앙정치국에서 "블록체인을 혁신을 위한 주요 돌파구로 삼아야 한다"고 언급한다. 그 후 이틀만인 10월 26일 비트코인은 1만 달러 수준까지 급등한다. 그러나 11월 18일 시진핑이 비트코인은 사기라고 언급하자 11월 25일 시세는 다시 6,700달러로 급락한다. 암호화폐의 시세는 하루에도 큰 폭으로 등락을 거듭하는 것은 물론 등락의 이유도 딱히 없다. 특히 시진핑이 언급한 블록체인과 중개소에서 거래되는 코인과는 아무런 관련이 없음에도 시세를 조종하려는 세력들은 끊임없이 사소한 화제를 중개소 안으로 끌어들인다. 이 문제는 코인들은 기본적으로 내재 가치가 0이므로 그 가치의 적정성을 판단할 기초자산이 존재하지 않기 때문에 발생한다. 이에 따라 기초자산을 가진 코인에 대한 아이디어가 꾸준히 이어져 왔고, 스테이블stable 코인이라는 이름으로 하나씩 등장하기 시작한다. 스테이블 코인이란 기초자산이 없는 디지털 숫자에 불과한 이전 코인과 달리 기초 자산을 가진 코인으로, 디지털 자산이 아닌 디지털화 자산인 셈이다.

9.5.1 테더

테더[Tether]는 2014년 10월 6일 발행된 코인으로, 발행하는 1테더당 미화 1달러를 연동시 킨다고 주장하는 코인이다. 즉, 언제든 구매자가 원할 경우 1테더를 다시 달러로 교환해 준다는 것으로 미국 달러에 태환된 코인이라 할 수 있다. 시세가 '안정된' 코인이라는 측면 에서는 일견 괜찮은 아이디어로 들릴 수 있지만 조금만 깊이 생각하면 바로 몇 가지 의문 이 든다.

첫째, 통상 코인을 구매하는 이유는 코인 값 상승을 통해 그 시세차익을 얻기 위함인데, 달러에 연동된 코인이라면 그 시세가 늘 1달러 근처에 머무를 텐데 굳이 구매할 이유가 무엇일까?

둘째, 이 코인을 발행한 업체는 1테더당 1달러를 늘 적립해 둬야 하고, 또 발행한 테더 시 세도 달러에 연동돼 가격 상승도 기대할 수 없는데 굳이 왜 발행했을까 하는 점이다. 즉, 발행 회사의 비즈니스 모델 자체도 궁금해지는 대목이다.

2014년 발행된 테더의 2020년 9월 6일자 시세는 정확히 0.999828달러다. 예상대로 전혀 변동이 없다. 그런데 테더 거래를 조금 더 들여다보면 이상한 점을 하나 발견할 수 있다. 지금까지 발행된 테더는 모두 14,127,559,420개로 현 시세를 반영한 시가총액은 14,125,130,811달러인데, 일 거래량은 무려 81,701,289,406달러에 이른다. 즉, 일 거 래량이 무려 전체 자산의 578%에 육박하는 것이다. 이는 앞서 주식시장의 자산 대비 일 평균 거래량 0.3%의 1,927배에 이르는 수치다! 도대체 테더에 무슨 일이 일어나고 있는 것일까? 테더를 구매하는 사람들은 테더의 시세차익을 노리고 있는 것이 아니란 점을 다 시 한 번 상기하면 의외로 대답은 쉽게 찾을 수 있다. 해답을 찾았는가?

뉴욕 검찰은 비트코인 광풍의 이면에는 그 시세를 조종하기 위한 테더와 비트파이넥스 Bitfinex라는 중개소의 음모가 있었다고 보고 있다. 테더는 현재 뉴욕주에서 두 가지 혐의로 재판 중에 있는데, 하나는 비트파이넥스가 보유한 비트코인의 가격을 조작한 것이고 다른 하나는 자신들의 주장과 달리 달러를 적절히 예치하지 않은 혐의이다.[Y] 2018년 비트코인이 2만 달러를 넘은 광풍의 이면에는 테더와 비트파이넥스가 합작해 시세를 조종했기 때문이라는 것이 그 주된 혐의인데, 이는 비트코인 거래의 70% 이상이 테더로 이뤄진다는 점과, 수익 구조가 전무하다시피 한 테더를 많은 비용을 들여 굳이 발행하고 운영하고 있는 점을 감안하면 합리적 의심을 가능케 한다.[Z]

Memo

당신이 한동안 암호화폐 투기에 빠져 있었고 이제 잠시 (예컨대 한 달 정도) 투자를 그만두고 관망하고 싶다고 가정해보자. 현재 잔고가 100 비트코인이라면, 비트코인 시세가 꾸준히 상승할 것을 기대하고 한 달간 그냥 둘 수도 있겠지만 등락폭이 워낙 심한 코인의 특성상 그리 현명한 선택이 아닐 수도 있다. 그렇다고 비트코인을 모두 팔아 원화로 바꾸면 은행 가상계좌를 통해 당신의 신원과 함께 보유 잔고가 고스란히 파악된다. 이때 테더는 좋은 선택이 된다. 테더는 여전히 암호화폐이므로 은행 가상계좌를 통한 신원 노출이 안 되면서도 암호화폐처럼 등락을 걱정할 필요도 없다. 1달러에 연동돼 있기 때문이다. 따라서 (앞으로도 지속적으로 암호 투기를 할 생각이 있다면) 가장 좋은 선택은 비트코인을 테더로 바꿔 보관하는 것이다! 이 때문에 전 세계 비트코인 거래의 70%는 테더로 이뤄지며, 테더로 이뤄진 비트코인 거래의 상당 부분은 용이한 시세조종에 노출돼 있는 것이다. 테더의 하루 거래량이 전체 자산의 6배에 육박하는 것도 모두 다른 암호화폐 거래에 테더가 선호되기 때문이다.

9.5.2 페이스북 리브라

2019년 6월 18일 페이스북은 리브라Libra라는 이름의 암호화폐를 발행할 것이라고 공식 발표한다. 리브라는 미화 1달러에 연동될 것이며, 구매자가 원할 때 언제든 1달러로 교환할 수 있다고 덧붙였다. 페이스북의 이 계획에 전 세계 언론은 호들갑을 떨었다. 페이스북의 사용자 24억 명, 왓츠앱 사용자 15억 명, 인스타그램 사용자가 10억 명이라는 것을 감안하면 페이스북의 리브라로 인해 영향을 받는 인구 수는 가히 어마어마하다. 언론들은 리브라가 전 세계의 결제 수단 역할은 물론, 당장 연간 300억 달러 이상 되는 미국 내 신용카드 수수료를 대체할 수 있다고 떠들었고 9천 달러를 횡보하던 비트코인도 1만 3천 달러까지 급등했다. 일부 매체는 페이스북이 인플레이션이 심각한 국가의 대체 화폐로서의 역할도 할 수 있을 것이라고도 썼다.

리브라 프로젝트의 총 책임자는 과거 페이스북 메신저를 담당했던 데이비드 마커스David Marcus 부사장이다. 마커스는 리브라 프로젝트 발표 이튿날 「블룸버그」와 인터뷰를 가졌다. "효율적인 데이터베이스를 놔두고 왜 굳이 비효율적인 블록체인을 사용해 리브라를 발행했는가?"라는 기자의 물음에 마커스는 "독립적이고 투명한" 화폐를 위해 블록체

그림 9-2 리브라 백서

인으로 발행했다고 답했다. 물론 리브라 백서를 들여다보면 마커스의 말은 터무니없는 대답이라는 것을 쉽게 알 수 있다. 리브라는 블록체인이 아니다. 리브라는 외부에 개방되지 않는 폐쇄형 시스템으로서 위임지분증명을 사용한 중앙화 시스템이며, 블록 생성은 스위스에 소재를 둔 리브라 협회^{Libra Association}의 내부 서버가 담당한다.

한편 여기서 중요한 것은 리브라가 블록체인이 맞는가란 점이 아니다. 중요한 것은 페이스북은 그저 암호화폐 계획을 발표했을 뿐인데, 언론들은 리브라가 블록체인 기반이므로 금융 수수료를 절감할 수 있다는 인과관계를 자의적으로 상상해 소설을 썼다는 점이다. 앞서 언급한 대로 블록체인으로는 절대 수수료를 절감할 수 없다. 그러나 여전히 언론을 포함한 대다수 사람들은 블록체인 기반이라면 으레 수수료 절감과 바로 연결시킨다.

그렇다면 페이스북은 도대체 왜 리브라 발행을 시도했을까? 호들갑을 떤 언론 보도처럼 일부 국가의 화폐는 물론 기존 결제 시스템을 혁신하겠다는 생각 때문이었을까? 만약 실제로 그렇게 생각했다면 기술적으로 봤을 때 효율적인 데이터베이스 대신 블록체인 이름을 내건 위임지분증명이라는 비효율적인 방식을 택한 그들은 심각한 멍청이임에 틀림없다. 과연 최고 기술자들이 모인 페이스북의 인재들이 그토록 어리석은 것일까?

페이스북의 계획은 심각한 우려를 표하는 감독 당국의 강한 반대에 직면한다. 2019년 7월 15일 발표 후 채 한 달도 되지 않아 페이스북은 감독 당국의 우려가 해소되고 적절한 허가를 받기 전에는 리브라를 론칭하지 않겠다고 공식 선언한다. 또 2019년 9월 18일 상원의원들과의 미팅에서 페이스북 CEO 마크 저커버그는 미 감독 당국의 허가를 얻기 전에는 전 세계 어디에도 리브라의 론칭은 없을 것이라고 약속한다.

페이스북의 리브라 발행 계획은 이자 부담 없이 달러를 대규모로 확보하려는 꼼수라는 의심을 받고 있다. 최근 연이은 개인정보 유출 등의 악재로 곤란을 겪고 있는 페이스북의 입지를 감안하면 매우 합리적인 의심이기도 하다. 달러와 연동되는 리브라의 발행이란 곧 달러의 무이자 차입과도 같은 효과를 얻는다. 공짜로 달러를 빌리는 셈이니 리브라의 발행은 FRB의 달러 발행 독점권을 페이스북이 나눠 갖는 셈이 된다. 미 규제 당국이 심각하게 우려하는 점도 바로 국가가 가진 달러 발권력에 대한 도전 때문이다. 앞서 여러 번 설명한 것처럼 블록체인을 통한 금융 수수료의 절감이란 주장은 근거 없는 허언에 불과하다. 불가능하다.

금융 수수료는 디지털 기술이 뒷받침되지 않아 낮추지 못하는 것이 아니다. 수수료를 낮출 수 있는 것은 블록체인이라는 비효율적 도구가 아니라 제도와 규제 그리고 독과점 구도의 개선을 통해서만 가능하다. 이들이 효율적인 데이터베이스를 쓰지 않고 굳이 비효율적인 블록체인을 이용하면서 '독립된 시스템'이라고 주장한 배경은 달러 발권력을 가져오기 위해 감독 당국을 모호한 '기술 용어'로 현혹시키기 위한 시도였다는 합리적 의심을 받고 있다. 테더처럼 되고 싶은 페이스북의 꿈은 앞으로도 그 실현 가능성이 낮아 보인다.

9.6 CBDC

CBDC는 Central Bank Digital Currency의 약자로, 쉽게 얘기하면 중앙은행이 발행하는 디지털 화폐다. CBDC를 블록체인이나 암호화폐와 관련 있는 것처럼 호도하는 자들이 많지만, 사실 블록체인이나 암호화폐와는 아무런 관련이 없다. CBDC는 실물화폐를 발행하지 않고 오직 디지털로만 발행한 법화, 즉 디지털 법화라고 생각하면 된다. CDBC에 가장 적극적인 나라는 중국이다. 중국은 CBDC를 DCEP[Digital Currency Electronic Payment]라고 달리 부른다. 2020년 5월 4개 도시에 시범으로 사업을 론칭한 중국인민은행은 이제 사기업으로까지 시범 사업을 확대하고자 준비 중에 있다.

디지털화된 법화를 이미 편리하게 사용하고 있는 대한민국이나 알리페이[AliPay]나 위챗패이[WechatPay] 등 각종 모바일 결제 도구가 보편적으로 보급된 중국에서 CBDC가 과연 어떤 역할을 할 수 있을까 의문이 들기도 하지만, 우리나라의 5만 원권을 발행하기 위해

8단계에 걸쳐 무려 40일이 소요된다는 사실을 감안하면 실물화폐를 인쇄하지 않아도 된다는 것 자체는 분명 커다란 변혁이다. 인류가 실물로 물물교환을 하다가 종이돈으로 진화해온 과정을 생각해보면, 이제 그 종이마저 버리려는 단계로 진화하는 실험이 시작된 셈이다.

사실 CBDC의 가장 흥미로운 점은 돈에 이름표가 붙는다는 것이다. 모든 거래의 추적이 가능해진다는 의미도 된다. 이는 감독 당국 입장에서는 가장 큰 장점이지만 프라이버시 보호라는 측면에서는 가장 큰 단점이기도 하다.

CBDC가 실제로 등장하기 위해서는 넘어야 할 산이 많다. 그중 하나는 실물화폐만큼 사용이 편리한 디지털 단말기를 공급할 수 있느냐는 것이다. 이미 디지털화된 법화를 매우 편리하게 사용하고 있는 사람들에게 그보다 더 편리한 사용이 가능한 디지털 거래가 가능할 것인가는 매우 중요한 과제다.

이 관점에서는 CBDC를 론칭하는 데 있어 가장 유리한 조건을 가진 나라는 IT 선진국인 대한민국일 것이다. 각국이 CBDC의 장단점을 연구하고 있고 중국은 CBDC가 곧 보편화될 것처럼 선전하지만 제대로 기능을 갖춘 안정적이고 보편적인 CBDC가 조만간 등장할 가능성은 낮아 보인다. 그러나 특수 목적으로만 제한된 CBDC, 예컨대 한국은행의 결제 전용 CBDC는 그리 멀지 않은 시점에 발행될 수 있는 충분한 잠재력이 있다. 그 후 점차 보편적인 목적으로 확대되도록 진화해 나갈 수 있을 것이다.

연금술이 유관 화학을 발전시킨 것처럼 비트코인으로 인해 다양한 결제 수단과 화폐 형태에 대한 각국의 실험을 촉발하고 있는 것은 분명한 사실이며, CBDC도 그중 하나인 것이다.

TIP

전 세계 경제에서 실물 화폐가 차지하는 비중은 이미 3~8%밖에 안된다. 은행에서 받는 대출, 국가에서 새로 발행되는 화폐의 상당수는 이미 온라인으로만 존재한다. 따라서, CBDC의 효용성은 좀 더 두고 볼 일이다.

9.7 진정한 디지털 자산

미래에는 더욱 다양한 종류의 기초자산을 활용한 디지털화 자산이 등장할 것이다. 이러한 디지털화 자산은 더욱 발달된 핀테크의 지원을 통해 우리의 금융 편익을 더욱 증진시켜 줄 것이다.

한편 기초자산을 갖지 않은 디지털 기록 자체가 목적물로서의 가치를 갖게 되는 디지털 자산 또한 우리 주변에 하나씩 등장하고 있다. 게임 아이템은 나름대로 잘 정착하고 있는 디지털 자산 중 하나다. 비트코인 또한 내재 가치가 없는 디지털 자산으로 나름대로의 가치를 형성하고 있는 예다. 초기에 비트코인이 가치를 형성한 배경에는 비트코인의 생성에 많은 에너지가 투입되고 그 생성은 오로지 투명한 경쟁을 통해서만 이뤄진다는 신뢰가 뒷받침됐기 때문이다. 이러한 신뢰는 여러 언론과 매체를 통해 강력한 사실로 굳어져 지금까지도 이어지고 있다.

그러나 현재의 비트코인 가치 형성은 대부분 거짓 정보와 시세조종에 의한 것이라는 점을 부인할 수 없다. 이는 리브라나 중국의 CBDC처럼 비트코인과 별 상관없는 뉴스들을 이용한 시세조종에 무방비 상태로 50% 가까운 등락을 보이는 현 세태를 보면 부정할 수 없는 현실이다.

한편 비트코인 외의 대부분 알트코인은 작업증명이 아닌 아키텍처를 도입하거나 선채굴을 통해 불로소득을 추구하는 데 혈안이 돼 있다. 이들이 발행한 코인들은 어떠한 에너지도 투입되지 않은 그야말로 불로소득이다. 이들은 비트코인과는 전혀 다른 아키텍처와 운영 방식을 갖고 있으면서도 '블록체인'이라는 정의되지 않는 마케팅 용어를 내세워 비트코인의 유명세 뒤에 숨어 투명하고 독립적인 코인이라는 거짓 선동을 끝없이 이어가며 더 많은 부를 착취하려 안간힘을 쓰고 있다. 특히 발행과 유통을 겸하는 극단적 이해 상충 속에 의미 없는 코드 몇 줄로 탄생한 토큰들은 수십조의 평가 자산 가치를 형성하고 있다.

이제 알트코인들은 기존의 익명성을 한층 배가시켜 아예 자금세탁 기능을 탑재하는 대담

함까지 보여주고 있다. 수많은 알트코인 속에서 존재감을 얻기 위한 방법으로 자금세탁 기능을 택한 것이다.

9.7.1 디지털 자산이 가져야 할 속성

지금까지 비트코인의 등장 후 여러 사익집단에 의해 암호화폐 시장이 혼탁하게 변질돼 가면서 복마전과도 같은 지금의 아수라장이 된 여러 상황을 살펴봤다. 만약 비트코인의 채굴이 독점되지 않은 채 자발적으로 구성된 수천만 명이 동등한 확률로 채굴하면서 비트코인의 가치가 형성됐더라면 어땠을까? 금이 수천 년간 서서히 가치를 형성했듯 그렇게 자연스럽게 가치를 형성하는 진정한 디지털 자산은 존재할 수 없는 것일까?

이제 진정한 디지털 자산이 가져야 할 속성을 우회적으로 생각해보자. 지금까지 살펴본 여러 문제점은 역으로 생각해 그 문제점을 해소한다면 진정한 디지털 자산이 될 수 있는 단초로도 볼 수 있다. 그렇다면 이제 디지털 자산이 가져야 할 필수 속성을 한번 나열해보자.

첫째, 디지털 자산은 불로소득이 돼서는 안 된다. 가치를 갖기 위한 적절한 에너지가 투입돼야 하고 투입된 에너지에 비례해 가치가 상승되는 구조여야 한다.

둘째, 익명성이 배제돼야 한다. 프라이버시의 보호는 자금세탁을 포함하는 개념이 아니다.

셋째, 발행시장과 유통시장은 철저히 분리해야 한다. 유통시장이 발행을 겸하거나, 발행시장에 영향을 끼쳐서는 안 된다.

넷째, 유통시장은 철저한 규제에 따라야 한다. 취급 품목의 선택과 공시 등 공정한 거래를 위한 증권거래소에 준하는 모든 안전 장치를 갖춰야 한다. 스스로 독립되고 투명한 상황을 만들어 주는 소프트웨어 따위는 존재하지 않는다.

마지막으로 발행자의 초과 이익이 존재해서는 안 된다. 이는 국가가 화폐 발행으로 얻는 시뇨리지^{Seigniorage 8}에 비유할 수 있으며, 초과 이익이 존재하는 한 지금의 복마전은 언제라도 다시 부활한다.

9.8 결론

블록체인은 '추적이 불가능한 거래 시스템'을 통해 프라이버시를 보호하기 위해 만들어졌으나, 그 구현을 위해 금융기관을 배제한 방법을 택함으로써 1) 작업증명에 의한 리더 선출 2) 모두에 의한 검증이라는 극단적 비효율을 감수할 수밖에 없었다고 설명했다. 이 때문에 비트코인을 주고받는 이외의 용도로는 거의 쓸모가 없다는 것을 알았다. 블록체인의 정의가 없는 틈을 타 비트코인을 변형한 여러 아류들이 시중에 등장했지만, 어느 것도 그 효용을 증명한 것은 아직 없다.

한편 내재 가치가 없는 디지털 목적물이 그 자체로 어떤 가치를 가질 수도 있음을 비트코인이 보여준 것은 엄연한 사실이다. 그러나 사익을 탐하는 자들의 통제받지 않은 개입으로 인해 그 가치는 왜곡되고 조종돼 지금까지 이어져 오고 있다.

비트코인이 촉발한 여러 실험적 개념들은 각국에서 다양한 형태로 금융에 접목돼 실험되고 있으며 다양한 형태로 진화돼 우리 곁에 나타날 것이다. 그러나 진정한 디지털 자산이 되기 위해서는 갖춰야 할 꼭 필요한 속성이 있다. 가까운 미래에 어떠한 모습의 디지털 자산이 등장하게 될 것인지 지켜봐야 하겠지만, 불로소득을 노리는 사익집단에 의해 미래의 시장이 계속해서 혼탁해지는 것은 철저히 막아야 할 것이다.

악화는 양화를 구축한다. 불로소득을 얻을 수 있는데 굳이 에너지를 낭비할 사람은 없다. 블록체인이라는 단어는 불로소득을 추구하는 사익집단과 기술집단의 경계를 모호하게

8 　중앙은행이 발행 화폐의 실질 가치에서 발행 비용을 제한 차익을 의미한다.

만드는 마케팅 용어로 전락한지 오래다. 중요한 것은 단어가 아니라 사람들이 느끼는 진정한 효용이다. 지금의 복마전이 사라지고 진정한 디지털 자산이 등장하는 그날을 기대해본다.

비트코인 블록의 구조

비트코인 블록은 최대 1MB까지만 허용되며, 그 구성 요소는 모두 4개의 필드로 이뤄져 있다.

블록의 크기(4바이트)

블록의 처음 4바이트[1]에는 전체 블록의 크기를 나타내는 정수가 기록돼 있다. 비트코인 블록체인 데이터에서는 블록 하나의 크기가 최대 1MB까지로 제한돼 설계돼 있으므로 이 부분을 살펴보면 블록의 크기가 유효한 것인지 바로 확인할 수 있다.

---

[1] 실제로는 각 블록의 맨 앞에 매직 넘버 4바이트가 별도로 더 숨겨져 있는데, 값은 항상 0xD9B4BEF9다. 매직넘버란 통상 프로그래머가 자신만의 고유한 식별자로 새겨 둔 표식이다.

블록 헤더(80바이트)

블록의 두 번째 필드는 80바이트 크기를 가진 블록 헤더로, 블록 안에 담긴 모든 데이터를 요약한 정보를 갖고 있다. 블록 헤더는 매우 중요하므로 블록의 다른 구성 요소를 살펴보기 전에 블록 헤더의 세부 정보부터 좀 더 자세히 살펴본 후 다시 블록의 나머지 요소를 알아보자.

블록 헤더는 다음과 같은 6가지 정보를 갖고 있다.

- 버전 정보 - 4바이트
- 이전 블록 헤더 해시 - 32바이트
- 머클트리 루트 - 32바이트
- 타임 스탬프 - 4바이트
- 타깃 난이도 비트 - 4바이트
- 난스 - 4바이트

블록 헤더 - 버전 정보(4바이트)

블록 헤더에 들어 있는 버전 정보는 해당 블록이 만들어질 당시의 비트코인 코어 시스템의 버전을 기록하고 있다. 버전 정보를 일상 생활에 비유하면 법률 개정 정보와 같다. 법률도 개정이 되듯 비트코인 블록체인도 규칙이 변경될 수 있다. 앞서 잠시 소개한 탈중앙화 합의 규칙이나 블록이 유효한지 검증하는 규칙도 언제든지 변경할 수 있다. 따라서 블록이 생성될 당시 어떤 규칙을 적용해 블록을 검증했는지 알 수 있는 버전 정보는 매우 중요하다. 예를 들어 10만 번 블록의 버전 정보를 들여다보면 그 값은 1이지만, 20만 번과 30만 번 블록에는 2, 36만 번 블록에는 3, 40만 번 블록에는 4 그리고 55만 번 블록에는 536870912, 즉 2^{29}가 쓰여 있다. 한편, 같은 시기라도 노드별로 사용하고 있는 소프트웨어 버전이 다를 수 있으므로 동일한 날짜에 생성된 블록이라도 서로 다른 규칙하에 만들어졌을 수 있다. 이 경우 블록 헤더에 들어 있는 버전이 서로 다를 수도 있다.

탈중앙화 시스템은 시스템의 유지보수 및 업그레이드가 무척 힘들다. 중앙화 시스템은 정해진 시각에 중앙 서버의 소프트웨어를 일괄적으로 교체하면 모든 작업이 끝난다. 또 모든 작업에는 일정 계획을 수립할 수 있고, 완료일은 물론 예상되는 영향도 세밀하게 예측할 수 있다. 그러나 탈중앙화 시스템의 경우 시스템의 변화는 모든 구성원이 자발적으로 소프트웨어를 모두 업데이트해야만 가능하다. 중앙 서버의 존재가 없으므로 모든 기능은 네트워크에 참여한 구성원들의 자발성에 전적으로 의지하므로 정교한 일정 수립이란 애초에 불가능하다. 수십만 또는 수백만의 자발적 참여자가 정해진 시각에 일괄적으로 모든 소프트웨어를 업데이트한다는 것은 불가능하다. 따라서 탈중앙화 시스템 소프트웨어의 유지보수 계획을 수립할 때는 이러한 점을 염두에 두고 설계해야 한다. 탈중앙화 시스템은 그 소프트웨어의 개정 형태에 따라 하드포크 형태와 소프트포크 형태로 분류된다는 것은 앞서 살펴본 바 있다.

Memo

탈중앙화 시스템의 경우, 모든 사람이 동시에 업그레이드하는 것과 같은 효과를 극대화하기 위해 타이머를 부착한 소프트웨어를 배포하기도 한다. 소프트웨어에는 이미 새로운 규칙이 적용돼 있지만 비활성화된 상태로 배포해 미래의 특정 시각이나 어떤 조건이 달성되면 동시에 활성화되도록 타이머를 설정해 둔다. 따라서 새로운 소프트웨어로 업그레이드하더라도 바로 규칙이 활성화되지 않고 정해진 조건이나 시각에 도달할 때 동시에 자동으로 활성화된다. 이렇게 하면 제한적이나마 일정에 따른 계획적 업그레이드 효과를 볼 수 있다.

블록 헤더 - 이전 블록 해시 - 32바이트

모든 블록은 자신을 고유하게 식별할 수 있는 고유 숫자를 갖고 있다. 블록이 갖고 있는 고유 숫자는 앞서 설명한 해시 퍼즐을 통해 찾은 32바이트의 해시 값으로 주어진 목푯값보다 작거나 같음을 만족하는 값이다. 현재 블록의 헤더에는 이전 블록의 해시 값이 저장돼 있다. 따라서 이번 블록 다음에 생성될 블록에는 지금 블록의 해시 값이 또 저장될 것이다.

현재 블록에 이전 블록의 해시 값이 저장돼 있다는 의미는 현재 블록의 해시 값을 계산할 때 이전 블록의 해시 값이 영향을 미친다는 의미가 된다. 이러한 성질로 인해 만약 특정 블록의 값이 변경되면, 그 이후의 모든 블록의 해시 값이 연쇄적으로 변경되고 이는 곧 탐지가 된다.

블록 헤더 - 머클트리 루트 - 32바이트

머클트리 루트에는 블록에 들어 있는 2,000~3,000개 되는 모든 트랜잭션의 요약 정보가 32바이트 해시 값에 압축돼 저장돼 있다. 트랜잭션 중 단 하나라도 약간의 변화가 생기면 머클트리 루트 값이 바로 변한다. 따라서 단 32바이트로 2,000~3,000개 트랜잭션의 변화를 바로 감지할 수 있도록 설계돼 있는 것이다.

블록 헤더 - 타임 스탬프 - 4바이트

타임 스탬프는 블록이 만들어진 시각을 기록하고 있는 4바이트 값이다. 1장에서 제네시스가 만들어진 시각과 63만 번 블록이 만들어진 시각을 알 수 있었던 것은 모두 이 필드를 읽었기 때문이다. 제네시스 블록에 적혀 있는 이 값을 실제로 읽어보면 1231006505라고 적혀 있다. 마치 암호처럼 생긴 이 값은 유닉스 시간 표기법에 의해 기록해놓은 시각이다. 유닉스 표기법이란 1970년 1월 1일 0시 0분 0초를 0으로 산정하고 그때부터 몇 초가 흘렀는지 기록하는 방식이다. 즉, 제네시스 블록에 적혀 있는 1231006505란, 1970년 1월 1일 0시 0분 0초부터 1,231,006,505초가 흘렀다는 의미다. 이를 연월일로 환산해보면 2009년 1월 3일 18시 15분 5초가 된다.

모든 블록체인 데이터는 개인 컴퓨터에 개별적으로 저장된다. 따라서 이 필드에 기록된 블록 생성 시각은 로컬 표준 시간대에 맞춰 기록돼 있다. 이 시각은 정확한 블록 생성 시각과 다소 오차가 있을 수 있다. 생성 시각 당시 로컬 컴퓨터 시각이 틀릴 수도 있는 등의 여지가 있기 때문이다. 이 때문에 비트코인 시스템은 블록에 기록된 시각을 이전 11개 블록의 생성 시각 및 현재 연결된 피어들의 시각을 고려한 규칙 검증을 통해 비교한 후 유효한 범위에 있는지 검증한다. 그 결과 블록 생성 시각은 정확한 실제 생성 시각으로부터 한두 시간의 편차가 있을 수 있다.

Memo

2000년 밀레니엄 버그 사건을 기억하는가? 예전 컴퓨터 시스템에서는 연도에 두 자리만 할당하는 바람에 1999를 표기할 때 99로만 표기했다. 그러다 보니 99 다음 표기인 00를 2000년이 아닌 1900년으로 인식하는 버그였고, 이는 소위 오버플로(overflow)에 의한 오류였다. 유닉스 시간은 부호가 있는 32비트를 사용하므로 2038년 1월 19일에 오버플로에 의한 동일한 문제가 발생한다. 그 시각 이후에는 음수가 돼 1970년 1월 1일 이전이 되는 셈이다. 그러나 비트코인 시스템이 사용하는 유닉스 타임은 부호가 없는 정수다. 따라서 부호 비트인 최상위 비트 하나를 더 활용할 수 있다. 결국 231초를 더 활용할 수 있으므로 약 68.1년을 더 사용할 수 있는 셈이다. 비트코인 시스템의 오버플로는 2038년이 아니라 2106년에 일어난다.

블록 헤더 - 타깃 난이도 비트 - 4바이트

타깃 난이도 비트는 블록을 생성하기 위한 난이도 정보를 기록하고 있다. 타깃 난이도라는 단어 뒤에 '비트'라는 단어가 하나 더 붙은 이유는 이 값 자체가 타깃 난이도가 아니기 때문이다. 타깃 난이도는 해시 퍼즐의 정답인 난스를 찾기 위한 조건을 기록하고 있는 값이다. 타깃 난이도는 길이가 무려 32바이트나 되는 아주 큰 수이므로 메모리 절약을 위해 지수 표기법을 사용해 4바이트로 압축해둔 것이다.

설명을 위해 임의로 아무 블록을 하나, 예컨대 431201번 블록을 선택해 이 블록에 적혀 있는 타깃 난이도 비트 값을 읽어보자. 이 블록의 타깃 난이도 비트 필드에는 0x1804de5e라는 값이 적혀 있다. 앞서 이는 지수 표기라고 했는데 이제 그 공식이 어떻게 되는지 알아보자.

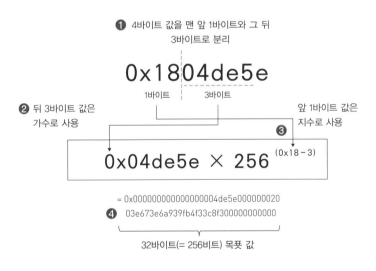

그림 A1-1 타깃 난이도 비트로부터 목푯값의 생성

그림 A1-1은 타깃 난이도 비트로부터 목푯값을 생성하는 과정을 그림으로 보여준다. ❶ 에서는 4바이트의 타깃 난이도의 비트 값을 각각 제일 앞 1바이트와 그 다음 3바이트로

분리한다. 이때 뒤의 3바이트는 가수 역할을 하고, 앞의 1바이트는 지수 역할을 한다. ❷ 에서는 뒤 3바이트를 가수에 배치하는 모습을 보여준다. 한편 ❸에서는 앞 1바이트를 지수 부분에 배치하는 것을 보여준다. 그림에 있는 공식을 써서 목푯값을 계산하면 ❹와 같은 32바이트 목푯값을 얻을 수 있다.

앞서 난이도는 2,016개 블록이 생성될 때마다 자동 조정된다고 했다. 최초 제네시스 블록이 생성된 이후 이 난이도는 계속 증가해왔다. 통상 제네시스 블록의 난이도를 1로 설정한 후 그 이후 조정된 난이도가 얼마가 높아졌는지 그 배수를 비교해 난이도를 얘기한다. 이제 제네시스 블록의 난이도에 비해 431201번 난이도가 얼마나 증가했는지 한번 비교해보자. 우선 제네시스 블록의 목푯값이 얼마였는지 동일한 방법으로 계산해보자.

제네시스 블록의 블록 헤더를 살펴보면 타깃 난이도 비트 4바이트 값은 0x1d00ffff로 돼 있다. 이제 이 값을 공식에 대입해 32바이트 목푯값을 계산해보자.

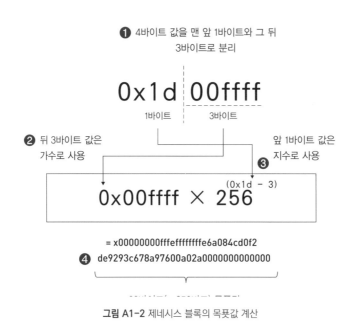

그림 A1-2 제네시스 블록의 목푯값 계산

그림 A1-2는 동일한 규칙을 이용해 제네시스 블록의 타깃 난이도 비트로부터 블록 목푯값을 계산하는 과정을 보여준다. ❹의 결괏값에 연속된 0이 고작 8개밖에 없다! 한눈에 보기에도 431201 블록에 비해 매우 난이도가 낮음을 알 수 있다. 제네시스의 목푯값인 그림 A1-2의 ❹를 그림 A1-1의 ❹로 나누면 431201번 블록의 난이도 배수를 구할 수 있다. 그 값을 계산해보면 225,832,872,179.45914이다. 즉 제네시스 블록에 비해 431201번 블록의 생성 난이도는 무려 2,258억 3,287만 배 더 어려워졌다는 것을 알 수 있다.

블록 헤더 - 난스 - 4바이트

난스는 해시 퍼즐의 정답이라고 설명했다. 블록의 유효성을 점검할 때 이 난스 값을 대입해 정답이 맞는지 확인하는 절차를 거친다. 해시 퍼즐이 대체 어떤 것인지 어떤 방법으로 난스를 찾는지는 본문을 참고하라.

블록 내 전체 거래 내역 수 - 1 ~ 9바이트

자, 이제 블록 헤더를 모두 살펴봤으므로 다시 돌아와 나머지 블록 요소를 살펴보자. 앞서 하나의 블록에는 대체로 2,000~3,000개의 트랜잭션이 저장된다고 설명했다. 따라서 트랜잭션의 개수는 항상 가변이므로 블록에 들어 있는 트랜잭션이 몇 개인지 별도로 기록할 필요가 있다. 블록의 세 번째 요소인 이 필드에는 전체 트랜잭션의 개수가 정수로 저장된다. 그런데 그냥 정수를 적은 게 아니라 메모리의 절약을 위해 트랜잭션 개수에 따라 1~9바이트 사이를 가변적으로 활용한다. 조금 복잡하게 보일 수 있지만 메모리를 절약하기 위해서는 어쩔 수 없다. 이렇게 절약한 바이트는 하나라도 트랜잭션을 더 담기 위해 활용된다.

데이터를 가변적으로 사용하는 규칙은 이렇다. 첫 바이트가 0xFD(10진수 253)보다 작으면 한 바이트만 사용하며, 첫 바이트 자체가 전체 트랜잭션 개수다. 9바이트 중 한 바이트만 사용하고 8바이트를 절약한 셈이다. 만약 첫 바이트가 0xFD보다 크거나 같으면 그 다음부터는 정해진 규칙에 따라 바이트를 사용해야 한다. 첫 바이트가 0xFD이면 그 다음 2바이트가 전체 트랜잭션 개수를 나타낸다. 첫 바이트를 포함해 3바이트만 사용한 것이다. 첫 바이트가 0xFE이면 그 다음 4바이트, 0xFF이면 그 다음 8바이트가 전체 트랜잭션 개수를 나타낸다. 표 A1-1에 전체 규칙이 정리돼 있다.

표 A1-1 첫 번째 바이트 값과 그에 따른 트랜잭션 개수 바이트

첫 번째 바이트의 값	트랜잭션 개수를 나타내는 그 다음 바이트 수	총 사용 바이트
〈 0xFD	0	1
FD	2	3
FE	4	5
FF	8	9

블록 내 모든 트랜잭션 - 가변 크기

이 부분에는 실제 트랜잭션 데이터가 모두 담긴다. 2,000~3,000여 개 되는 트랜잭션을 일렬로 배치하는 직렬화 과정을 거쳐 일렬로 연결된 상태로 차곡차곡 모두 저장한다. 여기 저장된 모든 트랜잭션의 정보로부터 추출된 해시 값은 앞서 설명한 머클트리 루트에 저장된다. 따라서 여기에 사소한 변화라도 생기면 머클트리 루트 값을 통해 바로 감지할 수 있다. 자세한 내용은 bitcoin.org나 비트코인위키(https://en.bitcoin.it/wiki/Block)를 참고하면 된다.

해시 퍼즐 개념 설명

해시 퍼즐의 정답을 찾는 과정을 유사 코드를 사용해 설명하면 다음과 같다.

1. nonce = 0으로 설정한다.

2. Target 변수에 비트코인 시스템에서 부여받은 목푯값을 대입한다.

3. Hash(block(m), nonce)을 계산한다. block(m)는 m번 블록 헤더에 있는 모든 데이터 중 난스만을 제외한 값을 일렬로 정렬해 표현한 정수다. Hash(block(m), nonce)는 block(m) 데이터와 난스 n을 일렬로 정렬한 후 SHA-256을 두 번 연속 적용해 구한다.

4. Hash(block(m), nonce) <= Target이면 6번 절차로 분기한다.

5. nonce를 1 증가시킨 후 3번 절차로 분기한다.

6. nonce를 찾았으므로 프로그램을 종료한다.

자, 이제 절차를 하나씩 자세히 살펴보자.

1, 2번 절차는 초기화 과정으로 우선 찾을 난스를 보관할 변수 nonce와 Target 값을 초기화한다. Target 값은 비트코인 시스템에서 부여받는다. 앞서 설명한 것처럼 비트코인 시

스템은 난이도를 주기적으로 조절하므로 현재 적용할 난이도에 해당하는 목푯값을 매번 시스템에서 구해야 한다.

3번에서는 해시함수를 계산한다. 해시 퍼즐의 정답이란 바로 이 해시함수를 계산해서 나온 결과가 Target 값보다 작아지게 만드는 nonce를 찾는 것이다. 이때 찾아진 nonce가 바로 난스가 된다.

4번에서 Hash(block(m), nonce)가 Target보다 작은지 검사한다. Hash(block(m), nonce)가 Target보다 작거나 같으면 드디어 난스를 찾은 것이다. 이 경우에는 6번 절차로 가서 nonce를 난스라고 보고하고 프로그램을 종료한다. 블록을 완성한 셈이다. 그러나 Hash(block(m), nonce)가 Target보다 크면 nonce는 난스가 아니므로 5번 절차로 가서 nonce를 하나 증가시킨 후 3번 절차로 돌아가 같은 과정을 반복한다.

앞서 작업증명은 비대칭성이 필요하므로 작업증명을 하는 쪽은 엄청난 노력과 자원이 투입되지만 작업증명을 검증하는 쪽은 최대한 간단해야 한다고 설명했다. 앞의 절차에서 작업증명을 검증하는 절차는 4번 과정, 즉 Hash(block(m), nonce) 값과 Target을 비교하면 것이다. 반면, 작업증명을 해야 하는 절차는 3번 절차와 5번 절차를 오가면서 계속 반복하는 것이다. 즉, nonce를 계속 하나씩 증가시키면서 Hash(block(m), nonce)를 반복적으로 계산하는 것이다.

따라서 작업증명의 원래 취지에 부합하도록 앞의 절차를 설계하려면 4번 절차는 최대한 간단해야 하고, 3번과 5번 절차는 최대한 많이 반복하게 만들어야 한다. 비트코인 시스템의 해시 퍼즐은 바로 이 원칙에 충실하게 만들어져 있다. 검증하는 4번 절차의 Hash(block(m), nonce) 값은 순식간에 계산할 수 있지만 난스를 찾기 위한 3번과 5번은 엄청난 반복이 필요하도록 설계돼 있다.

앞서 블록 헤더의 크기는 고정돼 있으며, 그 크기는 80바이트라고 설명했다. 80바이트 중에는 난스를 기록하는 4바이트가 있었고, 그 위치는 블록 헤더의 제일 마지막 필드였던 것을 기억해보자. 앞서 45만 번 블록의 난스는 2,972,550,269였다. 이를 16진수로 표기하면 0xb12d847d가 된다. 이제 45만 번 블록의 블록 헤더를 실제로 직접 읽어보면 다음과 같은 80바이트의 16진수로 돼 있다.

00000020daf37bb5b5d98651b1c65cdd1c34ce79ab5b48f0354a4c02000
0000000000000251952424d22534025140c2aabbda76b9bd60d103f495
16408bd577df58c50ff9122895847cc02187d842db1

빨간 글자로 표시해놓은 제일 마지막 4바이트를 자세히 살펴보자. 그 값은 7d842db1 이다. 이 숫자를 조금 전 16진수로 계산한 45만 번 블록 난스 0xb12d847d와 비교해보자. 연관성을 찾았는가? 그림 A2-1을 보자.

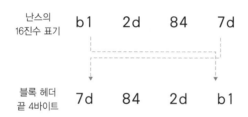

그림 A2-1 난스와 블록 헤더 끝 4바이트

그림 A2-1은 난스와 블록 헤더 끝 4바이트의 관계를 보여준다. 그렇다. 난스의 16진수 를 바이트 단위로 뒤집어 표기해놓은 것과 같다. 즉 난스를 기록해놓은 것이다. 책을 읽을 때 왼쪽에서 오른쪽으로 읽는 게 아니라 마치 아랍 국가들처럼 오른쪽에서 왼쪽으로 읽 어 가는 방식이라고 생각하면 된다. 이렇게 뒤집어 표기하는 방식을 최소 끝 방식 또는 리 틀-엔디언Little endian이라 한다. 이 방식을 사용해 표기하면 높은 자릿수가 왼쪽이 아니라 오른쪽에 배치되므로 리틀-엔디언이라는 말을 사용하는 것이다.

이제 앞서 설명한 Hash(block(m), nonce)를 좀더 정확히 기술하면 그림 A2-2와 같이 표 현할 수 있다.

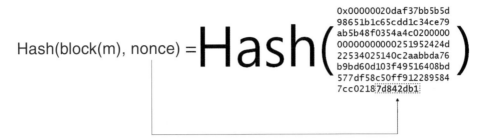

$$\text{Hash(block(m), nonce)} = \text{Hash}\left(\begin{array}{l}\text{0x00000020daf37bb5b5d}\\\text{98651b1c65cdd1c34ce79}\\\text{ab5b48f0354a4c0200000}\\\text{0000000000251952424d}\\\text{22534025140c2aabbda76}\\\text{b9bd60d103f49516408bd}\\\text{577df58c50ff912289584}\\\text{7cc02187d842db1}\end{array}\right)$$

그림 A2-2 해시함수 상세 개념도 1

그림 A2-2는 앞서 설명한 해시함수를 보다 상세히 설명하는 개념도다. Hash(block(m), nonce) 함수가 하는 역할은 블록 헤더를 해시함수를 이용해 값을 계산하는 것이다. 이때 블록 헤더 위치에 있는 난스의 값을 1씩 증가시키면서 계산한다는 의미는 블록 헤더의 마지막 네 바이트(그림 2-2의 박스 안의 굵은 글자) 값을 바꿔가며 해시 값을 계산한다는 의미가 된다. 한편 블록 헤더 필드에는 이전 블록 해시 값 32바이트도 있었던 것을 기억하는가? 45만 번 블록의 이전 블록은 449,999블록이 된다. 449,999블록의 해시 값을 실제로 찾아보면 다음과 같은 16진수로 돼 있다.

0x0000000000000000024c4a35f0485bab79ce341cdd5cc6b15186d9b5b57bf3da

벌써 눈치 챈 독자도 있겠지만, 앞서 살펴본 블록 헤더 80바이트에는 이 값도 같이 들어 있다. 물론 역시 리틀-엔디언 방식으로 뒤집힌 상태다.

그림 A2-3 해시함수 상세 개념도 2

그림 A2-3은 블록 헤더에서 이전 블록 해시 값과 난스 부분을 함께 보여주고 있다. 그림에서 붉은 글자로 표시된 부분은 이전 블록 해시 값, 맨 아래 파란색 글자로 표시된 부분은 앞서 설명한 난스 값이다. 실제로 Hash(block(m), nonce)을 계산해보면 그 계산 결과는 어떤 수일까? 정수일까? Hash(block(m), nonce)을 계산하면 그 결과는 항상 고정된 길이인 32바이트의 정숫값이 나오고 그 값은 바로 이 블록의 해시 값이다! 즉, 앞서 살펴본 45만 블록의 해시 값은 이 과정을 거쳐 구한 해시 값인 것이다. 해시 값을 실제로 어떻게 계산하는지는 앞서 자세히 설명한 바 있다.

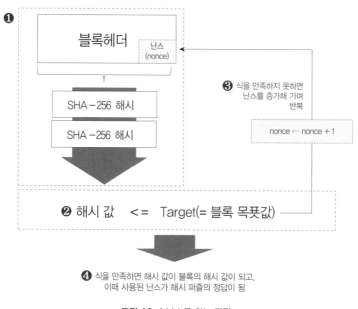

그림 A2-4 난스를 찾는 과정

그림 A2-4는 지금까지 살펴본 해시 퍼즐을 찾는 과정을 다시 한 번 요약해 보여준다. ❶에서 블록 전체에 SHA-256 해시를 연속 두 번 적용한 값을 구한다. ❷에서는 이 값을 블록 목푯값과 비교해 그보다 크면 ❸에서 난스를 하나 증가시켜 다시 ❶을 반복하고 만약 ❷에서 블록 목푯값보다 작으면 난스를 찾은 것이므로 ❹에서처럼 블록을 완성한다. 이는 앞서 유사 코드로 살펴본 절차와 완전히 일치한다. ❶에서 블록헤더라고 쓰인 박스 내의 오른쪽 아래 그림 A2-2에서 점선 박스에 있는 난스 부분이다.

앞서 살펴본 것처럼 특정 블록의 해시 값을 구하려면 난스를 변경시켜 가면서 조건에 맞는지 (즉, 해시 값이 목푯값보다 작거나 같은지) 검사해야 한다. 이때 현재 블록의 해시 값을 구하려면 반드시 이전 블록의 해시 값을 알아야 한다. 따라서 블록 해시 값은 미리 계산해 둘 수 있는 방법이 없다. 블록 해시 값을 계산하려면 이전 블록의 해시 값이 있어야만 하기 때문이다. 이전 블록 해시 값만 빼고 나머지 일부분만 이용해 어느 정도 미리 계산해 두는 방법을 쓰면 어떨까 생각하는 독자가 있을지 모르겠는데, 그런 방법은 없다. 해시함수의 특성상 일부만 미리 계산해 둘 수 있는 방법이 없다.

Memo

해시 값을 일부만 미리 계산해 둘 수 없다는 점은 매우 중요하다. 바로 이 점 때문에 매번 블록의 승자가 탄생하면 패배한 다른 모든 노드들은 그 사이 작업한 것을 모두 폐기하고 다시 처음부터 경쟁에 돌입해야 하는 것이다. 열심히 작업하는 도중에 누군가 새로운 블록을 먼저 만들어 버리면 그 사이 작업해온 해시함수에 들어 있는 값은 이전 블록 해시 값이 아니라 전전 블록 해시 값이 돼 버린다. 따라서 난스를 구하더라도 유효하지 않게 되는 것이다. 결국 새로운 작업을 위해서는 방금 새로 생긴 블록의 해시 값을 읽어와 블록 헤더의 이전 블록 해시 값으로 설정한 후 난스 찾기 작업을 다시 시작해야 한다.

비트코인 주소

비트코인은 거래를 할 때 비트코인 주소를 사용한다. 비트코인 주소가 일종의 계좌번호 역할을 하는 셈이다. 비트코인 주소에는 많은 정보가 담겨 있는데 그중 가장 중요한 것은 바로 비대칭 암호에서 배웠던 공개키와 관련된 정보다. 비트코인 주소에는 비트코인을 수령하는 사람의 공개키의 암호화 해시 값이 들어 있다. 비트코인을 지불하는 사람이 그 트랜잭션에 비트코인 주소에 들어 있는 공개키 해시 값을 사용해 잠금장치를 걸어 두면 해당 비트코인은 오로지 짝이 되는 개인키를 가진 사람만 사용할 수 있다.

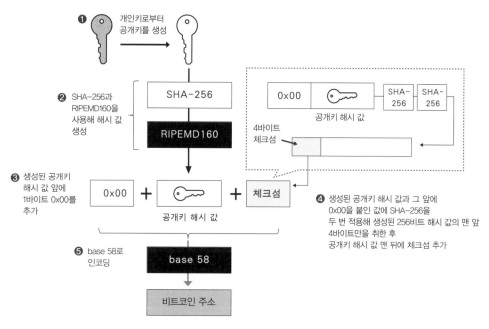

그림 A3-1 비트코인 주소의 생성

그림 A3-1은 비트코인 주소를 생성하는 과정을 보여준다. 이 주소는 비트코인 지갑이 사용자를 위해 자동으로 생성해준다. 그림 자체는 상당히 복잡해 보인다. 그만큼 단계가 많기 때문이다. 그러나 각 단계는 이미 알고 있는 방법을 사용하고 있어서 결코 이해를 하지 못할 수준은 아니다. 다만 ❷에 있는 RIPEMD160과 ❺의 base 58은 처음 보는 것이다. 그러나 SHA-256의 내부 작동 원리는 모르지만 256비트의 해시 값을 생성하는 것이라 짐작할 수 있듯이 RIPEMD160도 일종의 해시함수인데 출력이 160비트일 것이라 것은 짐작할 수 있다. RIPEMD160은 해시함수의 일종이고, 그 출력은 160비트다. 미국 국가안전보장국에서 주도해 만든 SHA와 비교할 때 RIPEMD160은 학계에서 주도해 만든 해시함수다. 이 때문에 SHA-2에 비해 RIPEMD160은 그리 많이 사용되고 있지 않다. 그 성능은 SHA-1 정도로 알려져 있다. RIPEMD는 128, 160, 256, 320비트 버전의 알고리즘이 있는데 각각 RIPEMD-128, RIPEMD-160, RIPEMD-256, RIPEMD-320으로 표기한다.

다시 그림 A3-1을 자세히 보자. ❶에서 비트코인 지갑은 개인키를 먼저 생성하고 이와 쌍이 될 공개키는 ECDSA 알고리즘을 이용해 생성한다. 생성된 공개키 값은 ❷에서 SHA-256을 거치면서 256비트 해시 값이 되고, 그 값은 곧바로 RIPEMD160 해시함수를 거치면서 160비트 해시 값으로 변한다. 160비트, 즉 20바이트 해시 값은 ❸을 거치면서 앞에 1바이트가 추가되고 ❹를 거치면서 뒤에 4바이트가 추가되면서 모두 25바이트 값으로 바뀐다. 이때 ❸에서 앞에 추가되는 1바이트는 그냥 0이다. 16진수로 표기하면 0x00이 추가된다. ❹에서 추가되는 뒤의 4바이트는 체크섬이다. ❹에서 체크섬을 만드는 규칙은 간단하다. 오른쪽 빨간 점선 박스에 그려진 것처럼 ❷에서 생성된 공개키 해시 값 앞에 0x00을 붙인 후 SHA-256 해시를 두 번 연속해 적용한다. 만들어진 256비트 해시 값의 맨 앞 4바이트만 취하고 나머지는 버린다. 이 4바이트가 바로 체크섬이 되고 공개키 해시 값의 맨 뒤에 붙인다. ❺는 base58 Check로 인코딩하는 과정이다. base58은 해시가 아니라 인코딩이므로 58비트가 생성될 것이라는 지레짐작은 금물이다. base58은 임의의 수를 친숙한 숫자와 알파벳의 조합으로 바꿔주는 역할을 한다. 주로 이진 파일 형태를 숫자나 알파벳의 조합으로 바꾸는 역할을 하는데 예전에 이메일이 이진 파일을 처리하지 못하던 시절에 이메일에 이진 파일을 첨부하기 위해 많이 사용하던 방식이기도 하다.

0	1	2	3	4	5	6	7	8	9	10	11	12	13	14	15	16	18	19	20
1	2	3	4	5	6	7	8	9	A	B	C	D	E	F	G	H	J	K	M

21	22	23	24	25	26	27	28	29	30	31	32	33	34	35	36	37	38	39	40
N	P	Q	R	S	T	U	V	W	X	Y	Z	a	b	c	d	e	f	g	h

41	42	43	44	45	46	47	48	49	50	51	52	53	54	55	56	57
i	j	k	m	n	o	p	q	r	s	t	u	v	w	x	y	z

그림 A3-2 비트코인 base58 매핑

그림 A3-2는 비트코인의 base58 매핑을 보여주고 있다. 숫자 0부터 57은 각각 숫자와 알파벳에 대응되게 돼 있다. 입력 값을 base58로 인코딩하는 방법은 58진법 계산을 생각하면 쉽다. 우선 입력 값을 58로 나눈 후, 그 나머지 (0부터 57 사이)를 base58 테이블에 맞춰 대응시킨다. 몫은 또 다시 58로 나누고 또 그 나머지를 대응시킨다. 이렇게 더 이상 몫이 없을 때까지 반복하면 입력 값은 모두 base58로 변환된다. 이는 마치 주어진 숫자를 58진법 표기로 나타내는 것과 비슷하다.

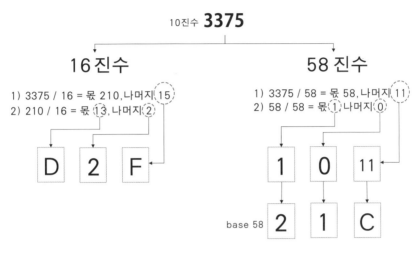

그림 A3-3 10진수 3375를 각각 16진수, 58진수로 변환하는 법과 base 58의 연관성

그림 A3-3은 10진수 3,375를 각각 16진수와 58진수로 변환하는 방법을 보여준다. 16진수에는 10부터 15까지가 각각 A부터 F에 매핑돼 있듯이 base58은 58진수에서 10부터 57까지가 영어 소문자와 대문자에 차례대로 매핑돼 있다고 생각하면 된다. 즉 일단 58진수로 표현한 후 그 값을 base58의 테이블에 맞춰 다시 쓰면 되는 것이다. 한 가지 처리해야 할 과정은 맨 앞에 0이 연속해 있을 경우다. 예를 들어 10진수의 03375, 003375, 000003375는 모두 3375인 것처럼 맨 앞의 연속된 0은 숫자의 진법 변환에는 아무런 의미가 없지만 인코딩에는 모두 고려해야 한다. 따라서 003375와 3375는 58진법 변화로는 같은 결과를 나타내지만, base58 인코딩에는 결과가 달라진다. 이 경우에는 맨 앞의 연속된 0과 나머지를 분리해 맨 앞의 0은 바이트 단위로 모두 1로 변환하고, 나머지는 원래의 진법 변환을 활용해 두 수를 합치는 방법을 사용하면 된다. 그림 A3-1의 과정 ❸으로 인

해 항상 맨 앞에 최소 1바이트의 0이 존재한다. 앞서 설명한 것처럼 맨 앞의 0은 존재하더라도 나누기에는 영향을 미치지 못한다. 따라서 비트코인 주소를 만들 때는 ❺에서 혹시 맨 앞에 연속된 0이 있다면 모두 분리해 바이트 단위로 모두 1로 바꾼 후 맨 앞에 붙여야 한다. 그림 A3-4는 이 방법을 그림으로 설명하고 있다.

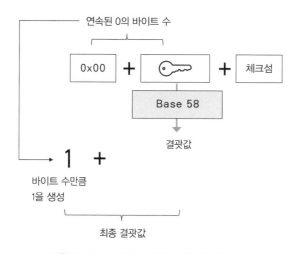

그림 A3-4 base58에서 맨 앞의 0을 처리하는 방법

base58의 이런 특성으로 인해 비트코인 주소는 항상 다음과 같은 두 가지 특징을 지닌다.

● 비트코인 주소는 항상 1로 시작한다.[1] 그림 3-1의 과정 ❸에서 맨 앞에 1바이트 0을 추가했는데 위의 테이블에서 보듯 0은 1로 매핑되기 때문이다.

● 더 이상 몫이 없을 때까지 반복해 그 나머지를 매핑하는 방식이기 때문에 숫자에 따라 나누는 횟수가 달라질 수 있고, 그 결과 비트코인 주소의 길이는 가변이다. 즉, 주소의 길이는 고정돼 있지 않고 변하며, 최대 34자까지 생성될 수 있다.

---

1 2012년 소프트포크로 P2SH라는 새로운 트랜잭션 방식이 추가됐는데, 이 방식을 사용하기 위해 기존 비트코인 주소와 구분하고자 3으로 시작하는 주소도 있다. 이 책에서는 별도로 다루지 않는다.

Memo

과거에는 base64를 주로 사용했다. 이 가운데 0(숫자 0), O(대문자 오), I(대문자 아이), l(소문자 엘)처럼 그 모양이 비슷해 혼동을 일으키는 몇 글자를 제외하고 만든 것이 바로 base58이다. 이 때문에 base64는 공식 매핑 테이블이 존재하지만, base58의 경우 에는 응용 프로그램마다 조금씩 다를 수 있다. 따라서 여기서 언급한 base58은 비트코인 base58이고 다른 응용에서 사용하는 base58과는 매핑 순서가 서로 다를 수 있다.

트랜잭션 스크립트

비트코인의 트랜잭션은 스크립트 언어를 사용해 기술된다. 스크립트 언어는 프로그래밍 언어가 간소화된 것으로 컴퓨터가 수행해야 할 작업을 순서대로 기술해놓은 것으로 생각하면 된다. 자바스크립트 언어를 떠올리면 쉽게 이해할 수 있다. 통상 비트코인 트랜잭션은 JSON 포맷을 통해 표시하는데 이 절에서도 이 포맷을 사용해 일반 트랜잭션의 내용을 살펴보자.

그림 A4-1은 통상적인 트랜잭션을 JSON 포맷으로 기술한 것을 보여준다. 트랜잭션은 UTXO를 모아 비트코인의 수입을 만드는 입력 부분 ❶과 이를 지출하는 부분인 출력 부분 ❷로 구성된다.

```
{
    "txid": "324fb0facb6f90491b9de83013863807544f6f71c0614edb90a1edd6e938deb0",
    "hash": "324fb0facb6f90491b9de83013863807544f6f71c0614edb90a1edd6e938deb0",
    "version": 1,
    "size": 374,
    "vsize": 374,
    "locktime": 0,
    "vin": [
        {
            "txid": "190e17101c295fb72fecbb4c951c66ed12bde057a4acb5b482a08677c0f9c1cc",
            "vout": 1,
            "scriptSig": {
                "asm":
"3045022100eb72a9ca47cffe9744353d4a38b460fbdbc15a81025f4b4f6bd5ffcfec56356102201a82d2273c938894808bc949176da393e4b09c11265dae
6ba195ca3754e147fb[ALL] 03b18e31a12cc65a9a19fb4e73e44ac4af42f1efe2dc44dc97f2d0afd3f1749ef5",
                "hex":
"483045022100eb72a9ca47cffe9744353d4a38b460fbdbc15a81025f4b4f6bd5ffcfec56356102201a82d2273c938894808bc949176da393e4b09c11265d
ae6ba195ca3754e147fb012103b18e31a12cc65a9a19fb4e73e44ac4af42f1efe2dc44dc97f2d0afd3f1749ef5"
            },
            "sequence": 4294967295
        },
        {
            "txid": "2da4ba7e9313489d0d2296fbeadec64cfba2eea448d89b151d9e7e953737d4de",
            "vout": 1,
            "scriptSig": {
                "asm":
"3045022100f065dd89940261a88031560d74428b98b5aac612fa58fbe4d7a71cbea518158702203d018b3dd95513e20b1800e107be69c92307ea9e790ce5
b2db7086c8b0f24d0e[ALL] 03b18e31a12cc65a9a19fb4e73e44ac4af42f1efe2dc44dc97f2d0afd3f1749ef5",
                "hex":
"483045022100f065dd89940261a88031560d74428b98b5aac612fa58fbe4d7a71cbea518158702203d018b3dd95513e20b1800e107be69c92307ea9e790c
e5b2db7086c8b0f24d0e012103b18e31a12cc65a9a19fb4e73e44ac4af42f1efe2dc44dc97f2d0afd3f1749ef5"
            },
            "sequence": 4294967295
        }
    ],
    "vout": [
        {
            "value": 0.04000000,
            "n": 0,
            "scriptPubKey": {
                "asm": "OP_DUP OP_HASH160 51025d6d2ef8a3ed522e0b2cfe9b8a393b4fc540 OP_EQUALVERIFY OP_CHECKSIG",
                "hex": "76a91451025d6d2ef8a3ed522e0b2cfe9b8a393b4fc54088ac",
                "reqSigs": 1,
                "type": "pubkeyhash",
                "addresses": [
                    "18PLZrkEhCrkDAuBk4ZKovsFJUgAzCSVLb"
                ]
            }
        },
        {
            "value": 0.00877108,
            "n": 1,
            "scriptPubKey": {
                "asm": "OP_DUP OP_HASH160 d3f0c771e2ea4612f992710d227fe058e09713e8 OP_EQUALVERIFY OP_CHECKSIG",
                "hex": "76a914d3f0c771e2ea4612f992710d227fe058e09713e888ac",
                "reqSigs": 1,
                "type": "pubkeyhash",
```

❶ 입력

❷ 출력

그림 A4-1 JSON 포맷으로 살펴본 트랜잭션

JSON 포맷으로 표현된 트랜잭션을 살펴보면 대부분 16진수로 이뤄진 숫자로 돼 있지만 ❷ 부분에는 숫자 이외에 OP_DUP 등 마치 명령어처럼 보이는 부분도 간혹 보인다. 이제 이 입력 부분인 ❶과 출력 부분인 ❷를 확대해 하나씩 살펴보자.

입력 부분

그림 A4-2는 그림 A4-1의 입력 부분만 확대한 것이다.

```
"vin": [
    {
❶       "txid": "190e17101c295fb72fecbb4c951c66ed12bde057a4acb5b482a08677c0f9c1cc",
        "vout": 1,
        "scriptSig": {
            "asm":  "3045022100eb72a9ca47cffe9744353d4a38b460fbdbc15a81025f4b4f6bd5ff
                    cfec56356102201a82d2273c938894808bc949176da393e4b09c11265dae6ba1
❷                   95ca3754e147fb01   03b18e31a12cc65a9a19fb4e73e44ac4af42f1efe2d
                    c44dc97f2d0afd3f1749ef5",
            "hex":  "483045022100eb72a9ca47cffe9744353d4a38b460fbdbc15a81025f4b4f6bd5
                    ffCfec56356102201a82d2273c938894808bc949176da393e4b09c11265dae6b
                    a195ca3754e147fb012103b18e31a12cc65a9a19fb4e73e44ac4af42F1efe2dc
                    44dc97f2d0afd3f1749ef5"
        },
❸       "sequence": 4294967295
    },

    {
        "txid": "2da4ba7e9313489d0d2296fbeadec64cfba2eea448d89b151d9e7e953737d4de",
        "vout": 1,
❹       "scriptSig": {
            "asm":

                            · · ·
```

그림 A4-2 트랜잭션 입력 부분

제일 상단의 ❶은 이 입력이 어디서 온 것인지 알려준다. 입력이란, 코인베이스 트랜잭션이 아닌 한 항상 누군가의 출력에서 기인한 것이라고 했다. txid에 적힌 32바이트 해시 값은 이 입력의 근원이 트랜잭션 번호이며, vout이 1이라고 기록된 것으로 보아 해당 출력의 두 번째 항목임을 짐작할 수 있다. 입력과 출력의 인덱스는 항상 0부터 시작하므로 1이면 두 번째 항목인 것이다. 그런데 아무리 살펴봐도 이 입력이 도대체 몇 BTC인지 알 수 없다. 이는 출력 트랜잭션을 역추적해봐야만 알 수 있다. ❶에 기록된 아이디 190e17101 c295fb72fecbb4c951c66ed12bde057a4acb5b482a08677c0f9c1cc를 사용해 실제로 이 트랜잭션을 추적해보자. 그림 A4-3은 이 아이디를 사용해 직접 추적해본 트랜잭션을 보여주고 있다. 우선 그림 A4-3의 ❶을 살펴보면 이 트랜잭션이 그림 A4-2에 있던 트랜잭션의 아이디와 정확히 일치하고 있음을 확인할 수 있다. 또 이 트랜잭션의 출력 부분 ❷에서 두 번째 항목을 살펴보면 0.01683108 비트코인이 적힌 부분을 찾을 수 있다.

이 항목이 바로 입력의 근원이 된 출력이다. 입력과 출력의 인덱스는 모두 0부터 시작하므로 1번은 두 번째 항목인 셈이고, 출력 부분에 n:1이라고 적혀 있는 것으로 확인할 수 있다. 이제 추적을 통해 입력의 액수가 0.01683108 비트코인이라는 것을 확인했다.

```
{
❶ "txid": "190e17101c295fb72fecbb4c951c66ed12bde057a4acb5b482a08677c0f9c1cc",
  "hash": "190e17101c295fb72fecbb4c951c66ed12bde057a4acb5b482a08677c0f9c1cc",
  "version": 1,

              ---------- 중간 생략 ----------

  "vout": [
    {
      "value": 0.02222000,
      "n": 0,
      "scriptPubKey": {
        "asm": "OP_DUP OP_HASH160 4222ccb4c6e61f7dfad676a4caec8eeb98c7ce1a OP_EQUALVERIFY OP_CHECKSIG",
        "hex": "76a9144222ccb4c6e61f7dfad676a4caec8eeb98c7ce1a88ac",
        "reqSigs": 1,
        "type": "pubkeyhash",
        "addresses": [
          "172hHajw6iJJh6CRPEzH1j88Pcg4Vh5nAq"
        ]
      }
    },
    { ❷
      "value": 0.01683108,
      "n": 1,
      "scriptPubKey": {
        "asm": "OP_DUP OP_HASH160 d3f0c771e2ea4612f992710d227fe058e09713e8 OP_EQUALVERIFY OP_CHECKSIG",
        "hex": "76a914d3f0c771e2ea4612f992710d227fe058e09713e888ac",
        "reqSigs": 1,
        "type": "pubkeyhash",
        "addresses": [
          "1LKe26oiEmpjybYTxDDLxSspQgZ3EcppiD"
        ]
      }
    }
  ]
}
```

출력

그림 A4-3 트랜잭션 190e17101c295fb72fecbb4c951c66ed12bde057a4acb5b482a08677c0f9c1cc

다시 그림 A4-2로 돌아가 두 번째 네모 상자인 ❷번 항목을 자세히 살펴보자. ❷번 항목에는 ScriptSig라고 적혀 있는 아래쪽에 asm과 hex라고 표시된 부분이 보인다. 무엇인지는 잘 모르겠지만 ScriptSig에 항목이 2개 들어 있는 듯하다. ScriptSig에 있는 이 두 값의 역할은 뒤의 스크립트의 실행 부분을 설명할 때 자세히 알아본다. 여기서는 ❷번 항목이 이 UTXO의 소유권을 증명할 수 있는 정보가 담긴 부분이라고만 이해하면 된다. 즉 ❷번 항목에는 암호키를 통해 잠금장치를 푸는 방법을 기술한 스크립트가 적혀 있고, 이를 실행하면 잠금장치를 열 수 있다. ❸번 항목은 sequence라고 돼 있는데 지금은 사용하지 않는다. 사실 사용한 적이 없는 항목이다. 초기 비트코인 시스템을 설계할 때 트랜잭션에 특수한 기능을 만들어 둔 것이 있다. 트랜잭션에 타이머를 장치해두고 그 시간 동안은 트랜잭션을 처리하지 못하게 했다. 혹 그 시간 내에 트랜잭션을 바꾸고 싶은 생각이 들면 언제든지 새로운 트랜잭션을 만들고 더 큰 sequence 값을 적으면 더 낮은 sequence 값을 가진 이전 트랜잭션이 무시되도록 설계됐지만, 사용된 적이 없는 기능이다. 이 값이 가장 큰 값인 0xFFFFFFFF로 설정돼 있으면, 더 큰 값이 없고 자연스럽게 필드는 무시되므로 이 값이 4294967295(= 0xFFFFFFFF)로 적혀 있다. ❹는 또 다른 입력이다. 입력은 임의의 개수가 있을 수 있으므로 그 개수만큼 이 부분이 반복된다. ❹의 입력에도 역시 몇 비트코인 인지의 정보가 전혀 없다. 이 또한 앞서처럼 트랜잭션을 역추적해봐야 한다. 실제로 트랜잭션을 역추적하면 금액이 0.03204000비트코인이라는 것을 알 수 있다.

TIP

그림 A4-2나 A4-3에 있는 asm과 hex는 동일한 내용이다. 편의상 asm은 스크립트 형태, hex는 16진수로 중복해 표현한 것일 뿐, 실상은 같다.

출력 부분

지금부터는 출력 부분을 살펴보자. 그림 A4-4는 그림 A4-1의 ❷번 부분을 확대한 것이다. 그림 A4-4의 ❶번에서 이 출력은 0.04비트코인을 지출하는 것이며, n:0이라고 된 것으로 봐서 첫 번째 지출 항목이라는 것을 알 수 있다.

```
            "vout": [
            {
❶          "value": 0.04000000,
            "n": 0,
            "scriptPubKey": {
❷          "asm": "OP_DUP OP_HASH160 51025d6d2ef8a3ed522e0b2cfe9b8a393b4fc540 OP_EQUALVERIFY OP_CHECKSIG",
            "hex": "76a91451025d6d2ef8a3ed522e0b2cfe9b8a393b4fc54088ac",
            "reqSigs": 1,
            "type": "pubkeyhash",
❸          "addresses": [
            "18PLZrkEhCrkDAuBk4ZKovsFJUgAzCSVLb"
            ]
            }
            },
            {
❹          "value": 0.00877108,
            "n": 1,
            "scriptPubKey": {
                        ...
```

그림 A4-4 트랜잭션 출력 부분

앞서 살펴본 입력 부분에는 금액이 명기돼 있지 않았지만, 앞 그림에는 금액이 정확히 명기돼 있다. 앞서 입력의 금액을 확인하기 위해 트랜잭션을 역추적했던 것처럼 이 비트코인을 수령한 누군가의 입력에는 금액이 적혀 있지 않을 것이고, 이곳으로 역추적해와서 금액을 확인하게 될 것이다. ❷번 항목은 PTPKH에서 설명한 잠금장치 부분으로서 이를 풀 수 있는 사람은 해당 개인키와 공개키를 가진 사람이라고 설명했던 것을 기억하자.

❷의 'asm' 부분을 자세히 살펴보면 16진수로만 가득했던 입력과 달리 OP_DUP OP_HASH160 같은 것들이 보인다. 이 명령어가 바로 잠금장치를 풀 수 있는 방법을 명기해놓은 스크립트 코드다. 잠금장치를 풀기 위해서는 스크립트의 실행을 통해 마지막 결괏값이 참^{TRUE}이 나오는지 확인해야 한다. 참이면 자신이 주인이라는 것을 증명하게 돼 잠금장치를 풀 수 있고, 마지막 결괏값이 거짓^{FALSE}이 나오면 잠금장치를 풀 수 없다. ❸번 항목은 이 출력을 수령할 사람의 비트코인 주소다. 비트코인 주소에는 금액을 수령할 사람의 공개키 해시 값이 포함돼 있다고 앞서 설명했다. ❹번 항목에는 또 다른 출력이 기록돼 있다. 입력과 마찬가지로 출력 또한 임의의 개수가 있을 수 있고, 그 개수만큼 반복된다. 출력과 입력은 모두 인덱스가 0부터 시작된다고 설명한 적이 있다. 따라서 두 번째 출력인 이 항목은 n:1로 적혀 있다.

스크립트의 실행

이제 앞서 살펴봤던 스크립트의 명령어를 실행하는 방법에 대해 자세히 알아보자. 앞서 설명한 바를 간단히 종합해보면 입력 부분에는 잠금장치를 열기 위한 공개키와 개인키 정보가 들어 있다. 출력 부분은 잠금장치가 돼 있어 출력 부분의 스크립트를 실행해 참 (TRUE) 값이 나올 때만 잠금장치를 열 수 있다고 설명했다.

그림 A4-5 UTXO의 잠금장치

그림 A4-5는 앞서 살펴본 출력 부분 중 스크립트가 있던 잠금장치 부분만 별도로 표시한 그림이다. 이 스크립트 부분은 모두 다섯 가지 항목으로 구성돼 있는데 ❶, ❷, ❹, ❺는 모두 스크립트 명령어이고, ❸은 공개키 해시 값으로 거래 상대방에 따라 값이 변하는 변수다. 변수를 ⟨ ⟩를 사용해 표기하면 위 항목은 다음과 같이 다시 쓸 수 있다.

OP_DUP OP_HASH160 ⟨PubKeyHash⟩ OP_EQUALVERIFY OP_CHECKSIG

특정 공개키 해시 값이 적혀 있던 ❸을 변수인 ⟨PubKeyHash⟩로 대체했다. 이 변수에는 상대의 공개키 해시 값이 대입된다. 공개키 해시에 대해서는 '부록 3. 비트코인 주소'에서 자세히 설명한 바 있다.

❶
```
"asm":  "3045022100eb72a9ca47cffe9744353d4a38b460fbdbc15a81025f4b4f6bd5ff
         fec56356102201a82d2273c938894808bc949176da393e4b09c11265dae6ba195
         ca3754e147fb01   03b18e31a12cc65a9a19fb4e73e44ac4af42f1efe2dc44d
         c97f2d0afd3f1749ef5"
```
❷

그림 A4-6 UTXO의 잠금장치를 풀기 위한 개인키, 공개키 정보

한편 그림 A4-6은 앞서 입력 부분에 있던 ScriptSig 부분을 자세히 살펴본 것이다. 그림 은 크게 두 부분으로 나뉜다. 30450221로 시작해 01로 끝나는 데까지 연결되는 긴 숫자 가 ❶번 항목, 03으로 시작하는 아래쪽 밑줄 친 부분이 ❷번 항목 부분이다. ❶번과 ❷번 항목은 각각 UTXO의 소유권을 증명하기 위한 부분으로 각각 전자서명과 공개키 부분 이다. ❶번 항목은 현재 트랜잭션의 지출에 대해 그 소유자가 확인하는 전자서명을 기록 한 부분이고, ❷는 이를 증명해줄 자신의 공개키를 저장한 부분이다. ❷를 사용해 ❶의 전 자서명 부분을 확인할 수 있음은 본문을 참고하면 된다.

한편 개인키와 공개키의 정보는 사람에 따라 바뀌는 변수이므로 앞서 변수 표기법 ⟨ ⟩를 그대로 따르면 ❶은 ⟨Sig⟩로 ❷는 ⟨PubKey⟩로 나타낼 수 있다. ❶의 ⟨Sig⟩는 개인키로 서 명한 서명 부분, ❷의 ⟨PubKey⟩는 공개키 부분이다.

이제 그림 A4-6은 다음과 같이 간단히 나타낼 수 있다.

⟨Sig⟩ ⟨PubKey⟩

Memo

비트코인의 개인키는 비대칭 암호화 방법인 ECDSA를 사용해 서명한 후에 DER (Distinguished Encoding Rules)이라는 방법에 의해 인코딩된 값이다. 그림 A4-6 에서 굵고 큰 폰트로 표시된 부분이 있는데 모두 특별한 의미를 지니고 있다. 맨 앞의 30450221은 각각 0x30, 0x45, 0x02, 0x21의 코드를 갖고 있다. 비트코인 트랜잭 션 입력에서 이 부분은 대부분 30450221로 시작한다고 생각하면 된다. 0x30은 DER 의 시작점을 알려준다. 0x45는 길이를 나타내는데 16진수 0x45 = 69이므로 모두 69 바이트의 길이를 가진다는 의미다. 0x02는 뒤이어 나오는 숫자가 정수라는 것을 의미한 다. 0x21은 전체 정수의 길이를 의미하는데 0x21 = 33이므로 33바이트 정수가 나온다 는 의미다. 두 번째 줄에 있는 굵고 큰 글씨인 0220 역시 0x02와 0x20인 코드이고, 마찬 가지로 0x02이므로정수가 시작되고, 그 길이는 0x20 = 32바이트라는 의미다. 셋째 줄에 보이는 굵고 큰 글씨인 0x01은 SIGHASH_ALL을 의미하는 것으로 이 전자서명이 개별 트랜잭션별로 따로 작성된 것이 아니라 전체 트랜잭션에 대해 적용한 전자서명이라는 의 미다. 경우에 따라 01 대신 [ALL]로 표시할 때도 있다.

자, 이제 본격적으로 스크립트에 대해 알아보기 전에 스택 기반의 언어를 알아야 한다. 비트코인 트랜잭션에 사용되는 스크립트 언어는 1970년 찰스 무어Charles Moore에 의해 개발된 스택 기반의 언어인 Forth를 기초로 하고 있다. 이 스크립트를 이해하기 위해서는 스택이라는 데이터 구조를 이해해야 한다. 스택의 개념을 이해하면 스크립트는 매우 간단히 이해되고 스택의 개념을 이해하기 전까지는 연산의 순서로 인해 다소 어렵게 느껴질 수 있다. 자, 이제 스택의 개념부터 짧게 알아보고, 계속 비트코인 트랜잭션의 스크립트에 대해 알아보자.

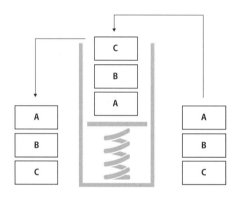

그림 A4-7 스택의 구조

스택stack은 쌓아 올리는 것을 의미한다. 그림 A4-7에서 보듯이 쌓아 올리는 구조로 인해 가장 먼저 들어간 데이터는 가장 아래에 있고 가장 나중에 들어간 데이터는 가장 위에 있다. 데이터를 끄집어낼 때는 가장 나중에 들어간 것이 가장 위에 있으므로 가장 먼저 나오고 가장 먼저 들어 간 것은 가장 아래에 있으므로 가장 나중에 나온다. 예전에 버스 운전기사들이 동전을 저장하던 스프링이 달린 동전 저장소를 연상하면 된다. 그림과 같이 저장소에 저장할 때는 A, B, C 순으로 저장되지만 나올 때는 그 반대 순서인 C, B, A로 나온다. 스택의 이런 성질로 인해 이런 구조를 후입선출LIFO, Last-In-First-Out 또는 선입후출FILO, First-In-Last-Out이라고도 부른다.

스택의 기본 성질에 대해 알아봤으므로 스택 연산에 대해 살펴보자. 우리가 통상 사용하는 계산식은 보통 중위 표기법 또는 인픽스^{infix} 표기법을 사용한다. 인픽스 표기법은 덧셈이나 뺄셈 등의 연산자가 연산하려는 숫자 사이에 위치한다. 3+2, 2-4 등으로 표시하고, 연속으로 표기할 때도 4+3-2 식으로 표기한다.

그러나 컴퓨터 연산은 중위법보다 소위 후위법 또는 포스트픽스^{postfix} 표기법이 더 편리할 때가 많다. 포스트픽스 표기법은 연산자가 연산하려는 숫자 사이가 아니라 뒤에 위치한다. 즉, 앞의 예를 포스트픽스 방식으로 표기하면 32+, 24-, 43+2-가 된다. 그림 A4-8과 함께 이 포스트픽스 연산을 직접 해보자.

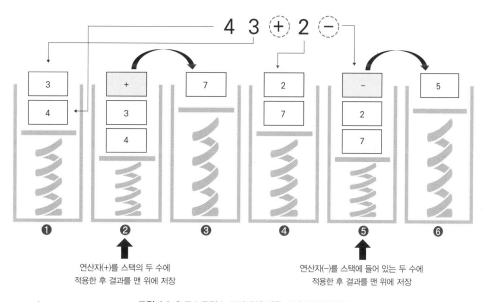

그림 A4-8 포스트픽스 표기법에 따른 스택 기반의 계산

그림 A4-8은 포스트픽스 표기법에 따른 스택 기반의 연산 방법을 보여준다. 원리는 간단한데, 일단 수를 만나면 계속 스택에 그냥 쌓는다. 그 후 연산자가 입력되면 제일 상단에 있는 숫자를 연산자의 정의에 따른 개수만큼(+나 -의 경우에는 2개)에 꺼낸 후 연산자를 적

용하고 그 결과를 최상단에 다시 쌓는다.

❶을 보자. 4와 3은 숫자이므로 일단 계속 쌓아 간다. ❷에서 드디어 + 연산자를 만나게 되고 + 연산자는 두 수를 더하는 것으로 정의돼 있으므로 규칙에 의해 스택의 최상단에 있는 두 수인 3과 4에 + 연산자를 적용해 계산된 결과인 7을 ❸에서 다시 최상단 스택에 쌓는다. ❹에서 2는 숫자이므로 다시 쌓다가 ❺에서 연산자 -를 만나면, 또 다시 규칙에 의해 최상단에 있는 두 숫자 2와 7에 - 연산자를 적용하고 그 결과인 5를 최상단에 쌓는다.

인픽스와 마찬가지로 포스트픽스 역시 연산자와 숫자의 순서가 상당히 중요하다. 만약 43+2-를 432+-로 표기하면 완전히 다른 결과가 나온다.

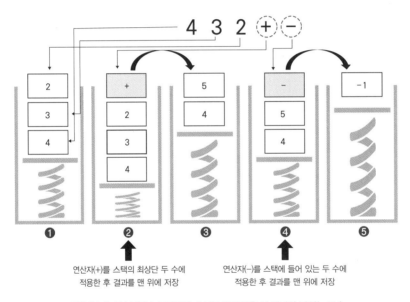

연산자(+)를 스택의 최상단 두 수에
적용한 후 결과를 맨 위에 저장

연산자(-)를 스택에 들어 있는 두 수에
적용한 후 결과를 맨 위에 저장

그림 A4-9 포스트픽스 표기법의 순서를 바꾸었을 때 결과가 바뀌는 모습

그림 A4-9는 연산 표기 순서가 달라질 경우 계산 결과가 달라지는 과정을 보여준다. 연산자를 만나면 항상 최상위 수에 대해 연산을 수행하고 다시 최상단에 그 결과를 쌓는 규칙에 의해 바뀐 표기법에 따르면 그 결과가 5가 아니라 -1이 된다. 한 가지 주의할 점은 예

에서 사용한 덧셈과 뺄셈은 항상 숫자 2개에 대한 연산으로 정의되므로 스택에서 상단수 2개를 취해 계산했지만 경우에 따라 숫자 하나만 취하거나 셋 이상을 취하는 연산도 정의할 수 있으므로 실제 연산자를 만났을 때 스택에서 취하는 개수는 연산자의 정의에 따라 달라진다는 점이다.

43+2-를 실제 비트코인이 사용하는 스크립트를 이용해 기술하면 다음과 같다.

4 3 OP_ADD 2 OP_SUB

+ 대신 OP_ADD가 사용되고 - 대신 OP_SUB가 사용된 것을 제외하고는 기본적으로 포스트픽스 표기법과 완전히 동일하다. 이 연산은 실제 비트코인의 스크립트를 사용해 표기한 것이다. 따라서 만약 실제로 이 연산을 비트코인 트랜잭션에 적어 둔다면 시스템에서는 계산을 통해 5라는 결괏값을 얻을 것이다.

자, 이제 스택과 스택 기반의 연산에 대해 알아봤으므로 다시 잠금장치 스크립트와 열쇠 스크립트를 살펴보자.

❶ <Sig> <PubKey>

❷ <OP_DUP OP_HASH160 <PubkeyHash> OP_EQUALVERIFY OP_CHECKSIG

그림 A4-10 열쇠와 잠금장치 – 언락 스크립트와 락 스크립트

그림 A4-10의 ❶은 입력 부분에 있던 스크립트로 UTXO의 잠금장치를 풀 수 있는 정보를 담은 열쇠 스크립트이며, ❷는 UTXO에 아무나 접근하지 못하게 잠금장치를 해 둔 잠금 스크립트다. 이 때문에 통상 ❶을 언락^{Unlock} 스크립트(또는 스크립트시그^{ScripSigs})라 부르고 ❷를 락^{Lock}스크립트(또는 스크립트펍^{ScriptPub})라고 부른다. 이제 ❶을 ❷에 적용해 그 결과가 TRUE가 나오면 잠금장치를 열 수 있다. 이 스크립트에 사용될 모든 연산에 대한 정의는 표 A4-1과 같다.

연산자	연산 대상	설명
OP_DUP	x	x를 복사하라.
OP_HASH160	x	RIPEMD-160(SHA-256(x))
OP_EQUAL	x, y	x와 y가 동일하면 TRUE를 반환하고 다르면 FALSE를 반환한다.
OP_VERIFY	x	스택 최상단 값을 제거한다. 그 다음 최상단 값이 FALSE였더라면 트랜잭션이 무효라고 표시하고 TRUE이면 아무런 일도 일어나지 않는다.
OP_EQUALVERIFY		OP_EQUAL과 OP_VERIFY를 순서대로 실행한다.
OP_CHECKSIG	⟨Sig⟩ ⟨PubKey⟩	⟨PubKey⟩가 ⟨Sig⟩의 개인키에서 도출된 것이 맞는지 확인하고 맞으면 TRUE를 스택 상단에 쌓고 틀리면 FALSE를 스택 상단에 쌓는다.

TIP

비트코인이 사용하는 모든 연산자에 대한 보다 자세한 설명은 비트코인위키(https://en.bitcoin.it/wiki/Script)를 참조하면 된다.

자, 이제 스택 기반 언어도 배웠고 연산자의 정의도 알았으므로 실제로 잠금장치를 열어보자. 열쇠로 잠금장치를 열기 위한 스크립트는 ❶과 ❷를 연결하면 되고 다음과 같이 쓸 수 있다.

⟨Sig⟩ ⟨PubKey⟩ OP_DUP OP_HASH160 ⟨PubkeyHash⟩ OP_EQUALVERIFY
OP_CHECKSIG

그림 A4-11은 위의 스크립트를 그림을 통해 설명해 놓은 것이다. 이제 그림을 따라가며 하나씩 천천히 스크립트를 실행해보자. 여기서는 실제 소유주가 연산을 처리하고 있는 경우라고 가정한다.

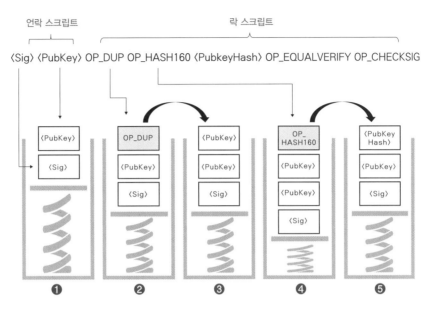

〈Sig〉 〈PubKey〉 OP_DUP OP_HASH160 〈PubkeyHash〉 OP_EQUALVERIFY OP_CHECKSIG

그림 A4-11 잠금장치를 풀기 위한 스크립트의 실행 1

- 단계 ❶: 〈Sig〉와 〈PubKey〉는 연산이 아닌 값이므로 그냥 스택에 쌓는다.
- 단계 ❷: OP_DUP는 연산 명령어다. 그 정의는 '스택의 제일 상단에 있는 값 하나를 그대로 복사하라'는 명령어다.
- 단계 ❸: OP_DUP의 결과로 〈PubKey〉가 복제돼 스택 제일 상단에 쌓여 있다.
- 단계 ❹: OP_HASH160은 역시 명령어고, '스택 제일 상단의 값을 SHA-256으로 해시한 후 그 값을 다시 RIPEMD-160으로 해시하라'는 것이다. 이는 앞서 비트코인 주소를 설명할 때 공개키 해시를 생성하던 방법과 완전히 동일한 작업이다.
- 단계 ❺: ❹의 연산 명령어를 수행한 결과로 〈PubKeyHash〉가 생성됐고, 스택 제일 상단에 쌓여 있다.

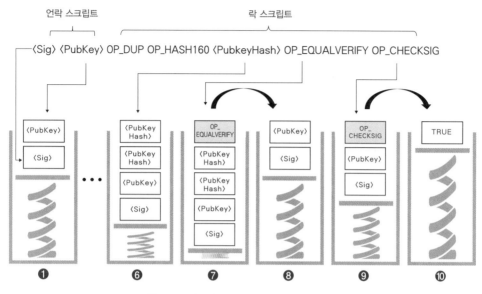

언락 스크립트

락 스크립트

⟨Sig⟩ ⟨PubKey⟩ OP_DUP OP_HASH160 ⟨PubkeyHash⟩ OP_EQUALVERIFY OP_CHECKSIG

그림 A4-12 잠금장치를 풀기 위한 스크립트의 실행 2

- 단계 **❻**: ❻은 연산 명령어가 아니라 ⟨PubKeyHash⟩라는 숫자이므로 스택 상단에 쌓는다.

- 단계 **❼**: OP_EQUALVERIFY는 복합 연산 명령어다. 이는 OP_EQUAL과 OP_VERIFY가 합쳐진 연산으로 먼저 OP_EUAL을 수행하고, 그런 다음 OP_VERIFY를 수행하라는 의미다. OP_EQUAL의 정의는 '제일 상단의 두 수가 동일한지 비교해 동일하면 TRUE 값을 상단에 쌓고, 다르면 FALSE 값을 상단에 쌓으라'는 것이다. 또 OP_VERIFY의 정의는 '스택 최상단의 값이 FALSE이면 트랜잭션이 무효라는 표시를 하고 최상단 값을 삭제하고 스택 최상단 값이 TRUE이면 최상단 값만 제거하고 아무런 일도 일어나지 않는다'는 명령어다. 이에 따라 먼저 스택의 최상단인 ⟨PubKeyHash⟩와 두 번째인 ⟨PubKeyHash⟩를 비교하고 이 두 값은 동일하므로 TRUE를 반환한다. 연이어 OP_VERIFY를 통해 이 값이 TRUE이므로 단순히 이 값을 제거하고 아무런 일이 일어나지 않는다.

- 단계 ❽: ❽은 ❼의 결과로서 최상단 값인 TURE를 제거하고 나면 그 아래에 있던 〈PubKey〉가 최상단이 된다.

- 단계 ❾: OP_CHECKSIG 연산 명령어가 들어온다. OP_CHECKSIG의 정의는 〈PubKey〉가 〈Sig〉의 개인키에서 도출된 것이 맞는지 확인하고 맞으면 TRUE를 스택 상단에 쌓고 틀리면 FALSE를 스택 상단에 쌓는다'라는 명령어. 이 명령어 결과 〈PubKey〉는 〈Sig〉의 개인키로부터 도출된 것이 맞으므로 TRUE를 반환한다.

- 단계 ❿: ❾의 결과로 최종 값이 TRUE가 됐고, 결과적으로 이 출력의 새로운 주인이 맞다는 것이 증명됐다.

단계 ❼은 공개키 해시 값을 먼저 확인하는 절차이고, 단계 ❾는 개인키와 공개키가 맞는지 확인하는 절차다. 따라서 해당 개인키를 갖고 있지 않으면 단계 ❾를 넘지 못하고 잠금장치 해제에 실패한다. 오직 적절한 개인키를 소지한 사람만이 모든 단계를 거쳐 잠금장치를 완전히 해제할 수 있는 것이다.

트랜잭션을 스크립트로 구현하면 여러 가지 장점이 있다. 트랜잭션이 유효한지 확인하는 방법을 변경할 경우 또는 몇 가지 다른 규칙을 번갈아 사용하며 혼용할 경우, 심지어 새로운 규칙을 만들 경우에도 기존 프로그램을 수정할 필요가 전혀 없다. 규칙의 변경이 있을 경우에는 단지 스크립트만 새로 기술하면 되므로 트랜잭션의 유효성을 검증하는 규칙을 매우 유연하게 운영할 수 있다. 검증을 위해 스크립트로 기술돼 있는 부분을 트랜잭션 퍼즐transaction puzzle이라고 부르기도 한다. 이 트랜잭션 퍼즐을 해결해야만 자신이 소유주임을 증명할 수 있기 때문이다.

| 참고문헌 |

A   [Zimbabwean dollar] Wikipedia
https://en.wikipedia.org/wiki/Zimbabwean_dollar

B   Chaum David, 「Security without identification: Transaction system to make big
brothers obsolete」(pp.1030-1044), Communications of ACM, vol. 28 no.10, 1985년

C   [Namecoin] Wikipedia
https://en.wikipedia.org/wiki/Namecoin

D   윤지영 외 5인 지음, 『제4차 산업혁명 시대의 형사사법적 대응 및 발정방안(II) – 사물인터넷(IoT)과
블록체인』(p.156), 한국형사정책연구원, 2019년

E   Alfred J. Menezes 외 2인, 『Handbook of Applied Cryptography』, CRC Press, 1996년

F   Charles P. Pfleenger, 『Security in Computing (5th Edition)』, Pearson, 2015년
(한국어판 『Security in Computing 5/e』, 에이콘)

G   [Proof of work] Wikipedia
https://en.wikipedia.org/wiki/Proof_of_work

H   '제85호(2015년) 한국전력통계', 한국전력공사, 2016년

I   Sapirshtein, 「Optimal Selfish Mining Strategies in Bitcoin」, 2015년
https://arxiv.org/pdf/1507.06183.pdf

J   https://etherscan.io

K   제임스 리카즈 지음, 『화폐의 몰락』, 율리시스, 2015년

L   하노 벡, 우르반 바허, 마르코 헤르만 지음, 『인플레이션』, 다산북스, 2017년

M   왕양 지음, 『환율전쟁』, 평단문화사, 2011년

N   제임스 리카즈 지음, 『금의 귀환』, 율리시스, 2016년

O   쑹훙빙 지음, 『화폐전쟁』, 랜덤하우스코리아, 2008년

P   'Federal Reserve Board issues final rule regarding dividend payments on Reserve Bank capital stock', Board of Governors of the FRS, 2016년 11월 23일
https://www.federalreserve.gov/newsevents/pressreleases/bcreg20161123a.htm

Q   William Henry Furness, 『The Island of Stone Money: UAP of The Carolines』, Cornell University Library, 2009년

R   벤저민 그레이엄 지음, 『현명한 투자자』, 국일증권경제연구소, 2016년

S   [E-gold] Wikipedia
https://en.wikipedia.org/wiki/E-gold

T   'Up to 86% of total reported cryptocurrency trading volume is likely fake, according to analysis of exchange website visits', 2019년 5월 28일
https://www.theblockcrypto.com/genesis/24878/up-to-86-of-total-reported-cryptocurrency-trading-volumeis-likely-fake-according-to-analysis-of-exchange-website-visits

U   [Silk Road (marketplace)] Wikipedia
https://en.wikipedia.org/wiki/Silk_Road_(marketplace)

W   https://www.investopedia.com/news/japans-fsa-bans-private-cryptocurrencies/

X   https://news.bitcoin.com/swiss-government-rejects-103-million-bailout-for-crypto-companies-battered-bycoronavirus/

Y   'Bitcoin-Rigging Criminal Probe Focused on Tie to Tether', Bloomberg, 2018년 11월 20일
https://www.bloomberg.com/news/articles/2018-11-20/bitcoin-rigging-criminal-probe-is-said-to-focus-on-tie-to-tether

Z   'Mysterious Bitcoin Player Manipulated Cryptocurrency to Historic $326 Billion Market Value, Study Claims', Newsweek, 2019년 11월 4일
https://www.newsweek.com/bitcoin-bitfinex-tether-cryptocurrency-market-manipulationhistoricvalue-fraud-1469640

| 찾아보기 |

비트코인과 블록체인 가상자산의 실체 2/e

암호화폐의 허상

초판 인쇄 | 2020년 9월 29일
5쇄 발행 | 2024년 11월 5일

지은이 | 이 병 욱

펴낸이 | 권 성 준
편집장 | 황 영 주
편 집 | 김 진 아
   임 지 원
디자인 | 윤 서 빈

에이콘출판주식회사
서울특별시 양천구 국회대로 287 (목동)
전화 02-2653-7600, 팩스 02-2653-0433
www.acornpub.co.kr / editor@acornpub.co.kr

이 도서의 국립중앙도서관 출판시도서목록(CIP)은 서지정보유통지원시스템 홈페이지(http://seoji.nl.go.kr)와
국가자료공동목록시스템(http://www.nl.go.kr/kolisnet)에서 이용하실 수 있습니다.(CIP제어번호: CIP2020040111)

책값은 뒤표지에 있습니다.